本书受到国家社会科学基金重点项目“我国省级政府效率损失及规避机制研究”
（17AGL022）及江西高校人文社科重点项目
“2021中国地方政府效率研究”（JD21038）的资助。

中国地方政府效率研究报告

（2021）

RESEARCH REPORT OF LOCAL GOVERNMENTS' EFFICIENCY IN CHINA (2021)

江西师范大学管理决策评价研究中心
北京师范大学政府管理研究院 ／编

社会科学文献出版社
SOCIAL SCIENCES ACADEMIC PRESS (CHINA)

《中国地方政府效率研究报告（2021）》
编 委 会

樊启祥　冯博文　冯雯琪　冯钰滢　高翊婷
龚慧娟　郭丽雯　何思蕾　胡慧娟　胡文婷
黄承翔　黄　丹　皇甫吴豪　黄　静　黄以航
黄奕川　姜非凡　赖裕童　蓝雯静　雷　敏
李崇原　李　洁　李梦凡　李燕城　李　莹
李卓琳　廖　琦　廖雄伟　刘　柯　刘婷婷
刘欣怡　刘新玥　刘　艺　龙静怡　罗紫琪
毛慧玲　欧阳欣雨　彭姝怡　齐志莲　饶　佳
任志裕　施文丽　史书瑜　舒佳琪　苏李莹
苏贤亮　汤婧仪　汤雨濛　汪淑琪　王　婕
王梦瑶　王小飞　王滟雁　王义龙　王泽朋
吴瑾阳　吴开城　吴素娟　伍书佩　谢超凡
谢　欢　谢林鸿　谢　滢　邢丽萍　熊文浩
熊　烨　徐　锦　徐龙云　徐　芸　许　琪
闫若涵　杨康晟　杨　瑜　余齐斌　袁　峥
翟君华　张　峰　张海玥　张慧鑫　张嘉琳
张乐阳　张　淼　张青玲　张　怡　张云嘉
赵宏梅　赵煜坤　郑欣怡　钟　倩　钟秀群
周波宏　朱林洁　朱亚琪　祝　苗　邹柔兵

前言

开启全面建设社会主义现代化国家新征程，需要持续、纵深关注中国地方政府效率。本书是国内连续出版的第11部中国地方政府效率研究年度报告，测度中国内地具有典型性、代表性的所有地方政府，包括31个省级政府、333个地级市政府、1871个县级政府的效率。本书在继承以往研究思路与方法的基础上，基于地方政府履行公共服务、区域发展、乡村振兴、公共安全等职能现状，重点揭示乡村振兴与地方政府效率之间的内在联系，突出论证全面实施乡村振兴战略与提升政府效率面临的问题及治理对策。然后，本书通过完善相应指标体系，测度、分析2021年我国省级政府、地级市政府、县级政府的效率，连续11年发布中国地方政府效率优秀榜单，即中国地方政府效率“十高省”“百高市”“百高县”。

本书进一步完善了地方政府效率测度指标体系与数据来源。为更好体现新征程中地方政府统筹发展与安全、全面实施乡村振兴战略的实践，本书新增了“乡村振兴服务”“落实总体国家安全观”“乡村振兴政策”“乡村振兴效果”“‘十四五’规划公开”“政府信息公开时效”等多个测度政府效率的指标。

本书继续发布2021年中国地方政府效率优秀榜单，指出上海、北京、浙江等省级政府效率很高，排名全国前10位，成为中国地方政府效率

“十高省”；三亚市、珠海市、厦门市等位列地级市政府效率前100，成为中国地方政府效率“百高市”；嵊泗县、义马市、宁海县等位居县级政府效率前100，成为中国地方政府效率“百高县”。

本书指出，2021年我国地方政府效率具有4个特征。第一，我国华东、中南、西南、西北、华北、东北不同地区的地方政府效率排名差异较大。例如，华东地区的省级政府效率排名，华东、中南地区的地级市政府效率排名，以及华东、中南、西北、华北等地区的县级政府效率排名在全国居前，整体上高于其他地区的地方政府效率排名。第二，同一地区内部同一级别的地方政府效率排名差异很大，这间接反映了我国地区内部同级地方政府之间在经济社会发展与安全保障质量、乡村振兴等方面的巨大差距及不平衡。第三，不同地区的地方政府效率排名与当地社会经济发展质量具有正向关联性。第四，我国多数地区特别是华东、中南、西南、华北等地的县级政府乡村振兴效率表现比较均衡，差距不大。

本书指出，公共服务优质、政府规模优化、居民经济福利优厚、政务公开优先、乡村振兴优良，即“5优”是提高我国地方政府效率的普遍经验；而政务公开不全、公共服务不佳、居民经济福利不高、政府规模不优、乡村振兴不够，即“5不”是制约我国地方政府效率提升的共性问题。因此，全面实行政务公开、切实改进公共服务质量、不断调适政府规模、持续改善居民经济福利是提升地方政府效率的有效举措。同时，持续发展壮大乡村特色产业、改善村居环境、提升村治水平是提高县级政府乡村振兴效率的主要路径。

本书得到国家社会科学基金重点项目“我国省级政府效率损失及规避机制研究”（17AGL022）及江西高校人文社科重点项目“2021中国地方政府效率研究”（JD21038）的资助。本书凝聚了江西师范大学及北京师范大学130多位师生的智慧与汗水，他们为研究设计、数据收集、正文撰写、校对出版、成果开发等方面做出了重要贡献。其中，唐天伟教授负责全书的统筹及修改工作，刘文宇、江晓婧、秦雨薇、胡春霞等负责第1～3章

（各撰写约 1 万字）；江晓婧负责第 4 章（撰写约 2 万字）；李晓晗、张涛、童雨负责第 5 章（各撰写约 1 万字）；胡春霞、何艳、李晓晗负责第 6 章（各撰写约 1 万字）；江晓婧负责全文统稿（撰写约 2 万字），胡春霞、李晓晗、黄小凤、何艳负责附录（各撰写约 1 万字）；北京师范大学政府管理研究院院长唐任伍教授、江西师范大学校长梅国平教授等为本书的出版提供了宝贵指导。在此表示衷心感谢及崇高敬意！

目 录

第一章 乡村振兴与政府效率

民族要复兴，乡村必振兴。[①] 2021 年，是“十四五”规划开局之年，是建党 100 周年，是“两个一百年”奋斗目标的历史交汇点，是全面实施乡村振兴战略、开启全面建设社会主义现代化国家新征程的关键之年。十八大以来，党中央把脱贫攻坚放在治国理政的突出位置，将中国特色社会主义制度优势转换为治理效能，中国脱贫攻坚战取得了全面胜利。脱贫攻坚与乡村振兴存在以内容共融、作用互构和主体一致为表征的互涵式关系，借鉴脱贫攻坚积累的宝贵经验，有助于扎实推进乡村高质量振兴。做好脱贫攻坚与乡村振兴的有效衔接，不仅为巩固拓展脱贫攻坚成果奠定基础，而且为健全乡村振兴体制机制和政策体系留出窗口期。2021 年 2 月 25 日，习近平总书记在全国脱贫攻坚总结表彰大会上提出：“全面实施乡村振兴战略的深度、广度、难度都不亚于脱贫攻坚，要完善政策体系、工作体系、制度体系，以更有力的举措、汇聚更强大的力量，加快农业农村现代化步伐，促进农业高质高效、乡村宜居宜业、农民富裕富足。”[②] 2021 年 3 月 22 日，《中共中央 国务院关于实现巩固拓展脱贫攻坚成果同乡村振兴有效衔接的意见》正式出台，再次重申了要加强 5 年过渡期内脱贫地区

---

① 《习近平在中央农村工作会议上强调 坚持把解决好“三农”问题作为全党工作重中之重 促进农业高质高效乡村宜居宜业农民富裕富足 李克强主持 栗战书汪洋王沪宁赵乐际韩正出席》，新华网，http://www.xinhuanet.com/politics/2020-12/29/c_1126923715.htm，2020 年 12 月 19 日。

② 《（现场实录）习近平：在全国脱贫攻坚总结表彰大会上的讲话》，国家乡村振兴局网站，http://www.cpad.gov.cn/art/2021/2/25/art_305_187439.html?isappinstalled=0，2021 年 2 月 25 日。

在领导体制、工作体系、发展规划、政策举措、考核机制等方面的有效衔接，以期实现从集中资源支持脱贫攻坚转向巩固拓展脱贫攻坚成果和全面推进乡村振兴。[①] 2021 年 4 月 29 日，《中华人民共和国乡村振兴促进法》审议通过，该法自 2021 年 6 月 1 日起施行。[②] 该法是我国第一部直接以“乡村振兴”命名的法律，也是一部全面指导和促进乡村振兴的法律。其中，“国家”一词出现了 52 次，“政府”一词出现了 77 次，“各级人民政府”一词出现了 35 次，“部门”一词出现了 13 次，从促进乡村产业发展、繁荣乡村文化、改善乡村生态环境、推进城乡融合发展等方面，用法律形式规范了各级人民政府及有关部门在实施乡村振兴战略中的行为和责任，并规定了监督检查制度措施。[③] 这表明各级地方政府只有重视提升政府效率，才能肩负乡村振兴的重任。

一　乡村振兴与政府效率的内在联系

（一）乡村振兴与政府效率内涵相关

乡村振兴战略实施与政府履职赋权息息相关，政府效率是衡量政府履职赋权水平的重要标尺。乡村振兴战略是由党和政府统揽全局、规划设计、推进实施的乡村发展蓝图，需要政府赋权增能于市场和农村社会以助推乡村全面振兴。[④] 改革开放 40 余年来，特别是十八届三中全会以来，我国各级政府的高效率保障了在政治、经济、文化和社会等方面出台的系列

① 《中共中央 国务院关于实现巩固拓展脱贫攻坚成果同乡村振兴有效衔接的意见》，中华人民共和国中央人民政府网站，http://www.gov.cn/zhengce/2021－03/22/content_5594969.htm，2021 年 3 月 22 日。

② 《中华人民共和国乡村振兴促进法》，中国人大网，http://www.npc.gov.cn/npc/c30834/202104/8777a961929c4757935ed2826ba967fd.shtml，2021 年 4 月 29 日。

③ 《促进乡村振兴 农民何权？政府何责？专家详解〈乡村振兴促进法〉》，新京报网站，https://m.bjnews.com.cn/detail/162020802615861.html，2021 年 5 月 5 日。

④ 苑丰、金太军：《行政、社区、市场：乡村组织振兴“三重赋权”的内在逻辑》，《理论与改革》2021 年第 4 期。

政策、法规有效赋权农民，发展了农业及农村，确保农民成为农业农村现代化进程中的权利主体、经济主体、治理主体和发展主体。① 因此，从某种程度上，我国政府在“三农”方面的积极作为，即乡村振兴也体现了高效率：第一，农村基础设施建设要坚持“适度超前”的原则，即追求效率，但不搞层层加码；第二，农村产业发展必须逐步回归市场经济原则，坚持以市场为中心，注重价格机制与市场效率；第三，乡村振兴需要进一步增强乡村振兴主体，即当地村民的内生动力，重视自身奋斗及发展效率，摆脱脱贫攻坚中脱贫户对政府的路径依赖，进而为乡村振兴提供可持续动能。

一方面，乡村振兴与政府治理效率一脉相承。乡村振兴作为一项复杂的系统工程，从整体上看就是在乡村建设中有效实现政府治理体系和治理能力现代化的过程。② 在资源约束的条件下，健全和完善村民自治机制，实现乡村行政组织振兴，需要政府有效落实国家支农资金、有效保障基层社区和村民自治组织的权益、有效配置市场及公共资源。因此，乡村振兴的良性运转及全面实施需要“行政性”、“社区性”和“市场性”三重赋权。③ 其中，“行政性”赋权体现了乡村组织振兴的政府维度。

另一方面，乡村振兴的多重政府属性渗透于有效实施乡村振兴战略的路径中，主要表现为以下两方面。一是乡村振兴战略的实施涉及资源重新配置、利益重新分配、权力重新组合。④ 在全面推进乡村振兴的过程中，面对与发展不匹配的景区资源、产业资金、行政资源、社会资源分布现状，更需要通过行政手段来提升资源配置效率，以突破乡村自我累积循环不足的问题；面对更多元的利益形式和更复杂的利益主体结构，需要加强政府对相关主体利益关系的调节，强化利益关系的协同，进而对市场主体

① 龚上华：《农民赋权：政策历程、效度分析与思路选择》，《科学社会主义》2017 年第 1 期。

② 张大维：《优势治理：政府主导、农民主体与乡村振兴路径》，《山东社会科学》2018 年第 11 期。

③ 苑丰、金太军：《行政、社区、市场：乡村组织振兴“三重赋权”的内在逻辑》，《理论与改革》2021 年第 4 期。

④ 吴晓燕、赵普兵：《协同共治：乡村振兴中的政府、市场与农村社会》，《云南大学学报》（社会科学版）2019 年第 5 期。

形成有效激励效应和维系合作稳定的约束效应；[①] 面对政府和农民（包括农户及其延展的新型农业经营主体及参与主体等）两大要素之间的权力利益关系的优化配置和功能实现问题，要达成乡村善治格局和实现乡村振兴目标，需要解决传统乡村建设发展和政府治理体系中政府错位与农民缺位等问题，通过主体转换与反身实践，建立农民主体地位，完善政府主导职能，实现政府主导和农民主体的有机统一。[②] 二是乡村振兴战略的实施强调组织创新、示范带动和矛盾化解。乡村振兴离不开乡村组织振兴，乡村组织振兴需要组织创新。组织创新是解决好我国农业小生产与农产品大市场矛盾的关键。[③] 正如习近平总书记强调的，要充分尊重广大农民意愿，调动广大农民积极性、主动性、创造性，把广大农民对美好生活的向往化为推动乡村振兴的动力。[④] 深化村民自治实践，发展农民合作经济组织，建立健全党委领导、政府负责、社会协同、公众参与、法治保障的现代乡村社会治理体制，凝聚各方面力量，投入乡村振兴的实践，确保乡村社会充满活力、安定有序、治理有效。[⑤] 因此，要加快国家城乡融合发展试验区改革，在规划引领、建设管理、用地政策、标准编制等方面深化、细化对现代农业示范园区的政策扶持，发挥区域、产业的辐射带动作用，进一步调动现代农业园区示范引领作用、助力乡村振兴。

同时，认识、处理乡村振兴与政府效率的内在关系，需要健全乡村矛盾纠纷多元调处化解机制，由政府引导正确处理法律、村规民约和习惯法三者之间的关系。一是处理好法律和村规民约的关系。法律要为村规民约提供指引，明确村规民约效力边界。村规民约要在法律授权空间内增强可

① 《乡村振兴中“有为政府”的行为边界》，澎湃网，https://www.thepaper.cn/newsDetail_forward_13202718，2021 年 6 月 18 日。

② 张大维：《优势治理：政府主导、农民主体与乡村振兴路径》，《山东社会科学》2018 年第 11 期。

③ 《以创新推动乡村振兴》，人民网，http://theory.people.com.cn/n1/2018/0809/c40531-30218218.html，2018 年 8 月 9 日。

④ 《调动广大农民积极性、主动性、创造性》，新浪网，https://news.sina.com.cn/gov/xlxw/2020-08-03/doc-iivhuipn6534286.shtml。

⑤ 《乡村振兴离不开组织振兴》，光明网，https://theory.gmw.cn/2018-03/10/content_27943819.htm，2018 年 3 月 10 日。

操作性，既有较强约束力，又防止不当侵权。二是处理好法律和习惯法的关系。对违反法律的习惯法，要及时纠正，但对不与法律冲突的习惯法，则不宜通过行政手段直接更改。法律要注意吸收习惯法的合理内核，为习惯法的适用保留一定空间，在特定乡土范围内不与公序良俗相违背的一般民事惯例，宜由法律承认其效力。三是处理好村规民约和习惯法的关系，加强村规民约对习惯法的合理吸收和及时纠正，引导崇德向善风尚。①

另外，全面实施乡村振兴战略需要注重吸引与培育人才、保障村民利益。为此，应加强党对乡村人才工作的全面领导，坚持把乡村人力资本开发置于首要位置，大力培养本土人才，引导城市人才下乡，推动专业人才服务乡村，吸引各类人才在乡村振兴中建功立业，健全乡村人才工作体制机制，强化人才振兴保障措施，培养造就一支懂农业、爱农村、爱农民的“三农”工作队伍，为全面推进乡村振兴、加快农业农村现代化提供有力的人才支撑。② 各级人民政府支持、促进乡村产业发展，应当坚持以农民为主体，而不是过度依赖工商资本等挤压农民的话语权以及就业和收入空间。③《中华人民共和国乡村振兴促进法》明确规定了政府在实施乡村振兴战略中应有效维护农民利益的职责。例如，该法第五十一条规定，县级人民政府和乡镇人民政府应当优化本行政区域内乡村发展布局，按照尊重农民意愿、方便群众生产生活、保持乡村功能和特色的原则，因地制宜安排村庄布局；第五十五条第二款规定，县级以上地方人民政府应当采取措施促进在城镇稳定就业和生活的农民自愿有序进城落户；第五十七条规定，各级人民政府及其有关部门应当采取措施鼓励农民进城务工，全面落实城乡劳动者平等就业、同工同酬，依法保障农民工工资支付和社会保障权益。

---

① 《健全乡村矛盾纠纷多元调处化解机制》，光明网，https://theory.gmw.cn/2019-09/15/content_33158626.htm，2019 年 9 月 15 日。

② 《中共中央办公厅 国务院办公厅印发〈关于加快推进乡村人才振兴的意见〉》，中华人民共和国农业农村部网站，http://www.moa.gov.cn/xw/zwdt/202102/t20210224_6362109.htm，2021 年 2 月 24 日。

③ 《实施乡村振兴战略须以农民利益为主导》，光明网，https://theory.gmw.cn/2021-06/17/content_34928750.htm，2021 年 6 月 17 日。

（二）乡村振兴战略与政府效率提升目标相似

全面实施乡村振兴战略与提高政府效率旨在增进农村居民福祉、有效服务乡村高质量发展，二者的目标具有相似性，党的十九届五中全会通过的《中共中央关于制定国民经济和社会发展第十四个五年规划和二〇三五年远景目标的建议》[①] 要求大力提高国家治理效能，全面提高资源利用效率；优先发展农业农村，全面推进乡村振兴。完成这些目标及任务需要加快转变政府职能，充分发挥市场在资源配置中的决定性作用，更好发挥政府作用，推动有效市场和有为政府更好结合，深化简政放权、放管结合、优化服务改革，推进政务服务标准化、规范化、便利化，不断提高政府效率。

同时，全面实施乡村振兴战略，需要全面提升政府效率。乡村振兴战略所要求的“产业兴旺、生态宜居、乡风文明、治理有效、生活富裕”表明，乡村振兴是一个涉及政治、经济、文化、社会等子系统的复杂体系，而各子系统功能的发挥是乡村振兴系统发挥功能的基本前提。发挥这一系统的功能必然依赖系统的关键行动主体——政府的责任担当及有效作为。因此，全面实施乡村振兴战略需要全面提升政府效率及履职绩效。[②]

乡村振兴需要加强与改善乡村治理，提高乡村治理效率。2019 年 6 月 23 日，中共中央办公厅、国务院办公厅印发《关于加强和改进乡村治理的指导意见》。该意见指出，实现乡村治理体系和治理能力现代化离不开乡村振兴战略“二十字”总要求中的“治理有效”，表明乡村振兴需要乡村治理现代化及政府效率提升。乡村振兴战略为新阶段我国农业农村发展设定了新目标，为我国近六亿农村人口擘画了宏伟而美好的蓝图。与建设社会主义新农村的总要求相比，乡村振兴战略的总要求，除了沿用其中的

---

① 《中共中央关于制定国民经济和社会发展第十四个五年规划和二〇三五年远景目标的建议》，求是网，http://www.qstheory.cn/yaowen/2020-11/03/c_1126693429.htm，2020 年 11 月 3 日。

② 颜德如、张玉强：《乡村振兴中的政府责任重塑：基于“价值-制度-角色”三维框架的分析》，《社会科学研究》2021 年第 1 期。

“乡风文明”，在其他四个方面提出了更高的要求，比如，新农村建设强调“生产发展”“生活宽裕”“村容整洁”“管理民主”，而乡村振兴要实现“产业兴旺”“生活富裕”“生态宜居”“治理有效”。可见，乡村振兴追求的层次更高，既要跳出单一的农业，实现三产融合发展，让农业成为盈利产业并带动农民增收致富，又要农村环境优美、“生态宜居”，还要“治理有效”，改善乡村治理，实现乡村治理现代化。[①]

此外，衡量乡村振兴效果的第一个关键指标是体面，即体面的居住、公共服务和人，以及整个乡村的民风体面。一是民居风格要独特、有地方特色，与自然环境和谐配套，让农民住得舒服，而不是盲目建造“现代化”“洋气”“豪华”的住所。二是精准提供适合农民需求的乡村基本公共服务。乡村的环境整治、乡村的道路、乡村的公共服务，要与乡村居民的需求、村庄的状态匹配，地方政府需因地制宜，避免不考虑实际乡情民情，一味扩建村落、修建马路、进行“厕所革命”等而造成的公共资源浪费，重视提升政府公共服务效率。三是保障乡村居民得到体面的关怀。大力推动乡村养老服务供给结构不断优化，保障乡村儿童的教育基本权利，使村民拥有归属感、认同感等。四是尊重乡村的公序良俗。尊重乡村的正式和非正式制度，把基层政府及乡村治理的权力放在阳光下，实现乡村和谐治理。衡量乡村振兴的第二个关键指标就是效率，即农业的现代化，“农业一定是高效的、高质量的、高回报的”。[②] 乡村振兴及实现农业农村现代化不但证明了乡村振兴的高质量，而且反映了地方政府提供乡村公共服务的高效率。

因此，全面实施乡村振兴战略既是检验农业农村发展质量与效率的标准，又是实现政府效率提升的目标。

---

① 《李先德：“乡村振兴战略”的出台背景、政策解读与国际经验》，中国农业科学院网站，http://www.caas.cn/xwzx/zjgd/284763.html，2017年11月15日。

② 《对话刘守英：乡村振兴不是要乡村去创造GDP》，网易新闻网站，https://www.163.com/dy/article/G7GFR3BE05149666.html，2021年4月13日。

二 乡村振兴与地方政府效率提升面临的挑战

“务农重本，国之大纲”。全面实施乡村振兴战略的深度、广度、难度都不亚于脱贫攻坚。做好巩固拓展脱贫攻坚成果同乡村振兴的有效衔接，关系到构建以国内大循环为主体、国内国际双循环相互促进的新发展格局，关系到全面建设社会主义现代化国家全局和实现第二个百年奋斗目标。[①] 要素资源配置欠佳、乡村治理体系有待完善、脱贫攻坚与乡村振兴缺乏有效衔接，成为乡村振兴及政府效率提升面临的主要挑战。

一是要素资源配置欠佳。从总体上看，当前乡村的自然资源富足，资源同质性强，但是存在资源浪费、利用效率低的状况；乡村的社会资源稀缺，如人力资源、资本资源、技术资源等不能满足乡村振兴的需求。由于城乡发展失衡，资金、技术、劳动力等单方面从农村流向城市，但是城市流向乡村的资源回流受阻，城乡资源循环链条断裂。当前，乡村难以留住从乡村流出去和从城市流进来的资源，如乡村公共服务滞后，导致资源的流入受制约。在资源不断流失的过程中乡村日益凋敝，出现“农村空心化”“农业边缘化”“农民老龄化”等问题。[②] 同时，乡村的许多存量资源尚未充分激活，如乡村的边角碎地开发程度不高，乡村留守农户的潜能未能充分发挥等，[③] 致使乡村振兴之路受阻。此外，有关乡村振兴的政府财政投入保障机制有待健全，涉农财政资金缺乏整合，资金使用效率不高。从支出部门看，支持乡村发展的财政资金涉及众多支农资金管理部门，包括国家发展和改革委员会、农业部、财政部、科技部等部门，导致资金分散、资金规模效率低；从项目看，农业支出、林业支出、农业综合开发支

① 《中共中央 国务院关于实现巩固拓展脱贫攻坚成果同乡村振兴有效衔接的意见》，中华人民共和国中央人民政府网站，http://www.gov.cn/zhengce/2021-03/22/content_5594969.htm，2021 年 3 月 22 日。

② 项继权、周长友：《“新三农”问题的演变与政策选择》，《中国农村经济》2017 年第 10 期。

③ 秦晶：《乡村振兴进程中资源整合的现实困境与实现路径》，《云南行政学院学报》2019 年第 6 期。

出、扶贫支出和农村综合改革支出等支出中，项目多有交叉重复，支出项目内容相似，导致乡村振兴资金浪费、效率低下。这样，政府财政支农资金管理体制不完善，条块分割严重导致支农资金难以形成制度合力，降低政府效率。加之财政支农资金监督乏力、资金配套不到位、专项资金被挪用和被挤占等现象时有发生、缺少对财政支农资金的绩效考评机制等，使资金使用效率难以保障，严重制约政府效率。

二是乡村治理体系有待完善。乡村治理是国家治理体系中的重要基石，推进国家治理体系和治理能力现代化，离不开乡村治理体系的完善和治理能力的提升。乡村振兴是政府主导下的农村社会发展战略，既是一个自上而下的顶层设计，又离不开市场与农村社会的积极参与。因此，各级政府介入乡村振兴时，应尊重农民的主体地位，满足农民的实际需要，结合农村实际并发挥市场在资源配置中的决定性作用，提高效率。然而，当前乡村治理存在内卷化问题，在政府资源下乡过程中，精英俘获导致资源利用效率低，资源公共利益诉求无法满足。快速的城镇化进程使乡村人才大量流向城市，而乡村又无法有效吸引人才回流，乡村空心化、老龄化、凋敝化问题凸显，乡村社会治理面临公共参与有限的问题，降低了政府治理整体效率和决策效率。[①] 与此同时，有的地方政府从政绩考核角度出发，不考虑乡村实际，不顾农民需求，盲目上马项目，投资颇大，看似轰轰烈烈，结果收效甚微，造成效率损失。[②] 于是，以政府为主导的传统单一性的乡村治理方式已经出现局限性，无法适应新时代乡村治理现代化要求。因此，缺乏有效的多元化基层治理组织，成为阻碍基层治理能力提高的因素，具体表现为原有基层治理组织不断受到冲击，乡镇党委、乡镇政府与村社委员会的工作职能边界不清晰，其他社会治理组织在工作中的地位和

① 石林：《新时代背景下乡村振兴实施面临的挑战及优化路径研究》，《现代化农业》2021年第7期。

② 吴晓燕、赵普兵：《协同共治：乡村振兴中的政府、市场与农村社会》，《云南大学学报》（社会科学版）2019年第5期。

关系不明朗。[1] 加之社会治理体系建设不能与巨大的城乡社会变迁同步，导致社会治理运行机制不顺畅，不利于乡村振兴战略实施及地方政府效率提升。

三是脱贫攻坚与乡村振兴缺乏有效衔接。脱贫攻坚与乡村振兴“两张皮”运作的现象日益明显。一方面，脱贫攻坚已经取得成功，形成了较为完善的体制机制与运作体系。而乡村振兴战略目前正处于由顶层设计、整体规划转向具体对待、微观施策的过渡期。在实践中乡村振兴与脱贫攻坚协调推进的体制机制衔接不畅，导致二者在衔接度、同步度上出现不同程度的断链。[2] 如衔接政策匮乏、组织衔接难、项目规划协调难等。不少地方政府没有有效形成因地制宜、协调推进乡村振兴与脱贫攻坚的规划。[3] 脱贫攻坚与乡村振兴有效衔接实践探索呈现零散化和碎片化特征，缺乏系统性的衔接设计。另一方面，脱贫攻坚聚焦于绝对贫困的消除，在“两不愁三保障”的要求下，重点关注增收问题。而乡村振兴则关注相对贫困的治理，相对于绝对贫困，相对贫困是更多维、更深层的贫困问题。虽然绝对贫困已实现全面消除，但相对贫困问题依然存在，减贫工作仍任重道远。在脱贫攻坚战中，部分地区存在数字脱贫、任务脱贫的现象，即主要由社会救助、兜底保障来实现政策性脱贫，这种脱贫模式往往是低水平的脱贫，其收入在现行贫困标准上下浮动，即临界贫困。[4] 实现脱贫目标的贫困人口和贫困地区，尤其是原来的深度贫困地区，受自身条件、自然环境、市场波动等因素的影响，仍存在较大的返贫或因不可抗力因素致贫的风险。在实践层面，如果不能实现乡村振兴与脱贫攻坚系统而有效的机制衔接，不仅会导致资源的浪费，而且可能会给农业农村工作带来较大的问题，导致效率降低。这对实现乡村振兴的长期目标及提高政府效率提出了新要求。

---

① 陈丹、张越：《乡村振兴战略下城乡融合的逻辑、关键与路径》，《宏观经济管理》2019年第1期。

② 胥兴贵：《以“五大结合”促乡村振兴与脱贫攻坚有效融合》，《农民日报》2018年8月18日，第3版。

③ 豆书龙、叶敬忠：《乡村振兴与脱贫攻坚的有机衔接及其机制构建》，《改革》2019年第1期。

④ 黄祖辉、钱泽森：《做好巩固拓展脱贫攻坚成果同乡村振兴有效衔接》，《南京农业大学学报》（社会科学版）2021年第6期。

三　全面实施乡村振兴及提升政府效率的对策

乡村振兴战略为公共资源持续输入农村、助力乡村发展提供了契机，也为提高政府治理效率、实现乡村治理现代化奠定了基础。从某种程度上看，地方政府特别是基层政府效率的高低直接关系到乡村振兴战略实施进程的快慢、完成目标的优劣。因此，进一步提升政府效率、全面实现乡村振兴目标，需要采取以下三方面对策。

一是进一步优化公共要素资源配置结构及提高效率。更好发挥政府作用、提升政府效率以实现生产要素在城乡间自由流动，逐渐使城乡空间上单位要素的产出保持一致，以便要素配置实现最优、农业农村现代化与城市现代化实现节奏及效率的同步，保证城市各类要素流入乡村。[①] 为此，推动资源整合关键在于打破要素从城市向农村流动的体制和机制障碍，建立城乡统一的生产要素市场，[②] 积极落实统筹城乡在人才、土地、资金、技术方面的各项制度安排，推动优质要素向农村流动。同时，健全涉农资金长效整合机制，根据《国务院关于探索建立涉农资金统筹整合长效机制的意见》，改变过去财政涉农资金使用和管理碎片化的情况，深入推动涉农资金整合，加强涉农资金行业内整合与行业间的统筹衔接，发挥财政资金的综合效应；结合中央和地方事权和支出责任划分，各职能部门权责重新调整，对涉农项目进行全面清理，建立权责明晰，包括立项、分配、管理、绩效评价和奖惩全过程在内的涉农资金支出体系；完善相关政策，对乡村振兴相关项目的资金投入、去向进行有效监督，防止资金浪费，提高资金利用率；健全投入保障制度，创新投融资机制，加快形成财政优先保障、金融重点倾斜、社会积极参与的多元投入格局；做到把更多金融资源配置到农村经济社会发展的重点领域和薄弱环节，确保投入力度不断加大、总

① 张海鹏、郜亮亮、闫坤：《乡村振兴战略思想的理论渊源、主要创新和实现路径》，《中国农村经济》2018 年第 11 期。

② 刘守英、熊雪锋：《我国乡村振兴战略的实施与制度供给》，《政治经济学评论》2018 年第 4 期。

量持续增加，以期通过资源整合全面激活农村生产要素市场和调动乡村振兴相关利益主体的积极性，充分挖掘实现乡村振兴的源泉。

二是不断健全多元化基层治理组织体系。各级政府在乡村振兴战略全面实施的过程中，需理顺社会治理运行机制，划清各级政府部门的工作职能边界，明确其他治理组织在工作中的地位，形成多方联动共治格局。首先，加强治理的组织领导，建立党政主导、部门齐抓、社会参与的多方治理组织体系，为乡村振兴提供强有力的组织保障。各级政府是乡村振兴战略实施的领导和推动力量，大力发展乡村振兴，要做好统筹设计，夯实制度基础；发挥乡镇基层政府在乡村治理中的职能和角色定位，确保乡镇政府在这项工作中的桥头堡作用，使各项规章制度落到实处；推动干部“年轻化”“接地气”，选派有经验有担当的干部专项负责，努力提升基层政府执政能力和服务水平，切实向农村地区提供高质量、高水平的文化产品和公共服务。[①] 其次，加快构建乡村“自治体系”。从自治角度，充分调动并发挥群众在乡村振兴中的主体作用。拓宽村民参与乡村治理的渠道，吸纳更广泛的民众力量参与自治工作，如采取“以村民代表会议为核心的村民自治”方式，将村务决策权集中到村民代表会议，村委会只是执行机构，实现基层民主自治的宪法规定，回归制度本位；建立尊重“法礼秩序”的乡村治理体系，尊重民俗习惯、村规民约、民间调解等乡村社会的非正式规则；构建新乡贤文化，充分发挥知识分子、优秀企业家等新乡贤的文化引领作用，鼓励他们回乡投资、参与公共项目和基础设施建设；搭建新乡贤参与乡村治理平台，鼓励他们参与农村基层组织建设，如挂职村干部或镇长助理等职务，推动乡村治理现代化。[②] 再次，加大“智治”手段投入乡村治理的力度，强化互联网思维，充分调动社会各界积极性。在乡村治理中引进社会力量，挖掘各领域社会力量的专业特长和资源优势，实施正确的组织和引导，运用智能化手段推动基层社会治理创新，推动形成“多

① 刘盛：《乡风文明与乡村振兴：重要意义、现实难点与关键举措》，《农林经济管理学报》2018 年第 5 期。

② 石林：《新时代背景下乡村振兴实施面临的挑战及优化路径研究》，《现代化农业》2021 年第 7 期。

元协同治理”格局，助力乡村振兴。

三是接续推进脱贫攻坚与乡村振兴的有效衔接。一方面，针对乡村振兴与脱贫攻坚体制机制衔接不畅问题，统筹落实相关体制机制。要切实做好政策衔接，根据当地实情，制定乡村振兴与脱贫攻坚有机衔接细则及实施方案，解决现有规划内容冲突问题，指导二者衔接工作；要强化基层政府组织保障，成立乡村振兴领导小组，统筹推进乡村振兴与脱贫攻坚进行有效衔接；要有效实施考核评价机制，借鉴脱贫攻坚所形成的较为成熟的评价机制对衔接效果进行考核。① 另一方面，乡村振兴要在脱贫攻坚的基础上实现“升级”，实现短期目标与长期目标、农业农村优先发展与城乡融合发展、政府与市场角色功能转换、宏观战略规划与精准有效施策的衔接。脱贫攻坚旨在消除绝对贫困，满足贫困线以下人口的基本生存需求，是全面建成小康社会必须完成的“底线”任务。而乡村振兴致力解决的相对贫困是长期性、动态性的，各级政府需要在乡村振兴战略的框架下探索长效治理机制。在巩固脱贫成果的基础上，强化城乡融合理念，充分挖掘城乡两种优势、两种资源融合发展的潜力，推动“有为政府”和“有效市场”高效协同，处理好顶层设计和基层探索的关系，② 围绕“产业兴旺、生态宜居、乡风文明、治理有效、生活富裕”的总要求，进一步提升政府治理效率，实现农业全面升级、农村全面进步、农民全面发展，全面振兴乡村。

① 豆书龙、叶敬忠：《乡村振兴与脱贫攻坚的有机衔接及其机制构建》，《改革》2019 年第 1 期。

② 武汉大学乡村振兴研究课题组：《脱贫攻坚与乡村振兴战略的有效衔接——来自贵州省的调研》，《中国人口科学》2021 年第 2 期。

第二章
地方政府效率研究报告缘起与创新

优化政府职能与提升政府效率是推进国家治理体系及治理能力现代化的重要抓手及有效路径。党的十九届四中全会指出，把国家制度优势更好转化为国家治理效能，不仅需要优化政府组织结构，统筹利用行政管理资源，节约行政成本，而且需要优化行政区划设置，实现组织扁平化，完善发现问题、纠正偏差、精准问责的有效机制，形成高效率组织体系。政府作为公共资源配置主体，通过为公众提供公共服务，有效地减少市场失灵，促进经济社会可持续发展，维护社会公平。政府能否实现资源的最优配置，取决于政府效率的高低。只有高效率的政府才能提供先进的教育、科学的决策、到位的管理和完善的法律体系，才能实现经济社会高质量发展并开启全面建设社会主义现代化国家新征程。然而，政府所固有的权威性、垄断性、非市场性等特性又容易造成官僚主义与效率低下。因此，持续探究、提升政府效率意义重大。

一　地方政府效率研究报告缘起

（一）地方政府效率研究报告起源

作为中国地方政府效率研究的年度报告，《中国地方政府效率研究报告》源于 2004 年唐任伍与唐天伟等的合作研究成果。该成果论证了政府效率的特殊性，构建了由政府公共服务、政府公共物品、政府规模与居民经济福利 4 个因素及其子因素构成的省级政府效率测度指标体系，评价了

2002 年省级政府效率。[①] 2005～2011 年，有关中国地方政府效率的研究，特别是省级政府效率的研究主要以论文、著作等形式，系统探讨地方政府效率研究理论、实践。比如，唐天伟2009 年出版的《政府效率测度》从经济学、管理学中寻觅政府效率的一般理论，论证政府效率的多元界定及复合性特征，剖析政府效率症结及解决路径。

在梳理政府效率测度模型与方法的基础上，结合中国省级地方政府实际构建，包括政府公共服务、政府公共物品、政府规模、居民经济福利 4 个因素及 47 个指标组成的指标体系，并运用标准离差法测度 1999～2007 年中国 31 个省级政府的政府效率，分析我国地方政府效率的规律：总体呈上升态势，但东、中、西部地区地方政府效率具有层次性和差异性，政府效率与各地经济发展水平之间存在一定的正相关性。《2011 中国省级地方政府效率研究报告》以公共管理视野，从省级地方政府投入与产出角度，总结西方部分国家提升地方政府效率的实践与经验，揭示了承上启下的省级地方政府在中国政府管理中的作用，阐明了提升省级地方政府效率对实现国家战略的关键意义；在吸收借鉴国内外评价、测度成果基础上，设计了一套评价省级地方政府效率的指标体系，评价分析了 2011 年中国 31 个省级政府的政府效率，揭示省级地方政府效率的三大特征；结合中国省级地方政府的公共服务职能开展专题分析，比较全面地诠释了 2011 年中国省级地方政府效率状况，论述省级地方政府效率提升面临的困境与问题，为进一步提高我国省级地方政府效率及其研究水平提出了方法与路径。

（二）地方政府效率研究报告产生及发展

以《2011 中国省级地方政府效率研究报告》出版、发布为标志，《中国地方政府效率研究报告》正式诞生。报告最初是结合义务教育服务能力、公共卫生与基本医疗服务能力、公共就业服务能力、社会保障服务、政府投资能力、政府成本与规模及创新政策与社会能力建设七个方面论述

① 唐任伍、唐天伟：《政府效率的特殊性及其测度指标的选择》，《北京师范大学学报》（人文社科版）2004 年第 2 期。

政府效率。2012～2019 年，《中国地方政府效率研究报告》分别以“社会鸿沟”“政府腐败”“地方政府治理能力现代化”“简政放权”“脱贫攻坚”“乡村振兴”等主题评价、论证中国地方政府效率及基本特征，有针对性诠释地方政府效率提升的措施与路径。

二 《中国地方政府效率研究报告（2020）》反响

《中国地方政府效率研究报告（2020）》（以下简称《报告》）传承 2011 年以来我国地方政府效率研究报告的基本思路与方法，顺应我国时政热点及政府履职重点，注重时代性与前瞻性，基于地方政府履行脱贫攻坚、乡村振兴、疫情防控、复工复产等新职能现状，重点揭示脱贫攻坚与地方政府效率之间的内在联系，突出论证决胜脱贫攻坚与提升政府效率面临的问题及治理对策。

首先，《报告》相关内容多次出现在江苏省、广东省，以及东莞市、芜湖市、山南市等 80 多家地方政府官方媒体和政府工作报告中。比如，新华网 2021 年 1 月 2 日报道了 2020 年中国地方政府效率优秀榜单；光明网 2021 年 1 月 2 日推送了《报告》中“江西多地入选”的内容；人民论坛网 2021 年 1 月 2 日报道了《报告》所呈现的四大创新点；光明日报 2021 年 1 月 3 日报道了《报告》发布情况；深圳新闻网 2021 年 1 月 4 日重点报道 2020 年中国地方政府效率优秀榜单；河南省人民政府网站 2021 年 1 月 6 日宣传了河南省相关地方政府效率上榜情况。此外，全国其他 100 多家地方政府网站及媒体也从不同层面关注、肯定了《报告》。

其次，《报告》相关内容成果如下：《后扶贫时代我国预防返贫成效及提升建议》荣获中央政治局委员、国务院副总理胡春华肯定性批示；《“后扶贫时代”我省预防返贫成效及提升建议》获得江西省政协主席、党组书记姚增科批示肯定；《我省坚决打赢脱贫攻坚的进展情况、面临的困难及建议》，获得江西省副省长胡强批示认可；《2020 年中国地方政府文旅公共服务效率“百高市”研究报告》荣获光明日报社等授予的中国智库索引 CTTI 来源智库 2020 年度精品成果奖。

三　《中国地方政府效率研究报告（2021）》传承及创新

习近平总书记在2021年的新年贺词中指出，2021年不但是中国共产党建党一百周年，而且是我国“十四五”规划开局之年和开启全面建设社会主义现代化国家新征程的第一年。[①] 在世界百年未有之大变局和中华民族伟大复兴的历史进程中，根据我国地方政府职能履行新特点及新要求、结合地方政府效率及乡村振兴效率提升面临的新形势，《中国地方政府效率研究报告（2021）》（以下简称“本书”）高度重视传承与创新，主要体现在以下四方面。

（一）研究思路与内容传承

我国地方政府是当地基本公共服务和公共物品的主要供给者，是辖区居民经济福利的主要保障者，是地方财政的主要消费者，因此，地方政府效率就集中体现在地方政府扮演这三种角色所产生的成本与收益之间的对比关系上，体现在全国地方政府之间效率水平的对比中。地方政府效率表现为以较小的政府规模（即较小的政府成本）提供较多的符合社会发展和人类进步要求的地方政府公共服务，推动地方政务公开，具体表现为当地居民有较高的经济福利水平。

本书传承2011年以来我国地方政府效率年度研究报告的基本思路与方法。比如，建立、完善地方政府效率测度指标体系；利用来自中国省级、市级、县级政府网站公开信息及《中国统计年鉴2020》等数据；采取标准离差法将测度指标数据进行标准化处理，加权计算、比较测度指标的标准化值，进而分析地方政府效率及乡村振兴效率水平。

计算地方政府效率测度指标的标准差和标准化值的公式分别是：

① 《国家主席习近平发表二〇二一年新年贺词》，《经济管理文摘》2021年第1期。

$$S = \sqrt{\frac{1}{n}\sum_{i=1}^{n}(X_i - \overline{X})^2}$$

$$(STD)_i = (X_i - \overline{X})/S$$

其中，X_i 为 i 指标的原始值，$\overline{X}$ 为 i 指标的平均值，n 为地方政府效率测度样本数量，$(STD)_i$ 为标准化值，S 为标准差。

本书参考政府公共服务、政府规模、居民经济福利及政务公开等实际，建立地方政府效率测度指标体系，运用指标测度及标准离差法，测度、分析我国省级政府、地级市政府、县级政府效率，进行政府效率及测度指标、子因素、因素的标准化值排名，以此定量评估、比较各地方政府效率的相对水平，继续发布中国地方政府效率“十高省”、“百高市”及“百高县”排行榜。进一步分析我国地方政府效率特征和面临的问题，论述政府效率提升措施。有关地方政府效率的测度样本、测度指标体系、测度指标数据来源及说明见本书附录。

（二）研究内容创新

与此同时，本书力图体现以下内容创新，即进一步完善地方政府效率测度指标体系与数据来源，评价地方政府乡村振兴效率。

1. 进一步优化地方政府效率测度指标与数据来源

本书除了沿用2020年测度地方政府效率指标体系的总体框架，保留了绝大部分测度因素、子因素及指标，为了更好地体现新时代地方政府履职及乡村振兴实践，进一步优化、调整了地方政府效率测度因素及指标（见附录1），主要体现在以下方面。

首先，为适应2021年已经完成脱贫攻坚战、全面建成小康社会的新形势，考虑新冠肺炎疫情防控常态化背景下地方政府履职新要求，本书适当调整了省级政府效率测度相关指标。比如，在省级政府效率测度子因素中去掉“新冠肺炎患者治愈率”“新冠肺炎低风险保持率”“复工复产时效”“三大攻坚战信息”“‘六稳六保’工作时效”等5个三级指标，同时新增了“乡村振兴服务”等二级指标，以及“落实总体国家安全观”“乡村振兴政策”“乡村振兴效果”“‘十四五’规划公开”“政府（政务）信息公开时效”等5个三级指标（见附录1.1）。

其次，在地级市政府效率测度子因素中去掉“新冠肺炎患者治愈率”“新冠肺炎低风险保持率”“复工复产时效”“三大攻坚战信息”“‘六稳六保’工作时效”等5个三级指标，同时新增加了“乡村振兴服务”等二级指标和“落实总体国家安全观”“乡村振兴政策”“乡村振兴效果”“‘十四五’规划公开”“政府（政务）信息公开时效”等5个三级指标（见附录1.2）。

最后，在县级政府效率测度指标体系中新增了“‘十四五’规划公开”“政府信息公开时效”等2个三级指标（见附录1.3）。

2. 评价地方政府乡村振兴效率

顺应全面实施乡村振兴战略等时政热点及政府履职重点，注重研究的时代性与前瞻性是本书的追求。2021年《中共中央 国务院关于全面推进乡村振兴 加快农业农村现代化的意见》指出，“十四五”时期，是乘势而上开启全面建设社会主义现代化国家新征程、向第二个百年奋斗目标进军的第一个五年。民族要复兴，乡村必振兴。党中央认为，新发展阶段“三农”工作依然极端重要，须臾不可放松，务必抓紧抓实。要坚持把解决好“三农”问题作为全党工作重中之重，把全面推进乡村振兴作为实现中华民族伟大复兴的一项重大任务，举全党全社会之力加快农业农村现代化，让广大农民过上更加美好的生活。① 要建设社会主义现代化国家，必须把乡村建设放在社会主义现代化建设的重要位置，加快农业农村现代化。

本书对照该意见的相关精神，结合全面推进乡村产业、人才、文化、生态、组织振兴，充分发挥农业产品供给、生态屏障、文化传承等功能，走中国特色社会主义乡村振兴道路，从保障农产品供应、促进农民收入持续增收、加强农村基层治理，以及强化农村短板保障措施等方面，聚焦“农业强、农民富、农村美”等目标，在评价县级政府乡村振兴效率时适当优化了相关指标及权重，将“乡村产业”、“村居环境”和“村治水平”

① 《中共中央 国务院关于全面推进乡村振兴 加快农业农村现代化的意见》，《农民文摘》2021年第6期。

指标的权重分别微调为0.40、0.40和0.20（见附录1.3）。

四　地方政府效率研究报告的贡献

地方政府的效率直接关系到我国经济社会发展质量及国际竞争力。本书在总结地方政府效率的提升实践与经验的基础上，揭示了承上启下的地方政府在中国政府管理中的作用，阐明了提升地方政府效率对实现中华民族伟大复兴的关键意义，并在吸收、借鉴国内外评价成果的基础上，设计了一套评价地方政府效率的指标体系，比较全面地诠释了我国地方政府效率现状，论述了地方政府效率提升面临的困境与问题，阐明了优化我国地方政府效率及研究的路径与方法，对丰富政府效率研究视角、提高研究深度具有重要作用，有助于我国加快政府职能转变与提升政府效率，为推进我国政府治理体系及治理能力现代化和实现“第二个百年”奋斗目标贡献智慧。贡献主要体现在以下两方面。

（一）对学术研究的贡献

第一，进一步完善地方政府效率研究理论，对发展中国特色社会主义大国治理及公共管理理论具有比较重要的学术价值。目前学术界对地方政府效率的研究较少，并缺乏定量研究，相关评估样本较少，政府效率测度指标体系及评价维度有待完善。对此，本书通过对地方政府效率评估的探索性研究为后续研究提供参考，有助于深化中国特色社会主义大国治理理论与实践研究。

第二，目前有关地方政府效率的研究不够深入，使用方法比较单一，本书运用多种研究方法定量考察中国地方政府效率，有助于完善地方政府效率评价研究。本书在对地方政府效率评价的基础上还分析了影响地方政府效率的主要因素，并从基本公共服务、政务公开等重要维度系统地论证了政府效率提升的对策。

第三，拓展地方政府效率的研究对象。目前相关学者对政府效率的评价主要集中在省级及地级市政府层面，为此，本书大幅拓展了研究样本，基本囊括了中国具有代表性的所有县级及以上地方政府，包括31个省级政府、333个地级市政府、1871个县级政府，充分体现了本书的代表性及广泛性。

（二）对优化政府治理的贡献

第一，本书为考核地方政府公共服务效率、政府职能履行质量、公众满意度提供了依据，进一步促进政府组织结构和管理系统的优化，有利于纠正政府管理偏差，引导政府行为不断走向科学合理，持续提升政府治理能力及效率。同时，本书为考核政府领导的工作业绩提供了科学依据，促使公务员在日常工作中合理配置资源，持续转变政府治理理念，提高政府部门工作效率。

第二，本书有助于提高政府对社会的回应能力和地方政府的反应能力。通过及时搜集公众关心的问题，反映公众呼声，了解社会动态和公众需求，发现各地方政府工作的不足，促进政府各部门之间、政府与企业之间、政府与公民之间的广泛沟通，有助于改善政府部门与社会公众的互动关系，提升政府治理水平及能力。

第三，本书剖析了政府运行效率及面临的主要问题，有利于实现地方政府治理现代化。本书对地方政府效率进行定量分析，剖析政府效率提升存在的问题，有利于纵深推进“放管服”改革，持续降低政府成本，为提高我国各级政府治理效率及质量，实现地方政府治理体系及治理能力现代化提供借鉴。

第三章
2021年中国地方政府效率“十高省”

根据政府效率研究思路与方法，结合省级政府在政府公共服务、政府规模、居民经济福利、政务公开等方面的履职情况，基于相应测度指标体系及数据，本书定量评估我国省级政府效率相对水平，公布、分析 2021 年省级政府效率测度结果排在全国前 10 名的省级政府（简称为“十高省”）。2021 年省级政府效率测度指标体系及权重、指标数据来源及处理说明、测度样本名单参考附录 1.1、附录 2.1、附录 3.1。

2021 年中国地方政府（含省级政府、地级市政府、县级政府）效率测度指标数据及信息主要来源于 4 个方面：一是省/市/县 2020 年国民经济和社会发展统计公报，二是省/市/县关于 2020 年预算执行情况及 2021 年预算草案的报告、2021 年省/市/县政府工作报告、省/市/县关于 2020 年国民经济和社会发展计划执行情况及 2021 年国民经济和社会发展计划草案的报告，三是 2021 年地方政府网站政务公开等相关栏目内容或者政府官方媒体相关报道等，四是《中国统计年鉴 2020》及相关省/市/县 2020 年统计年鉴。

此外，2021 年中国地方政府效率测度指标数据来源及处理说明参考附录 2。

一　效率“十高省”测度排名与分析

根据所设计的测度指标体系及方法，本书测度 2021 年我国 31 个省级政府的效率水平，公布 2021 年中国地方政府效率“十高省”的测度标准化值及排名（见表3－1）。

表3－1　2021年中国省级政府效率“十高省”的标准化值及排名

省（区、市）	区域	标准化值	排名
上海市	华东	0.9709	1
北京市	华北	0.6508	2
浙江省	华东	0.3955	3
天津市	华北	0.3850	4
广东省	中南	0.2862	5
江苏省	华东	0.2423	6
海南省	中南	0.1152	7
四川省	西南	0.1017	8
山东省	华东	0.0821	9
河南省	中南	0.0464	10

从表3－1看出，2021年我国地方政府效率“十高省”分布具有三个显著特征。

第一，省级政府效率标准化值排名总体上呈阶梯形分布。按照入围数量，我国地方政府效率“十高省”的区域分布大致呈现“华东—中南—华北—西南”的阶梯形分布趋势。政府效率“十高省”中，华东占有4席（上海、浙江、江苏、山东）；中南占有3席（广东、海南、河南）；华北占有2席（北京、天津）；西南占有1席（四川）。华东地区的上海市较为突出，不但居华东地区第1名，而且居全国第1名。

第二，同一区域内不同省级政府效率排名差异很大。有的省级政府效率排名明显低于同一区域内其他省级政府效率。例如，华东地区的上海市，其政府效率排名全国第1，而该地区的安徽省（其政府效率排名全国第24，是华东地区排名比较靠后的省级政府）却没有进入“十高省”序列。又如，华北地区的北京，其政府效率排名全国第2，而同区域的内蒙古（其政府效率排名全国第22，是华北地区排名比较靠后的省级政府）也未进入“十高省”序列。类似的情况还出现在中南和西北地区，所以同一地区的不同省级政府效率排名具有较大的差异性。究其原因，同一区域不同省级政府辖区的经济社会发展水平具有较大差异。例如，就华北的北京和内蒙古而言，一方面，北京是我国首都，经济社会发展水平很高，政府执行力强，政府效率高；另一方面，内蒙古地广人稀，是我国资源富集区，但其相关公共服务资源投入不足，导致排名靠后。具体而言，内蒙古科教文卫服务排名全国第 19、乡村振兴服务排名全国第 24、政府公开时效排名全国第 28，这不利于内蒙古经济社会高质量发展与政府公共服务优化，致使其政府效率不高。又如，对比华东的上海和安徽：一方面，上海是我国的经济金融中心，经济社会发展水平很高，政府治理现代化能力强；另一方面，安徽经济社会发展相对落后，政府治理质量与效率有待提高。

第三，省级政府效率排名与区域经济社会高质量发展具有一定的正相关性。政府效率较高的省级政府辖区经济社会发展质量较高。例如，上海、北京、浙江、广东等政府治理水平与效率很高，其所辖区域经济社会发展质量也较优。反之，政府效率排名靠后的省级政府，其辖区经济社会发展质量欠佳。因此，政府效率是推动区域经济社会高质量发展的重要动力。为确保区域经济社会持续高质量发展，省级政府需要不断提高治理现代化水平与效率。

二　效率“十高省”测度因素排名与分析

政府公共服务、政府规模、居民经济福利、政务公开等是测度我国省级政府效率的 4 个因素，是提升省级政府效率的重要路径，分析它们的排名及特征，有利于进一步改进省级政府效率。

（一）2021 年政府公共服务排名与分析

政府公共服务包括科教文卫服务等 6 个子因素，共 31 个指标，被赋予 0. 60 的权重。它是影响省级政府效率最主要的因素，不但包含的指标数量多，而且反映了服务型政府的主要职能，是衡量省级政府效率的重要指标。2021 年省级政府公共服务全国前 10 名的标准化值及排名见表 3－2。

表 3－2　2021 年省级政府公共服务全国前 10 名的标准化值及排名

省（区、市）	区域	标准化值	排名
浙江省	华东	0.5616	1
广东省	中南	0.4457	2
上海市	华东	0.4044	3
河南省	中南	0.3607	4
北京市	华北	0.2739	5
江苏省	华东	0.2536	6
贵州省	西南	0.1819	7
湖北省	中南	0.1732	8
吉林省	东北	0.0884	9
海南省	中南	0.0839	10

比较表 3－2 及表 3－1 后可知，省级政府公共服务与政府效率排名的分布类似，具有两个特征。一是政府公共服务排名靠前的省级政府，其政府效率排名也相对靠前。例如，政府公共服务排名前 10 名的省级政府，即浙江、广东、上海、河南、北京、江苏、海南，其政府效率排名也比较靠前，是我国省级政府效率“十高省”。二是政府公共服务排名靠后的省级政府，其政府效率排名也不靠前。例如，政府公共服务排名未进入前 10 的省级政府，包括内蒙古、西藏、宁夏、江西、云南、青海、甘肃、新疆等，其政府效率排名不靠前，没有进入全国前 10 名。因此，政府公共服务排名基本反映了我国省级政府效率水平，这从侧面证明了我国服务型政府建设取得的成效。因此，进一步转变政府服务职能，深入推进公共服务便捷化，纵深推进“放管服”改革，加快营造市场化、法治化、国际化营商环境，真正还权于社会、还权于市场，不仅是提高公共服务质量的有效举措，而且是实现政府治理能力现代化及提升政府效率的重要选择。

（二）2021年政府规模排名与分析

政府规模包括地方一般公共预算支出等3个指标，被赋予0.15的权重，反映了政府人员、政府消费的相对规模，直接体现政府效率。本书综合考虑地方政府所辖区域的总人口及总面积，使政府规模及其相关测度指标更加符合地方政府治理需要及政府规模的实际情况，科学反映地方政府规模、政府成本及政府效率。2021年我国省级政府规模全国前10名的标准化值及排名见表3－3。

表3－3　2021年省级政府规模全国前10名的标准化值及排名

省（区、市）	区域	标准化值	排名
上海市	华东	3.1780	1
天津市	华北	1.5795	2
北京市	华北	1.5494	3
海南省	中南	0.4755	4
山东省	华东	0.2545	5
四川省	西南	0.2070	6
重庆市	西南	0.1678	7
江苏省	华东	0.0555	8
福建省	华东	0.0330	9
陕西省	西北	－0.0542	10

注：政府规模是测度政府效率的逆指标，本书已将其转换成正指标，政府规模测度标准化值越大，政府规模越小、排名越靠前，其相应政府效率越高。

通过分析表3－3数据，可以看出我国省级政府规模具有如下两个特征。

一是省级政府规模排名具有一定的区域性特征。比如，省级政府规模区域分布大致呈现“华东—华北—西南—中南—西北”的阶梯形分布趋势，因为政府规模排前10名的省级政府中，华东有4个（上海、山东、江苏、福建）；华北有2个（天津、北京）；西南有2个（四川、重庆）；中南有1个（海南）；西北有1个（陕西）；东北没有省级政府进入全国前10名。

二是同一区域的省级政府规模排名差异比较明显。以华东地区为例，上海市的政府规模排名最佳，为全国第 1 名，该地区的江苏和福建的政府规模排名尽管也比较靠前，但稍逊一筹，分别位居全国第 8 名、第 9 名。政府规模偏大已经成为一些省级政府推进“放管服”改革、提升公共服务效率的瓶颈。因此，控制政府规模、压缩政府成本、加快职能转变仍然是实现地方政府治理能力现代化与提升治理效率的有效措施。

（三）2021年居民经济福利排名与分析

居民经济福利包括农村居民人均可支配收入等 4 个指标，间接影响省级政府效率，被赋予 0.10 的权重。它不但表征省级政府辖区居民的生活水平，而且反映当地经济高质量发展的程度，从侧面反映政府收益与产出，是衡量省级政府效率重要的外溢指标。2021 年我国省级政府居民经济福利全国前 10 名的标准化值及排名见表 3－4。

表 3－4　2021 年省级政府居民经济福利全国前 10 名的标准化值及排名

省（区、市）	区域	标准化值	排名
北京市	华北	2. 2668	1
上海市	华东	2. 2581	2
浙江省	华东	1. 3665	3
天津市	华北	1. 1820	4
江苏省	华东	0. 8084	5
广东省	中南	0. 7265	6
湖北省	中南	0. 3246	7
辽宁省	东北	0. 3060	8
湖南省	中南	0. 1292	9
山东省	华东	0. 1266	10

通过分析表 3－4 可以看出我国省级政府居民经济福利排名具有如下两个明显的特征。

一是区域差异性明显。比如，居民经济福利全国排名前 10 的省级政府基本来自华东和中南，而西北和西南地区的排名却相对靠后，没有进入全国前10名；排名前10的省级政府中，有4个来自华东地区（分别为上海、浙江、江苏、山东），有3个来自中南地区（分别为广东、湖北、湖南）。二是区域内部的排名差异大。比如，华东7个省级政府的居民经济福利两极分化严重。上海是第2名，而江西、安徽却相对欠佳，其排名未进入前10。

比较表3－1及表3－4，本书认为，从区域看，居民经济福利对不同区域的省级政府效率具有双重影响。一方面，西南地区经济欠发达，正处于经济加速增长阶段，居民经济福利的提升对政府效率的提高具有积极影响。加快当地经济社会发展，注重民生改善，不断提升居民经济福利，有利于提升政府效率；另一方面，高质量发展形势下，中南等经济相对发达地区，在产业升级、环境保护等方面压力较大，省级政府在居民经济福利上投入过多会扩大政府消费支出规模，增加区域公共服务供给成本，降低公共服务质量，进而对政府提高效率产生不利影响。

因此，统筹区域经济社会发展，在提高居民经济福利水平的同时，不断创新政府治理方式，控制政府过度消费，有助于提升公共服务质量与政府效率。

（四）2021年政务公开排名与分析

政务公开包括政务基本信息、政务时效等2个子因素，共11个指标，是测度省级政府效率的重要指标，被赋予0.15的权重。2021年省级政府政务公开全国前10名的标准化值及排名（含并列排名）见表3－5。

表3－5　2021年省级政府政务公开全国前10名的标准化值及排名（含并列排名）

省（区、市）	区域	标准化值	排名
天津市	华北	0.5201	1
河北省	华北	0.4107	2

续表

省（区、市）	区域	标准化值	排名
湖北省	中南	0.4107	2
四川省	西南	0.4107	2
云南省	西南	0.4107	2
黑龙江省	东北	0.4107	2
山西省	华北	0.4008	3
湖南省	中南	0.3549	4
陕西省	西北	0.2914	5
江西省	华东	0.2455	6
海南省	中南	0.1896	7
山东省	华东	0.1820	8
北京市	华北	0.1820	8
上海市	华东	0.1721	9
重庆市	西南	0.1721	9
贵州省	西南	0.0181	10

表3－5表明，我国省级政府政务公开的区域差异特征并不明显。比如，我国华东等6大地区都有位列前10名的省级政府。又如，华北地区的天津市、河北省，分别位列全国第1、第2名，而同一地区的山西省则位列全国第3名；中南地区的湖北省位列全国第2名，而同一地区的湖南省则位列全国第4名，排名也比较靠前。

三 效率“十高省”测度子因素排名与分析

（一）2021年科教文卫服务排名与分析

科教文卫服务包含科技支出占地方一般公共预算支出比例等9个指标，是省级政府效率测度因素政府公共服务的重要子因素，被赋予0.30的权重。2021年省级政府科教文卫服务全国前10名的标准化值及排名见表3－6。

表 3 - 6　2021 年省级政府科教文卫服务全国前 10 名的标准化值及排名

省（区、市）	区域	标准化值	排名
浙江省	华东	0.6172	1
北京市	华北	0.5796	2
江苏省	华东	0.4763	3
西藏自治区	西南	0.4036	4
青海省	西北	0.3828	5
湖北省	中南	0.3706	6
上海市	华东	0.2752	7
陕西省	西北	0.1872	8
湖南省	中南	0.1745	9
河南省	中南	0.1637	10

比较表 3 - 1 及表 3 - 6，可以看出我国省级政府的科教文卫服务排名具有两个特征。一是科教文卫服务测度结果全国排名居前、表现特别优秀的省级政府，如浙江、北京、江苏、上海，其省级政府效率排名也比较高。同时，科教文卫服务测度结果排名相对欠佳的省级政府，如新疆、宁夏（新疆、宁夏的科教文卫服务分别排全国第 31、第 29 名），其省级政府效率排名未进入全国前 10 名。二是从某种程度看，省级政府科教文卫服务测度结果排名具有明显的区域差异性，即华东、中南地区科教文卫服务表现较好，西南、东北地区科教文卫服务形势不容乐观。例如，排前 10 名的省级政府，华东地区有 3 个（浙江、江苏、上海），占华东省级政府效率测度样本的 43%；中南地区有 3 个（湖北、湖南、河南），占中南省级政府效率测度样本的 50%。而东北地区省级政府的科教文卫服务则没有进入全国前 10 名。

因此，科教文卫服务测度结果不仅影响地方政府效率，而且影响区域经济社会高质量发展水平。矢志不渝地改善科技、教育、文化、医疗卫生等基本民生服务，不仅是促进区域经济社会高质量发展的前提，而且是推进科技创新、服务型政府建设及提升政府效率的有效举措。

（二）2021年公共安全服务排名与分析

公共安全服务包括生产安全事故死亡人数占总人口的比例（逆指标）等3个指标，是省级政府公共服务的重要子因素，被赋予0.15的权重。2021年省级政府公共安全服务全国前10名的标准化值及排名见表3－7。

表3－7　2021年省级政府公共安全服务全国前10名的标准化值及排名

省（区、市）	区域	标准化值	排名
浙江省	华东	0.7602	1
四川省	西南	0.7280	2
山东省	华东	0.6950	3
广东省	中南	0.6231	4
江苏省	华东	0.5626	5
天津市	华北	0.5055	6
上海市	华东	0.4578	7
广西壮族自治区	中南	0.4152	8
新疆维吾尔自治区	西北	0.4079	9
贵州省	西南	0.3827	10

公共安全服务是政府公共服务的重要内容，旨在保障公众生产、生活安全，避免出现生产安全事故，减少生产安全损失，保证企业和个人安全健康的生产及生活环境，维护社会稳定。结合“十四五”规划，本书将省级政府落实总体国家安全观等指标纳入公共安全服务的测度与排名。

表3－7表明，2021年省级政府公共安全服务呈现区域差异性。从全国排名前10的省级政府区域分布看，公共安全服务测度排名居前的省级政府数量占地区省级政府效率测度样本的比例呈现“华东—西南—中南—华北—西北”的阶梯形分布趋势。例如，公共安全服务全国排名前10的省级政府，华东地区有4个（浙江、山东、江苏、上海），占华东省级政府效率测度样本数量的57%；西南地区有2个（四川、贵州），占西南省级政府效率测度样本数量的40%；中南地区有2个（广东、广西），占中南

省级政府效率测度样本数量的33%。即华东地区公共安全服务表现较好，西南、中南地区次之，华北、西北、东北地区公共安全服务形势不容乐观。尽管北京、湖北等省级政府辖区经济社会发展水平及政府效率较高，但是其公共安全服务表现相对欠佳。

因此，不断优化公共安全服务不只是各地省级政府加快政府职能转变、建立服务型政府的迫切要求，而且是提升政府效率的有效举措。

（三）2021年社会保障服务排名与分析

社会保障服务包括社会保障和就业支出占地方一般公共预算支出比例、住房保障支出占地方一般公共预算支出比例、社会保险基金支出占地方一般公共预算支出比例等3个指标，是政府公共服务的重要子因素，被赋予0.15的权重。2021年省级政府社会保障服务全国前10名的标准化值及具体排名见表3－8。

表3－8　2021年省级政府社会保障服务全国前10名的标准化值及排名

省（区、市）	区域	标准化值	排名
湖北省	中南	2.4215	1
辽宁省	东北	1.3014	2
安徽省	华东	1.0150	3
黑龙江省	东北	0.5125	4
江苏省	华东	0.4566	5
吉林省	东北	0.4358	6
重庆市	西南	0.4200	7
上海市	华东	0.2522	8
河南省	中南	0.2515	9
宁夏回族自治区	西北	0.1168	10

通过表3－8可以看出，2021年省级政府社会保障服务测度排名呈现区域差异性。例如，社会保障服务全国排名前10的辽宁、黑龙江等省级政府属于我国经济欠发达、产业升级比较缓慢的地区；同时，处于经济比较

发达的省级政府，比如北京市、浙江省、广东省（北京市、浙江省、广东省的社会保障服务全国排名分别是第31名、第24名、第21名）等社会保障服务排名欠佳，没有进入全国前10名。这就表明，全面建成小康社会背景下我国经济社会发展还存在短板：区域经济增长与社会发展之间不协调。因此，各地省级政府社会保障服务存在不平衡性，政府社会保障服务及民生改善职能有待加强。

（四）2021年经济发展服务排名与分析

经济发展服务包括旅客周转量等7个指标，是省级政府公共服务的重要子因素，被赋予0.30的权重。2021年省级政府经济发展服务全国前10名的标准化值及排名见表3－9。

表3－9　2021年省级政府经济发展服务全国前10名的标准化值及排名

省（区、市）	区域	标准化值	排名
广东省	中南	1.1461	1
海南省	中南	1.0691	2
浙江省	华东	0.8289	3
河南省	中南	0.7650	4
贵州省	西南	0.6133	5
北京市	华北	0.5746	6
上海市	华东	0.4983	7
福建省	华东	0.3438	8
重庆市	西南	0.2749	9
四川省	西南	0.1554	10

分析表3－9可以发现，广东、浙江、上海、北京等来自中南、华东、华北等地区的省级政府，其经济比较发达、经济总量大并非偶然，而是与当地重视提高政府效率与优化经济发展服务有关。同时，一些来自经济欠发达的省级政府，例如海南、贵州等由于重视政府职能转变和优化发展环境，经济发展服务水平比较高，分别位居全国第2、第5名。这是我国区

域经济社会高质量发展的亮丽风景线，也是推进服务型政府建设及政府效率提升的优秀代表。

（五）2021年乡村振兴服务排名与分析

乡村振兴服务被赋予0.05的权重，包括乡村振兴政策、乡村振兴效果等2个指标，反映省级政府决胜脱贫攻坚后对接乡村振兴战略的实施效率，2021年省级政府乡村振兴服务全国前10名的标准化值及具体排名（含并列排名）见表3-10。

表3-10　2021年省级政府乡村振兴服务全国前10名的标准化值及排名（含并列排名）

省（区、市）	区域	标准化值	排名
山东省	华东	1.5181	1
贵州省	西南	0.8655	2
重庆市	西南	0.8655	2
河北省	华北	0.8017	3
吉林省	东北	0.8017	3
浙江省	华东	0.8017	3
河南省	中南	0.8017	3
广西壮族自治区	中南	0.2128	4
江苏省	华东	0.1490	5
四川省	西南	0.1490	5
云南省	西南	0.1490	5
西藏自治区	西南	0.1490	5
山西省	华北	0.0852	6
辽宁省	东北	0.0852	6
黑龙江省	东北	0.0852	6
江西省	华东	0.0852	6
湖南省	中南	0.0852	6
北京市	华北	0.0852	6
上海市	华东	0.0852	6
福建省	华东	-0.5037	7

续表

省（区、市）	区域	标准化值	排名
青海省	西北	-0.5037	7
宁夏回族自治区	西北	-0.5037	7
新疆维吾尔自治区	西北	-0.5037	7
内蒙古自治区	华北	-0.5675	8
安徽省	华东	-0.5675	8
广东省	中南	-0.5675	8
海南省	中南	-0.5675	8
陕西省	西北	-0.5675	8
天津市	华北	-0.5675	8
湖北省	中南	-1.2202	9
甘肃省	西北	-1.2202	9

分析表3-10可以发现，我国省级政府乡村振兴服务效率排前10名的区域分布具有两大特点。其一，山东省表现突出，其标准化值排名全国第1，在一定程度上反映出2021年山东省级政府在乡村振兴服务方面工作完成得较好。其二，经济发展质量欠佳的西南地区，其省级政府乡村振兴服务排名比较靠前，比如，贵州、重庆、四川、云南等，而东北、华北地区，由于人口负增长、经济复苏乏力、产业转型升级缓慢等因素，其乡村振兴服务面临较大的提升压力。

实现脱贫攻坚与乡村振兴的有机衔接是一项比较艰巨复杂的任务；全面推进乡村振兴、改善乡村振兴服务有利于逐步解决城乡发展不平衡、乡村发展不充分等问题，进而从整体上提升我国乡村振兴质量，为促进农业农村发展提供坚实基础和有力支撑。

（六）2021年营商环境排名与分析

营商环境是当前我国省级政府的重要基本职能，包括权力清单（发布数量及时间）等7个指标，是省级政府公共服务的重要子因素，被赋予0.05的权重。2021年省级政府营商环境全国前10名的标准化值及具体排名见表3－11。

表3－11　2021年省级政府营商环境全国前10名的标准化值及排名

省（区、市）	区域	标准化值	排名
上海市	华东	1.2313	1
广东省	中南	0.9523	2
北京市	华北	0.7846	3
浙江省	华东	0.6853	4
重庆市	西南	0.5439	5
海南省	中南	0.5126	6
福建省	华东	0.2698	7
新疆维吾尔自治区	西北	0.2449	8
江西省	华东	0.1759	9
山东省	华东	0.1540	10

表3－11表明，我国各地高度重视打造国际化、法制化的营商环境。比如，营商环境优越，即营商环境排名全国前10的省级政府分布区域比较广泛：有华东地区的上海、浙江、福建，中南的广东、海南，又有华北的北京，还有西南的重庆、西北的新疆等省级政府。但是，东北却没有营商环境排名进入全国前10的省级政府。

同时，从发展程度看，这些营商环境极佳的省级政府有的经济社会发展质量高、位于东南沿海地区，有的经济社会发展程度一般、位于中部地区，有的经济社会发展欠佳、位于西部内陆地区。

可见，打造法制化、国际化、便利化的营商环境已经成为我国省级政府履职的关键及共识。换言之，改善营商环境已经成为我国各地促进区域经济社会高质量发展、建设服务型效率型政府的重要标准。

（七）2021年政务基本信息排名与分析

省级政府的政务基本信息包括省政府联系方式公开、政府新媒体公开、三公经费公开、工作报告公开、预算报告公开、计划报告公开、统计公报公开、公务员考试职位表公开、“十四五”规划公开等9个指标，是政务公开最主要的子因素，被赋予0.80的权重。政务基本信息是省级政府网站公布的最简单的基础信息，能够大致反映政府执行力及运行效率。2021年省级政府政务基本信息全国前10名的标准化值及排名（含并列排名）见表3－12。

表3－12　2021年省级政府政务基本信息全国前10名的标准化值及排名（含并列排名）

省（区、市）	区域	标准化值	排名
山西省	华北	0.5757	1
湖南省	中南	0.5757	1
海南省	中南	0.5757	1
天津市	华北	0.5757	1
河北省	华北	0.2898	2
湖北省	中南	0.2898	2
四川省	西南	0.2898	2
云南省	西南	0.2898	2
陕西省	西北	0.2898	2
黑龙江省	东北	0.2898	2
江苏省	华东	0.2898	2
江西省	华东	0.2898	2
上海市	华东	0.2898	2
重庆市	西南	0.2898	2
青海省	西北	0.0375	3
山东省	华东	0.0040	4
新疆维吾尔自治区	西北	0.0040	4
北京市	华北	0.0040	4
内蒙古自治区	华北	－0.0518	5
福建省	华东	－0.0518	5
贵州省	西南	－0.0518	5
浙江省	华东	－0.1934	6

续表

省（区、市）	区域	标准化值	排名
广东省	中南	-0.2484	7
安徽省	华东	-0.2659	8
河南省	中南	-0.4457	9
吉林省	东北	-0.4712	10

政务基本信息是政务公开的主要内容，是测度政府效率的重要指标，直接反映省级政府的执行力及效率。表3-12中的数据表明，省级政府的政务基本信息公开具有三个特点：一是总体效果较好，比如，华东等6大地区都有进入全国前10名的省级政府；二是该指标排名并列的省级政府较多。比如，山西、湖南、海南、天津等并列全国第1名；河北、湖北、四川、云南、陕西等并列第2名，山东、新疆、北京并列第4名；三是与测度省级政府效率的其他子因素相比，表面看来我国省级政府的政务基本信息指标测度结果很好，因为进入排名前10的省级政府数量很多，达26个。但这却揭示了我国省级政府在基本政务信息公开方面的不足，因为政务基本信息指标的测度内容基本来自省级政府2020年底或者2021年初召开地方两会时，由省级政府的主要负责人在两会上向两会代表及委员所做的报告或者通报的数据，按理都应该及时在其政务网站上公开。

也就是说，全国31个省级政府的这类政务基本信息都应该公开，该指标排名理应并列第1。但事与愿违，我国很多省级政府并没有及时公开这些基本的、简单的政务信息，或者公开不完全。

（八）2021年政务时效排名与分析

政务时效包括政府办事时效、政务（政务）信息公开时效等2个指标，是政务公开的重要子因素，直接体现省级政府效率，被赋予0.20的权重。2021年我国省级政府的政务时效测度标准化值及排名（含并列排名）见表3-13。

表 3－13　2021 年省级政府政务时效标准化值及排名（含并列排名）

省（区、市）	区域	标准化值	排名
河北省	华北	0.8943	1
黑龙江省	东北	0.8943	1
山东省	华东	0.8943	1
河南省	中南	0.8943	1
湖北省	中南	0.8943	1
四川省	西南	0.8943	1
云南省	西南	0.8943	1
北京市	华北	0.8943	1
吉林省	东北	0.2977	2
贵州省	西南	0.2977	2
陕西省	西北	0.2977	2
甘肃省	西北	0.2977	2
天津市	华北	0.2977	2
浙江省	华东	0.0682	3
江西省	华东	0.0682	3
宁夏回族自治区	西北	0.0682	3
山西省	华北	－0.2989	4
辽宁省	东北	－0.2989	4
福建省	华东	－0.2989	4
广东省	中南	－0.2989	4
西藏自治区	西南	－0.2989	4
青海省	西北	－0.2989	4
上海市	华东	－0.2989	4
重庆市	西南	－0.2989	4
安徽省	华东	－0.5285	5
湖南省	中南	－0.5285	5
广西壮族自治区	中南	－0.5285	5
内蒙古自治区	华北	－0.7580	6
江苏省	华东	－1.1251	7
新疆维吾尔自治区	西北	－1.1251	7
海南省	中南	－1.3546	8

从表 3 – 13 可以看出，省级政府政务时效指标表现优秀、排名并列现象明显。比如，河北、湖北、北京等 8 个省级政府并列排第 1 名；吉林、贵州等 5 个省级政府并列排第 2 名；浙江等 3 个省级政府并列排第 3 名；山西、重庆等 8 个省级政府并列排第 4 名；安徽等 3 个省级政府并列排第 5 名。

第四章
2021年中国地方政府效率“百高市”

《中国地方政府效率研究报告（2021）》将我国 333 个地级行政区作为地级市政府效率研究样本，由省级行政区（省级政府）管辖，包括 293 个地级市、7 个地区、30 个自治州、3 个盟，简称为“地级市政府”。它们来自我国六大地区，其中华东地区 76 个、中南地区 83 个、西南地区 53 个、西北地区 51 个、华北地区 34 个、东北地区 36 个。2021 年地级市政府效率测度指标体系及权重、指标数据来源及处理说明、测度样本参考附录 1.2、附录 2.2、附录 3.2。

为了相互学习、借鉴，本章公布政府效率测度结果排名全国前 100 名的地级市政府，简称为中国地方政府效率“百高市”，按照华东、中南、西南、西北、华北、东北等六个区域予以分析。

一　效率“百高市”测度排名与分析

根据以前《中国地方政府效率研究报告》的研究思路及方法，本节公布、分析 2021 年中国地方政府效率“百高市”的标准化值及排名（见表 4－1）。

表 4－1　2021 年中国地方政府效率“百高市”的标准化值及排名

地级市政府	标准化值	地区排名	全国排名	地级市政府	标准化值	地区排名	全国排名
华东地区							
厦门市	0.9942	1	3	南京市	0.9555	2	5

续表

地级市政府	标准化值	地区排名	全国排名	地级市政府	标准化值	地区排名	全国排名
无锡市	0. 8037	3	6	绍兴市	0. 2537	20	50
杭州市	0. 7402	4	7	福州市	0. 2529	21	51
常州市	0. 6619	5	11	龙岩市	0. 2229	22	54
苏州市	0. 5756	6	12	鹰潭市	0. 2167	23	56
南通市	0. 4856	7	19	徐州市	0. 2165	24	57
嘉兴市	0. 4645	8	21	舟山市	0. 2075	25	60
温州市	0. 4479	9	23	衢州市	0. 2045	26	62
镇江市	0. 4459	10	25	威海市	0. 1895	27	64
泰州市	0. 4310	11	26	日照市	0. 1869	28	65
金华市	0. 3911	12	29	济南市	0. 1788	29	68
宁波市	0. 3706	13	32	莆田市	0. 1768	30	70
南昌市	0. 3478	14	36	三明市	0. 1496	31	80
青岛市	0. 3187	15	40	泉州市	0. 1245	32	91
新余市	0. 3062	16	43	宁德市	0. 1236	33	92
湖州市	0. 2973	17	44	芜湖市	0. 1149	34	94
台州市	0. 2931	18	45	铜陵市	0. 1148	35	95
扬州市	0. 2811	19	46	丽水市	0. 1145	36	96
中南地区							
三亚市	1. 4555	1	1	鹤壁市	0. 3115	12	41
珠海市	1. 1690	2	2	儋州市	0. 3108	13	42
深圳市	0. 9850	3	4	长沙市	0. 2273	14	53
中山市	0. 6980	4	8	揭阳市	0. 2086	15	59
海口市	0. 5018	5	17	汕尾市	0. 1814	16	66
佛山市	0. 4881	6	18	武汉市	0. 1657	17	74
郑州市	0. 4670	7	20	潮州市	0. 1630	18	76
鄂州市	0. 4475	8	24	洛阳市	0. 1462	19	82
东莞市	0. 3846	9	30	江门市	0. 1193	20	93
汕头市	0. 3585	10	34	惠州市	0. 1128	21	97
广州市	0. 3436	11	38				

续表

地级市政府	标准化值	地区排名	全国排名	地级市政府	标准化值	地区排名	全国排名
西南地区							
贵阳市	0.5358	1	13	铜仁市	0.1668	10	73
拉萨市	0.5038	2	16	甘孜藏族自治州	0.1538	11	77
昆明市	0.4537	3	22	遂宁市	0.1521	12	78
成都市	0.3929	4	28	绵阳市	0.1499	13	79
宜宾市	0.3521	5	35	黔西南布依族苗族自治州	0.1447	14	83
攀枝花市	0.2543	6	49	泸州市	0.1406	15	84
六盘水市	0.2377	7	52	资阳市	0.1078	16	98
乐山市	0.2213	8	55	雅安市	0.0984	17	100
安顺市	0.1769	9	69				
西北地区							
铜川市	0.5295	1	14	延安市	0.1465	7	81
兰州市	0.4062	2	27	西安市	0.1332	8	87
嘉峪关市	0.3453	3	37	阿勒泰地区	0.1324	9	89
西宁市	0.2558	4	48	乌鲁木齐市	0.1306	10	90
金昌市	0.2142	5	58	博尔塔拉蒙古自治州	0.1017	11	99
平凉市	0.1765	6	71				
华北地区							
阿拉善盟	0.6942	1	10	沧州市	0.2073	5	61
乌海市	0.5286	2	15	呼伦贝尔市	0.1801	6	67
长治市	0.3602	3	33	石家庄市	0.1740	7	72
大同市	0.3277	4	39	太原市	0.1325	8	88
东北地区							
沈阳市	0.6959	1	9	大兴安岭地区	0.1653	5	75
辽阳市	0.3707	2	31	大连市	0.1389	6	85
鹤岗市	0.2640	3	47	本溪市	0.1387	7	86
盘锦市	0.1973	4	63				

通过分析表4－1，可以看出我国地方政府效率“百高市”分布具有以下四个特征。

第一，我国六大地区之间的地级市政府效率总体差异比较明显，其中，华东、中南地区的政府效率较高。比如，政府效率排名前30名的地级市政府中，华东地区有厦门市等12个地级市政府、中南地区有三亚市等9个地级市政府、西南地区有贵阳市等4个地级市政府、西北地区有铜川市等2个地级市政府、华北地区有阿拉善盟等2个地级市政府，而东北地区仅有沈阳市1个地级市政府。又如，政府效率排名前100名的地级市政府中，华东有厦门市等36个地级市政府，约占华东地区76个地级市政府的47%；中南有三亚市等21个地级市政府，约占中南地区83个地级市政府的25%；西南有贵阳市等17个地级市政府，约占西南地区53个地级市政府的32%；西北有铜川市等11个地级市政府，约占西北地区51个地级市政府的22%；华北有阿拉善盟等8个地级市政府，约占华北地区34个地级市政府的24%；东北有沈阳市等7个地级市政府，约占东北地区36个地级市政府的19%。

第二，同一区域内不同地级市政府之间的政府效率差异也十分突出。比如，在华东地区，排在全国第3名的厦门市与排在全国第96名的丽水市差距十分明显，二者排名相差93名；厦门市政府效率测度标准化值（0.9942）几乎是丽水市政府效率测度标准化值（0.1145）的9倍。又如，在中南地区，同属广东省的珠海市、汕头市，其经济发展水平相当，但是其政府效率差距很大。排在全国第2名的珠海市与排在全国第34名的汕头市，二者排名相差32名；珠海市政府效率测度标准化值（1.1690）是汕头市政府效率测度标准化值（0.3585）的3倍多。另外，西北地区的铜川市（全国排名第14名）与乌鲁木齐市（全国排名第90名）之间、华北地区的阿拉善盟（全国排名第10名）与太原市（全国排名第88名）之间、东北地区的沈阳市（全国排名9名）与本溪市（全国排名第86名）之间的政府效率差距也十分明显。

第三，虽然西北地区地级市政府效率总体偏低，但铜川市政府效率却十分抢眼。其政府效率标准化值为0.5295，排全国第14名。这不仅优于本地区其他地级市政府，而且优于经济比较发达的华东地区和中南地区的大多数地级市政府。比如，铜川市政府效率排名不仅高于本地区的兰州市（标准化值0.4062，全国排名第27名）、嘉峪关市（标准化值0.3453，全国排名第37名）、西宁市（标准化值0.2558，全国排名第48名）、金昌市（标准化值0.2142，全国排名第58名），而且高于华东地区的南通市（标准化值0.4856，全国排名第19名）、嘉兴市（标准化值0.4645，全国排名第21名）、温州市（标准化值0.4479，全国排名第23名）、镇江市（标准化值0.4459，全国排名第25名），还高于中南地区的海口市（标准化值0.5018，全国排名第17名）、佛山市（标准化值0.4881，全国排名第18名）、郑州市（标准化值0.4670，全国排名第20名）。

第四，区域之间地市级政府效率排名与经济社会发展质量之间存在一定的正向关联性。比如，总体上，经济社会发展质量较优的华东、中南地区地级市政府效率高于经济社会发展质量欠佳的东北、西南、西北地区；同时，在华东、中南、西南等地区内部之间，不同地级市之间政府效率水平相差悬殊。因此，各地区地级市政府在追求经济社会发展质量的同时，需要持续深化行政体制及“放管服”改革、全面实行政务公开，重视提升政府执行力与效率。

2021年地级市政府效率测度指标体系由政府公共服务、政府规模、居民经济福利、政务公开等4个因素以及7个子因素和44个指标构成（见附录1.2）。下文将具体分析地级市政府效率测度因素及子因素全国前100名的情况。

二　效率“百高市”测度因素排名与分析

（一）2021年政府公共服务排名与分析

1. 地级市政府公共服务简介

政府公共服务（0.60）[①] 反映了地级市政府提供基本公共服务的数量

① 本书括号里的数字表示政府效率测度因素或子因素的权重，下同。

和质量，表示地级市政府产出及收益，是测度政府效率的主要因素（一级指标），下设5个子因素（二级指标）和26个三级指标。5个子因素分别是科教文卫服务（0.30）、公共安全服务（0.15）、社会保障服务（0.15）、经济发展服务（0.35）和营商环境（0.05）（见附录1.2）。

2. 地级市政府公共服务前100名分析

2021年地级市政府公共服务全国前100名的标准化值及排名如表4－2所示。

表4－2　2021年地级市政府公共服务全国前100名的标准化值及排名

地级市政府	标准化值	地区排名	全国排名	地级市政府	标准化值	地区排名	全国排名
华东地区							
南京市	1.0766	1	2	威海市	0.2335	17	65
杭州市	0.9642	2	5	宁德市	0.2265	18	67
厦门市	0.9277	3	6	泉州市	0.2152	19	69
无锡市	0.7067	4	10	漳州市	0.2129	20	70
南通市	0.5758	5	15	黄山市	0.2112	21	71
常州市	0.4566	6	23	龙岩市	0.2016	22	75
温州市	0.4375	7	28	三明市	0.2013	23	76
南昌市	0.4174	8	32	嘉兴市	0.1968	24	78
苏州市	0.4171	9	33	莆田市	0.1789	25	81
泰州市	0.3819	10	36	金华市	0.1625	26	86
台州市	0.3571	11	39	扬州市	0.1562	27	88
福州市	0.3343	12	43	湖州市	0.1403	28	91
青岛市	0.2676	13	53	济南市	0.1393	29	92
镇江市	0.2562	14	57	潍坊市	0.1312	30	97
新余市	0.2486	15	60	舟山市	0.1302	31	98
宁波市	0.2445	16	62				
中南地区							
三亚市	1.7912	1	1	珠海市	0.6951	4	11
深圳市	0.9919	2	3	中山市	0.6760	5	12
海口市	0.9791	3	4	郑州市	0.4555	6	24

续表

地级市政府	标准化值	地区排名	全国排名	地级市政府	标准化值	地区排名	全国排名
儋州市	0.4228	7	29	汕头市	0.2569	13	56
东莞市	0.3945	8	34	防城港市	0.2062	14	73
三沙市	0.3821	9	35	广州市	0.1898	15	80
洛阳市	0.3425	10	40	湘西土家族苗族自治州	0.1708	16	83
潮州市	0.3032	11	45	长沙市	0.1352	17	93
佛山市	0.2857	12	50	桂林市	0.1260	18	99
西南地区							
拉萨市	0.8594	1	7	阿里地区	0.2761	12	51
昆明市	0.8290	2	8	黔南布依族苗族自治州	0.2750	13	52
贵阳市	0.8085	3	9	泸州市	0.2593	14	55
成都市	0.4633	4	22	雅安市	0.2293	15	66
攀枝花市	0.4439	5	26	林芝市	0.2065	16	72
甘孜藏族自治州	0.4414	6	27	遂宁市	0.1905	17	79
宜宾市	0.4227	7	30	资阳市	0.1735	18	82
六盘水市	0.4181	8	31	玉溪市	0.1631	19	85
铜仁市	0.3277	9	44	黔东南苗族侗族自治州	0.1543	20	89
乐山市	0.2992	10	47	绵阳市	0.1345	21	94
黔西南布依族苗族自治州	0.2948	11	48	安顺市	0.1330	22	95
西北地区							
兰州市	0.6605	1	13	铜川市	0.3354	6	42
嘉峪关市	0.5667	2	17	平凉市	0.2666	7	54
西宁市	0.5500	3	19	甘南藏族自治州	0.2506	8	58
金昌市	0.4941	4	21	延安市	0.2461	9	61
乌鲁木齐市	0.3787	5	37	博尔塔拉蒙古自治州	0.2197	10	68

续表

地级市政府	标准化值	地区排名	全国排名	地级市政府	标准化值	地区排名	全国排名
商洛市	0.1692	11	84	张掖市	0.1317	13	96
天水市	0.1621	12	87				
华北地区							
长治市	0.5864	1	14	呼伦贝尔市	0.2412	5	63
大同市	0.5707	2	16	太原市	0.2394	6	64
沧州市	0.3418	3	41	兴安盟	0.2030	7	74
阿拉善盟	0.3022	4	46	晋城市	0.1246	8	100
东北地区							
辽阳市	0.5514	1	18	大兴安岭地区	0.2864	5	49
沈阳市	0.5364	2	20	本溪市	0.2487	6	59
鹤岗市	0.4505	3	25	大连市	0.2003	7	77
鸡西市	0.3771	4	38	双鸭山市	0.1432	8	90

由表4－2可知，地级市政府公共服务全国前100名区域分布具有三个明显特征。

第一，我国六大地区的地级市政府公共服务水平整体较高。比如，政府公共服务全国排名前30名的地级市中，既有华东地区的南京市等7个地级市，又有中南地区的三亚市等7个地级市，还有西南地区的拉萨市等7个地级市，西北地区的兰州市等4个地级市。又如，全国排名前100的地级市政府中，华东地区有31个地级市，约占华东地区76个地级市的41%；中南地区有18个地级市，约占中南地区83个地级市的22%；西南地区有22个地级市，约占西南地区53个地级市的42%；西北地区有13个地级市，约占西北地区51个地级市的25%；华北地区有8个地级市，约占华北地区34个地级市的24%；东北地区有8个地级市，约占东北地区36个地级市的22%。由此可见，我国每个地区至少有20%的地级市政府效率位居全国前100名，即进入全国333个地级市政府效率测度样本中的前1/3左右。因此，各地区的地级市政府效率水平均较高。

第二，各地区的地级市政府公共服务水平虽然存在一定差距，但是差距不大。比如，华东有7个地级市（约占华东地级市总数的9%）进入全国前30名，有31个地级市（约占华东地级市总数的41%）进入全国前100名；中南有7个地级市（约占中南地级市总数的8%）进入全国前30名，有18个地级市（约占中南地级市总数的22%）进入全国前100名；西南有7个地级市（约占该区域地级市总数的13%）进入全国前30名，有22个地级市（约占该区域地级市总数的42%）进入全国前100名；西北、华北、东北地区各有4个、2个、3个地级市进入全国前30名，分别约占该区域地级市总数的8%、6%、8%，这表明它们与华东、中南以及西南地区相比存在一定差距，但西北、华北、东北这三个地区进入全国前100名的地级市数量占各区域地级市总数的比例分别是25%、24%、22%，这一比例与华东等地区之间的差距不大。可见，尽管各地区地级市政府在公共服务方面存在一定的差距，华东地区有多个地级市政府公共服务表现突出，但是其他地区与华东地区的差距有所缩小，表明我国各地区实现了基本公共服务均等化目标。

第三，我国部分地区的公共服务水平提升迅速。比如，西南地区和华北地区，与2020年相比，2021年西南地区新增10个地级市进入全国前100名，华北地区新增3个地级市进入全国前100名，这是两地区地级市政府特别重视优化公共服务的结果。又如，2020年西南地区只有贵阳市一个地级市进入全国前30名，2021年西南地区进入全国前30名的地级市有7个，其中，拉萨市排名全国第7名。西南地区公共服务发展速度惊人是该地区高效践行中央政策、高速建设服务型政府的表现。政府公共服务是区域经济社会发展的基础，优良的政府公共服务是欠发达地区全面实施乡村振兴战略及开启农业农村现代化建设新征程的重要保障。

由此表明，中央政府近年来持续推进的加快政府职能转变、建设服务型政府的政策在多数地级市政府得以有效落实，成为地方政府效率提升与区域经济社会发展的新动能。

（二）2021年政府规模排名与分析

1. 地级市政府规模简介

政府规模反映政府消费的相对规模，表征了政府成本，直接体现了政府效率。政府规模是测度政府效率的主要因素，被赋予0.15的权重，其下设3个指标（见附录1.2）。虽然其指标数量不多，但却是构成政府成本的主要方面，对地级市政府效率影响较大。

2. 地级市政府规模前100名分析

2021年地级市政府规模全国前100名的标准化值及排名如表4－3所示。

表4－3 2021年地级市政府规模全国前100名的标准化值及排名

地级市政府	标准化值	地区排名	全国排名	地级市政府	标准化值	地区排名	全国排名
华东地区							
日照市	1.8205	1	9	扬州市	0.2800	12	56
厦门市	1.1555	2	16	衢州市	0.2603	13	57
滨州市	1.0345	3	18	常州市	0.2470	14	58
镇江市	0.8575	4	22	景德镇市	0.2045	15	63
金华市	0.8318	5	23	池州市	0.2036	16	64
嘉兴市	0.7498	6	26	苏州市	0.1482	17	71
铜陵市	0.5372	7	35	新余市	0.1113	18	80
鹰潭市	0.5221	8	36	威海市	0.0580	19	87
泰州市	0.4842	9	38	莆田市	0.0520	20	90
无锡市	0.3410	10	47	萍乡市	0.0348	21	93
连云港市	0.3060	11	51	上饶市	0.0033	22	98
中南地区							
鄂州市	3.7466	1	1	周口市	1.6792	5	11
珠海市	3.5871	2	2	揭阳市	1.2147	6	13
三亚市	3.0296	3	5	信阳市	1.1748	7	14
鹤壁市	1.9518	4	8	中山市	1.1717	8	15

续表

地级市政府	标准化值	地区排名	全国排名	地级市政府	标准化值	地区排名	全国排名
汕尾市	1.0404	9	17	云浮市	0.2861	22	55
商丘市	0.9369	10	20	贵港市	0.2345	23	60
汕头市	0.7741	11	25	东莞市	0.1748	24	66
佛山市	0.6214	12	32	漯河市	0.1551	25	70
潮州市	0.5756	13	33	钦州市	0.1295	26	76
焦作市	0.5578	14	34	广州市	0.1106	27	81
儋州市	0.4881	15	37	武汉市	0.1005	28	83
北海市	0.3954	16	44	茂名市	0.0878	29	84
郑州市	0.3805	17	45	梧州市	0.0624	30	86
三门峡市	0.3350	18	48	河池市	0.0534	31	88
韶关市	0.3189	19	49	桂林市	0.0180	32	95
湘潭市	0.2939	20	53	张家界市	0.0098	33	97
许昌市	0.2924	21	54	贺州市	-0.0020	34	100
西南地区							
绵阳市	0.4781	1	39	德阳市	0.1284	7	78
安顺市	0.4199	2	40	广安市	0.1227	8	79
曲靖市	0.3645	3	46	黔西南布依族苗族自治州	0.1042	9	82
自贡市	0.3038	4	52	六盘水市	0.0690	10	85
内江市	0.1673	5	67	乐山市	0.0366	11	92
资阳市	0.1353	6	75	丽江市	-0.0006	12	99
西北地区							
阿勒泰地区	2.1242	1	6	固原市	0.3175	7	50
铜川市	2.0089	2	7	中卫市	0.1596	8	68
平凉市	0.8054	3	24	金昌市	0.1565	9	69
石嘴山市	0.7124	4	28	黄南藏族自治州	0.1446	10	72
嘉峪关市	0.6764	5	29	博尔塔拉蒙古自治州	0.0425	11	91
克拉玛依市	0.6374	6	30				

续表

地级市政府	标准化值	地区排名	全国排名	地级市政府	标准化值	地区排名	全国排名
华北地区							
阿拉善盟	3.3902	1	3	临汾市	0.2185	6	61
乌海市	3.3142	2	4	运城市	0.1995	7	65
包头市	0.7497	3	27	长治市	0.0532	8	89
保定市	0.6271	4	31	沧州市	0.0231	9	94
阳泉市	0.3991	5	43	衡水市	0.0174	10	96
东北地区							
朝阳市	1.6971	1	10	辽源市	0.2415	7	59
沈阳市	1.5654	2	12	白山市	0.2088	8	62
大兴安岭地区	0.9648	3	19	本溪市	0.1410	9	73
七台河市	0.9283	4	21	四平市	0.1396	10	74
鹤岗市	0.4047	5	41	抚顺市	0.1286	11	77
盘锦市	0.4015	6	42				

由表4－3可知，我国地级市政府规模前100名区域分布具有以下三个特点。

第一，从最优层面看，我国不同地区地级市政府规模相对均衡。比如，从政府规模极佳、排在全国前30名的地级市区域分布数量看，我国华东地区有日照市等6个地级市，约占华东地区76个地级市的8%；中南地区有鄂州市等11个地级市，约占中南地区83个地级市的13%；西北地区有阿勒泰地区等6个地级市，约占西北地区51个地级市的12%；东北地区有朝阳市等4个地级市，约占东北地区36个地级市的11%，这表明华东、中南、西北与东北地区地级市政府规模差异不大。

第二，从次优层面看，我国不同地区地级市政府规模存在不均衡的现象。比如，从政府规模比较适度、排名全国前100名的地级市政府区域分布数量看，华东地区有22个地级市，约占华东地区地级市总数的29%；中南地区有34个地级市，约占中南地区地级市总数的41%；西北地区有11个地级市，约占西北地区地级市总数的26%；华北地区有10个地级市，约占华北地区地级市总数的 29%；东北地区有 11 个地级市，约占东北地区地级市总数的 31%。然而，虽然西南地区有 12 个地级市进入全国前 100 名，约占西南地区地级市总数的 23%，但该地区没有一个地级市进入全国前 30 名。综上，我国地级市政府规模呈现东优西劣的分布趋势。这表明，党的十九大以来，中央政府持续推进的“放管服”及全面深化改革战略正深刻影响着地方政府规模调整：中西部经济欠发达的劣势有利于当地政府通过深化行政审批体制改革优化政府规模，促进当地经济社会发展；东部经济较发达的优势能够加快当地政府职能转变、建设高效有为的政府，不断促进区域经济社会高质量发展。

第三，我国同一地区内部的不同地级市政府规模比较均衡。整体上看，在同一地区内部，除华东地区的日照市与华北地区的阿拉善盟等少数几个地级市政府规模表现得特别优秀外，区域内部不同地级市的政府规模差距较小。

因此，中央纵深推进的“放管服”及“只进一扇门”等改革已经深刻影响地级市政府规模，各地经济社会发展质量与当地政府规模不断走向协调，使我国地级市政府规模不断趋于适度与均衡。

（三）2021年居民经济福利排名与分析

1. 地级市居民经济福利简介

居民经济福利因素由农村居民人均可支配收入等 4 个指标组成，体现了政府民生改善及民生服务水平，间接反映政府运行质量和效率，被赋予 0.10 的权重。

2. 地级市居民经济福利前 100 名分析

2021 年地级市政府居民经济福利全国前 100 名的标准化值及排名如表 4-4 所示。

表 4－4　2021 年地级市政府居民经济福利全国前 100 名的标准化值及排名

地级市政府	标准化值	地区排名	全国排名	地级市政府	标准化值	地区排名	全国排名
华东地区							
苏州市	3.3504	1	1	丽水市	0.7402	24	32
无锡市	3.0948	2	2	福州市	0.6245	25	36
南京市	2.8856	3	4	新余市	0.5019	26	44
常州市	2.8578	4	5	萍乡市	0.4936	27	45
杭州市	1.9270	5	6	南昌市	0.4846	28	48
宁波市	1.9040	6	7	马鞍山市	0.4516	29	49
镇江市	1.8521	7	8	龙岩市	0.4397	30	50
徐州市	1.8515	8	9	济南市	0.4344	31	51
绍兴市	1.7888	9	10	莆田市	0.3372	32	66
嘉兴市	1.7692	10	11	淮安市	0.3247	33	70
舟山市	1.7079	11	14	合肥市	0.3172	34	71
湖州市	1.5806	12	15	连云港市	0.3011	35	72
温州市	1.4786	13	17	九江市	0.2972	36	73
台州市	1.4355	14	18	威海市	0.2875	37	75
金华市	1.3302	15	20	宁德市	0.2861	38	76
厦门市	1.1902	16	22	三明市	0.2678	39	79
南通市	0.9628	17	23	烟台市	0.2346	40	83
盐城市	0.8404	18	25	宜春市	0.2048	41	91
泰州市	0.8185	19	26	芜湖市	0.1965	42	93
扬州市	0.7781	20	27	南平市	0.1839	43	97
衢州市	0.7760	21	28	漳州市	0.1806	44	98
泉州市	0.7599	22	30	宿迁市	0.1780	45	100
青岛市	0.7479	23	31				
中南地区							
深圳市	3.0761	1	3	长沙市	1.2148	6	21
广州市	1.7656	2	12	惠州市	0.9101	7	24
东莞市	1.7440	3	13	武汉市	0.6462	8	34
珠海市	1.4882	4	16	江门市	0.6246	9	35
佛山市	1.4300	5	19	中山市	0.6232	10	37

续表

地级市政府	标准化值	地区排名	全国排名	地级市政府	标准化值	地区排名	全国排名
郑州市	0.5328	11	41	许昌市	0.3315	20	68
阳江市	0.4026	12	55	清远市	0.2894	21	74
云浮市	0.4010	13	57	新乡市	0.2823	22	77
韶关市	0.3853	14	59	汕尾市	0.2313	23	84
汕头市	0.3784	15	60	衡阳市	0.2265	24	85
肇庆市	0.3782	16	61	梅州市	0.2256	25	86
湛江市	0.3670	17	63	焦作市	0.2129	26	90
茂名市	0.3443	18	64	河源市	0.2012	27	92
株洲市	0.3370	19	67	荆门市	0.1918	28	95
西南地区							
成都市	0.4318	1	52				
西北地区							
克拉玛依市	0.7720	1	29	咸阳市	0.2244	5	88
乌鲁木齐市	0.5325	2	42	宝鸡市	0.2222	6	89
西安市	0.4870	3	46	延安市	0.1919	7	94
榆林市	0.2247	4	87				
华北地区							
包头市	0.6522	1	33	阿拉善盟	0.4223	6	53
唐山市	0.5912	2	38	石家庄市	0.3992	7	58
鄂尔多斯市	0.5607	3	39	秦皇岛市	0.2564	8	80
乌海市	0.5534	4	40	邯郸市	0.2429	9	82
呼和浩特市	0.5104	5	43	锡林郭勒盟	0.1869	10	96
东北地区							
沈阳市	0.4866	1	47	锦州市	0.3261	6	69
大连市	0.4180	2	54	丹东市	0.2738	7	78
营口市	0.4018	3	56	抚顺市	0.2499	8	81
鞍山市	0.3751	4	62	本溪市	0.1794	9	99
盘锦市	0.3395	5	65				

居民经济福利表征了居民生活水平，从侧面反映政府的收益与产出，是衡量政府效率的重要外溢指标。分析表4－4发现，我国地级市居民经济

福利前100名区域分布呈现以下三个显著特征。

第一，地区排名差异明显，呈现多级态势。华东地区居民经济福利最佳，中南地区次之，西北地区不高，西南、华北和东北地区欠佳。从居民经济福利最优、排在全国前30名地级市的区域分布数量看，华东地区有苏州市等22个地级市，约占华东地级市总数的29%；中南地区有深圳市等7个地级市，约占中南地级市总数的8%；西北地区有克拉玛依市1个地级市，约占西北地级市总数的2%；而西南、华北和东北地区没有地级市进入全国前30名。

第二，地级市政府居民经济福利存在较好、一般、欠佳等三级分布的特点。华东地区、中南地区地级市较好，为一级；华北地区、东北地区地级市一般，为二级；西南地区、西北地区地级市欠佳，为三级。从全国排名前100地级市的区域分布数量看，华东地区有45个地级市，约占华东地区地级市总数的59%；中南地区有28个地级市，约占中南地区地级市总数的34%；华北地区有10个地级市，约占华北地级市总数的29%；东北地区有9个地级市，约占东北地区地级市总数的25%；西南地区有1个地级市，约占西南地区地级市总数的2%；西北地区有7个地级市，约占西北地区地级市总数的14%。

第三，区域分布差异的多级态势明显。华东地区居民经济福利较好的地级市政府数量远超其他地区，在该地区的占比也很高。比如，与2020年测度结果相比，2021年华东地区与中南地区排在前100名地级市的数量在所在地区地级市政府的占比提高较明显；同时，2020年西南地区有13个地级市进入全国前100名，但2021年该地区却仅有1个地级市进入前100名，并且当地进入前100名的地级市在所在地区地级市政府的占比远远低于其他地区。此外，华北地区2020年测度结果显示有41%的地级市政府进入居民经济福利全国前100名，而2021年仅有约29%的地级市进入前100名，占比下降明显。这表明我国各地经济社会发展存在一定差距，在全面开启社会主义现代化建设新征程中，解决区域之间发展不平衡、不充分问题，实现区域之间协调发展，是我国区域发展的当务之急。

所以，认真贯彻习近平新时代中国特色社会主义思想，实现共享繁荣，大力改善民生、提高居民经济福利，加快弥补我国经济社会发展短板，促进区域之间、城乡之间的协调发展，不仅是我国地方政府效率提升的重要路径，而且是实现第二个一百年目标的有效措施。

（四）2021年政务公开分析排名与分析

1. 地级市政务公开简介

政务公开是体现地级市政府效率的重要因素，它能够直接反映地方政府执行力与效率，被赋予0.15的权重。其包括政务基本信息和政务时效2个子因素，以及领导信息公开等11个三级指标。

2. 地级市政务公开前100名分析

2021年地级市政府政务公开全国前100名的标准化值及排名如表4－5所示。

表4－5　2021年地级市政府政务公开全国前100名的标准化值及排名

地级市政府	标准化值	地区排名	全国排名	地级市政府	标准化值	地区排名	全国排名
华东地区							
厦门市	0.9686	1	1	湖州市	0.4525	12	38
宿州市	0.6582	2	7	扬州市	0.4501	13	39
青岛市	0.6460	3	9	宁波市	0.4501	13	39
新余市	0.6012	4	12	日照市	0.4463	15	41
龙岩市	0.5988	5	13	济南市	0.4385	16	43
温州市	0.5525	6	17	常州市	0.4341	17	45
池州市	0.5525	6	17	南通市	0.4341	17	45
六安市	0.5176	8	22	南京市	0.4182	19	50
赣州市	0.4988	9	23	杭州市	0.3949	20	54
淮南市	0.4931	10	27	衢州市	0.3949	21	54
九江市	0.4804	11	30	宣城市	0.3931	22	56

续表

地级市政府	标准化值	地区排名	全国排名	地级市政府	标准化值	地区排名	全国排名
上饶市	0.3931	22	56	安庆市	0.3174	32	78
蚌埠市	0.3874	24	58	泰州市	0.3158	33	79
马鞍山市	0.3874	24	58	芜湖市	0.3119	34	80
嘉兴市	0.3805	26	62	淮安市	0.3047	35	81
南昌市	0.3805	26	62	抚州市	0.2912	36	88
鹰潭市	0.3525	28	65	滁州市	0.2874	37	92
盐城市	0.3524	29	66	绍兴市	0.2805	38	94
淮北市	0.3519	30	67	福州市	0.2549	39	98
德州市	0.3280	31	75	丽水市	0.2501	40	100
中南地区							
深圳市	0.9686	1	1	惠州市	0.4018	15	52
荆州市	0.6582	2	7	荆门市	0.3829	16	60
黄冈市	0.6036	3	10	中山市	0.3626	17	64
郑州市	0.5558	4	16	常德市	0.3361	18	71
佛山市	0.5361	5	20	茂名市	0.3361	18	71
长沙市	0.4979	6	24	汕头市	0.3361	18	71
岳阳市	0.4979	6	24	湛江市	0.3202	21	77
娄底市	0.4931	8	27	孝感市	0.2979	22	82
郴州市	0.4898	9	29	益阳市	0.2979	22	82
阳江市	0.4804	10	30	株洲市	0.2931	24	84
黄石市	0.4661	11	34	邵阳市	0.2931	24	84
随州市	0.4385	12	43	咸宁市	0.2898	26	89
珠海市	0.4337	13	47	韶关市	0.2626	27	97
武汉市	0.4114	14	51				
西南地区							
宜宾市	0.8035	1	4	遂宁市	0.5525	5	17
阿坝藏族羌族自治州	0.7012	2	5	贵阳市	0.4681	6	33
成都市	0.5988	3	13	巴中市	0.4606	7	35
达州市	0.5988	3	13	安顺市	0.4558	8	36

续表

地级市政府	标准化值	地区排名	全国排名	地级市政府	标准化值	地区排名	全国排名
遵义市	0.4534	9	37	乐山市	0.2884	12	91
眉山市	0.3501	10	69	内江市	0.2874	13	92
拉萨市	0.3352	11	74				
西北地区							
银川市	0.8280	1	3	安康市	0.4193	3	49
西安市	0.4227	2	48	兰州市	0.3503	4	68
华北地区							
呼伦贝尔市	0.5361	1	20	鄂尔多斯市	0.3365	4	70
石家庄市	0.4973	2	26	忻州市	0.2931	5	84
邢台市	0.3829	3	60	大同市	0.2696	6	96
东北地区							
葫芦岛市	0.6852	1	6	盘锦市	0.3239	6	76
沈阳市	0.6036	2	10	吉林市	0.2931	7	84
绥化市	0.4804	3	30	抚顺市	0.2898	8	89
哈尔滨市	0.4399	4	42	黑河市	0.2805	9	94
齐齐哈尔市	0.3988	5	53	辽阳市	0.2535	10	99

表4－5揭示了我国地级市政务公开前100名区域分布呈现以下两个特征。

第一，地级市政务公开排名并列的现象突出。同一区域内排名并列的地级市数量较多，不同区域间排名并列的地级市也比较多。这既反映了各地级市政府普遍重视政务公开工作，又表明了它们推进政务公开的进程与效率基本相当。

第二，与2020年相比，2021年我国地级市政务公开表现较好，但这只是表象。实际上，本书有关政务公开测度的结果揭示了地级市政府在政务公开方面的短板与困境。由于2020年新冠肺炎疫情突袭而至以及全国人民代表大会推迟召开对2020年政府政务公开指标数据的发布时效造成了一定影响，不少地级市政府公布信息的时间延迟，在各地全面复工复产以及2020年全国人民代表大会于5月下旬结束后，我国很多地级市政府才陆续更新其官方网站的数据。2021 年研究发现，不少地级市政府的政务基础信息缺失严重，就连 2021 年地级市政府的“十四五”规划等政务基础信息，都没有公布。按照中央规定这些信息都应 100% 及时公开，但实际并非如此。因此，推进地级市政务全面公开任重道远。

因此，全面推行地级市政府政务公开，大幅提升地方政府工作的透明度，不仅是纵深推进地方“放管服”改革的关键环节，而且是提升地级市政府效率的有效措施。

三　效率“百高市”测度子因素排名与分析

（一）2021 年科教文卫服务排名与分析

科教文卫服务是地级市政府公共服务的重要子因素（二级指标），被赋予 0.30 的权重，包括专利申请量等 8 个指标（见附录 1.2）。2021 年地级市政府科教文卫服务测度结果全国前 100 名的标准化值及排名如表 4－6 所示。

表 4－6　2021 年地级市政府科教文卫服务全国前 100 名的标准化值及排名

地级市政府	标准化值	地区排名	全国排名	地级市政府	标准化值	地区排名	全国排名
华东地区							
苏州市	1.3944	1	4	龙岩市	0.5016	10	34
南京市	1.0768	2	6	扬州市	0.4596	11	36
杭州市	1.0168	3	8	威海市	0.4369	12	39
福州市	0.7067	4	22	金华市	0.4158	13	41
常州市	0.5674	5	28	济南市	0.4007	14	44
宁波市	0.5451	6	29	衢州市	0.3993	15	46
南通市	0.5425	7	30	绍兴市	0.3975	16	47
厦门市	0.5079	8	31	鹰潭市	0.3600	17	54
泰州市	0.5056	9	32	新余市	0.3515	18	55

续表

地级市政府	标准化值	地区排名	全国排名	地级市政府	标准化值	地区排名	全国排名
徐州市	0.3371	19	57	台州市	0.2296	27	80
无锡市	0.3258	20	60	铜陵市	0.1983	28	88
丽水市	0.2955	21	66	上饶市	0.1927	29	90
湖州市	0.2826	22	68	舟山市	0.1922	30	91
镇江市	0.2804	23	69	淄博市	0.1861	31	92
三明市	0.2658	24	70	芜湖市	0.1845	32	93
黄山市	0.2651	25	71	济宁市	0.1813	33	95
嘉兴市	0.2429	26	76	宿迁市	0.1583	34	100
中南地区							
三亚市	1.9136	1	1	株洲市	0.3878	12	49
海口市	1.4527	2	3	长沙市	0.3876	13	50
郑州市	0.9814	3	9	武汉市	0.3689	14	53
珠海市	0.9159	4	10	安阳市	0.3285	15	59
深圳市	0.8888	5	11	新乡市	0.3223	16	61
黄石市	0.8327	6	15	十堰市	0.2633	17	72
佛山市	0.7910	7	17	鹤壁市	0.2431	18	75
广州市	0.7100	8	21	南宁市	0.2203	19	82
中山市	0.6603	9	23	南阳市	0.2070	20	84
洛阳市	0.5825	10	25	郴州市	0.1930	21	89
荆州市	0.4571	11	37	濮阳市	0.1640	22	98
西南地区							
阿里地区	0.8731	1	13	阿坝藏族羌族自治州	0.3218	8	62
成都市	0.8298	2	16	雅安市	0.3014	9	64
贵阳市	0.6093	3	24	铜仁市	0.2948	10	67
昆明市	0.5810	4	26	泸州市	0.2327	11	78
甘孜藏族自治州	0.5712	5	27	玉溪市	0.2250	12	81
乐山市	0.5040	6	33	遂宁市	0.2130	13	83
攀枝花市	0.4414	7	38	山南市	0.1769	14	96

续表

地级市政府	标准化值	地区排名	全国排名	地级市政府	标准化值	地区排名	全国排名
西北地区							
博尔塔拉蒙古自治州	0.7418	1	18	中卫市	0.3198	10	63
铜川市	0.7352	2	19	张掖市	0.2979	11	65
甘南藏族自治州	0.4907	3	35	克拉玛依市	0.2619	12	73
西宁市	0.4268	4	40	平凉市	0.2026	13	86
咸阳市	0.4147	5	42	榆林市	0.1986	14	87
兰州市	0.4016	6	43	克孜勒苏柯尔克孜自治州	0.1840	15	94
阿勒泰地区	0.3895	7	48	延安市	0.1766	16	97
西安市	0.3776	8	52	宝鸡市	0.1624	17	99
金昌市	0.3419	9	56				
华北地区							
阿拉善盟	1.7437	1	2	太原市	0.4001	6	45
呼伦贝尔市	1.2640	2	5	乌海市	0.3297	7	58
长治市	1.0217	3	7	张家口市	0.2482	8	74
大同市	0.8881	4	12	廊坊市	0.2345	9	77
沧州市	0.7141	5	20	石家庄市	0.2304	10	79
东北地区							
鹤岗市	0.8354	1	14	大庆市	0.2069	3	85
沈阳市	0.3800	2	51				

表4-6揭示了我国地级市政府科教文卫服务全国前100名的区域分布具有三个特征。

第一，我国地级市政府科教文卫服务排名的区域分布呈现三级态势，即华东、中南地区属于一级，其科教文卫服务最优；西南、华北地区属于二级，其科教文卫服务次优；西北、东北地区属于三级，其科教文卫服务欠佳。比如，科教文卫服务全国排名前30位的地级市政府中，华东地区有苏州市等7个地级市，中南地区有三亚市等10个地级市；西南地区有阿里地区等5个地级市，华北地区有阿拉善盟等5个地级市；西北地区有博尔塔拉蒙古自治州等2个地级市，东北地区仅有鹤岗市1个地级市。

第二，除东北地区外，各地区科教文卫服务区域分布比较均衡。排名全国前100名的地级市政府中，华东地区有34个地级市，约占华东地区地级市样本总数的45%；中南地区有22个地级市，约占中南地区地级市样本总数的27%；西南地区有14个地级市，约占西南地区地级市样本总数的26%；西北地区有17个地级市，约占西北地区地级市样本总数的33%；华北地区有10个地级市，约占华北地区地级市样本总数的29%；东北地区有3个地级市，约占东北地区地级市样本总数的8%。

第三，科教文卫服务全国排名居前的地级市政府往往是知名度高、经济社会发展质量较高的中心城市（如省会城市）。例如，全国排名靠前、位列华东地区前5名的地级市为苏州市、南京市、杭州市、福州市、常州市，其中苏州市是长三角中心城市，南京市、杭州市、福州市均为省会城市。又如，全国排名居前、位居中南地区前5名的地级市为三亚市、海口市、郑州市、珠海市、深圳市，其中海口、郑州均为省会城市。再如，排名位居全国前列、排在西南地区前5名的地级市政府为阿里地区、成都市、贵阳市、昆明市、甘孜藏族自治州；位居全国前列、排在西北地区前5名的地级市政府为博尔塔拉蒙古自治州、铜川市、甘南藏族自治州、西宁市、咸阳市。它们都是当地经济社会发展质量较高的地级市政府。总之，就经济发达地区而言，当地政府具有比较雄厚的财力以保障对科教文卫服务的投入与效率；同时该指标水平高低还与地级市政府是否特别重视科教文卫服务、是否有效贯彻实施创新国家发展战略等理念有关。

（二）2021年公共安全服务排名与分析

公共安全服务是地级市政府公共服务的重要子因素，被赋予0.15的权重，包括生产安全事故死亡人数占年末常住人口的比例等3个指标。2021年地级市政府公共安全服务全国前100名的标准化值及排名如表4-7所示。

表 4－7　2021 年地级市政府公共安全服务全国前 100 名的标准化值及排名

地级市政府	标准化值	地区排名	全国排名	地级市政府	标准化值	地区排名	全国排名
华东地区							
厦门市	0.7350	1	16	丽水市	0.4253	13	67
宁德市	0.7322	2	17	蚌埠市	0.4131	14	70
黄山市	0.7200	3	19	青岛市	0.3987	15	71
景德镇市	0.6630	4	30	安庆市	0.3680	16	80
赣州市	0.6573	5	33	南平市	0.3646	17	81
池州市	0.6280	6	37	龙岩市	0.3551	18	82
南昌市	0.6130	7	41	无锡市	0.3522	19	83
台州市	0.5583	8	50	常州市	0.3232	20	88
鹰潭市	0.5212	9	55	福州市	0.3067	21	92
威海市	0.4974	10	58	滁州市	0.2949	22	93
马鞍山市	0.4875	11	61	宜春市	0.2732	23	98
芜湖市	0.4518	12	64	莆田市	0.2715	24	99
中南地区							
三沙市	5.1760	1	1	益阳市	0.5442	14	53
中山市	1.1261	2	3	肇庆市	0.5156	15	56
清远市	0.8299	3	7	随州市	0.5040	16	57
钦州市	0.8023	4	10	江门市	0.4974	17	59
韶关市	0.7937	5	11	东莞市	0.4916	18	60
儋州市	0.7162	6	21	荆门市	0.4229	19	68
深圳市	0.6996	7	22	佛山市	0.3820	20	75
三亚市	0.6839	8	25	百色市	0.3816	21	76
柳州市	0.6669	9	28	海口市	0.3785	22	77
湛江市	0.6657	10	29	汕尾市	0.3766	23	78
衡阳市	0.6131	11	40	信阳市	0.3298	24	86
十堰市	0.5656	12	48	武汉市	0.3258	25	87
鄂州市	0.5539	13	51	珠海市	0.2702	26	100
西南地区							
拉萨市	1.1622	1	2	玉溪市	0.9633	3	6
昆明市	0.9824	2	4	昭通市	0.8121	4	8

续表

地级市政府	标准化值	地区排名	全国排名	地级市政府	标准化值	地区排名	全国排名
攀枝花市	0.8033	5	9	广元市	0.5753	14	45
安顺市	0.7730	6	12	广安市	0.5639	15	49
林芝市	0.7683	7	13	山南市	0.4795	16	62
六盘水市	0.7281	8	18	绵阳市	0.4777	17	63
昌都市	0.7170	9	20	保山市	0.4154	18	69
巴中市	0.6692	10	27	曲靖市	0.3962	19	72
贵阳市	0.6613	11	32	宜宾市	0.3888	20	74
遵义市	0.6316	12	35	日喀则市	0.3210	21	89
遂宁市	0.5928	13	44	普洱市	0.2946	22	94
西北地区							
甘南藏族自治州	0.9766	1	5	延安市	0.6127	11	42
商洛市	0.7512	2	14	安康市	0.5986	12	43
平凉市	0.7394	3	15	兰州市	0.5728	13	46
张掖市	0.6914	4	23	西宁市	0.5530	14	52
金昌市	0.6905	5	24	榆林市	0.4414	15	66
嘉峪关市	0.6769	6	26	银川市	0.3753	16	79
陇南市	0.6622	7	31	海东市	0.3333	17	85
汉中市	0.6379	8	34	乌鲁木齐市	0.2902	18	95
天水市	0.6287	9	36	庆阳市	0.2785	19	97
铜川市	0.6158	10	39				
华北地区							
秦皇岛市	0.5687	1	47	锡林郭勒盟	0.2856	3	96
呼伦贝尔市	0.3155	2	90				
东北地区							
伊春市	0.6180	1	38	葫芦岛市	0.3935	4	73
牡丹江市	0.5214	2	54	四平市	0.3505	5	84
盘锦市	0.4486	3	65	吉林市	0.3099	6	91

分析表4－7，可以发现地级市政府公共安全服务全国前100名区域分布呈现两个特点。

第一，地级市政府公共安全服务区域差异较大，其中西南、西北、华东、中南等地区地级市政府公共安全服务较好，但是东北、华北地区地级市政府公共安全服务欠佳。比如，公共安全服务排在全国前100名的地级市政府中，西南地区有22个地级市，占该地区53个地级市样本的42%；西北地区有19个地级市，占该地区51个地级市样本的37%；华东地区有24个地级市，占该地区76个地级市样本的32%；中南地区有26个地级市，占该地区83个地级市样本的31%；东北地区有6个地级市，占该地区36个地级市样本的17%；华北地区有3个地级市，占该地区34个地级市样本的9%。可见，东北、华北地区的地级市政府公共安全服务相对欠佳，地级市政府公共安全服务区域差异比较明显。

第二，公共安全服务特别优秀、排在全国前10名的地级市政府分别是：中南地区的三沙市（第1名）、中山市（第3名）、清远市（第7名）、钦州市（第10名），西南地区的拉萨市（第2名）、昆明市（第4名）、玉溪市（第6名）、昭通市（第8名）、攀枝花市（第9名），西北地区的甘南藏族自治州（第5名），而华东、东北和华北地区无一地级市政府入选。可见，公共安全服务特别优异的地级市多数来自经济欠发达、工商业产值较低和人口比较稀少的地区，尤其是中南地区和西南地区，而经济较发达、工商业产值较高和人口密度较大的地区，如华东地区和华北地区，其公共安全服务的潜在风险较大。因此，经济发达、人口比较稠密的地区需要高度重视预防公共安全服务存在的风险，重视提升公共安全治理质量与效率，才能统筹当地经济社会发展与公共安全，确保区域发展和谐稳定。

（三）2021年社会保障服务排名与分析

社会保障服务是地级市政府公共服务的重要子因素，被赋予0.15的权重，包括社会保障和就业支出占地方一般公共预算支出比例等3个指标。2021年地级市政府社会保障服务全国前100名的标准化值及排名如表4－8所示。

表 4-8 2021 年地级市政府社会保障服务全国前 100 名的标准化值及排名

地级市政府	标准化值	地区排名	全国排名	地级市政府	标准化值	地区排名	全国排名
华东地区							
杭州市	4.0359	1	1	淮南市	0.3564	10	70
南京市	2.7340	2	4	厦门市	0.3336	11	71
泰州市	1.7335	3	9	盐城市	0.3177	12	72
连云港市	1.4688	4	14	合肥市	0.2643	13	78
南通市	1.3345	5	15	芜湖市	0.2569	14	80
无锡市	0.7997	6	32	铜陵市	0.2543	15	82
常州市	0.7203	7	38	绍兴市	0.2469	16	83
蚌埠市	0.6066	8	42	徐州市	0.2360	17	86
阜阳市	0.5867	9	45				
中南地区							
桂林市	1.5538	1	12	防城港市	0.4201	14	61
河池市	1.5518	2	13	鹤壁市	0.4186	15	62
潮州市	1.2508	3	19	贵港市	0.3984	16	65
玉林市	1.2474	4	20	宜昌市	0.3782	17	67
洛阳市	1.2017	5	21	湛江市	0.3630	18	69
三亚市	1.1389	6	22	十堰市	0.3105	19	73
濮阳市	0.8747	7	29	郑州市	0.3058	20	75
平顶山市	0.7874	8	33	贺州市	0.2586	21	79
新乡市	0.7187	9	39	安阳市	0.2455	22	84
汕头市	0.6757	10	40	柳州市	0.2068	23	93
海口市	0.5762	11	47	焦作市	0.2047	24	94
崇左市	0.4978	12	52	鄂州市	0.1746	25	100
钦州市	0.4402	13	57				
西南地区							
甘孜藏族自治州	1.0561	1	24	成都市	0.5881	4	44
普洱市	0.9721	2	26	黔东南苗族侗族自治州	0.4394	5	58
攀枝花市	0.9348	3	27	广元市	0.4206	6	60

续表

地级市政府	标准化值	地区排名	全国排名	地级市政府	标准化值	地区排名	全国排名
自贡市	0.4153	7	63	楚雄彝族自治州	0.1991	9	96
黔南布依族苗族自治州	0.3100	8	74	德阳市	0.1751	10	99
西北地区							
嘉峪关市	1.9079	1	7	塔城地区	0.2362	9	85
果洛藏族自治州	0.8403	2	31	西宁市	0.2258	10	87
吐鲁番市	0.6391	3	41	海南藏族自治州	0.2189	11	88
金昌市	0.5826	4	46	铜川市	0.2164	12	89
阿克苏地区	0.5630	5	49	海北藏族自治州	0.2126	13	91
乌鲁木齐市	0.4747	6	55	天水市	0.2104	14	92
咸阳市	0.3031	7	77	银川市	0.1905	15	97
兰州市	0.2564	8	81				
华北地区							
兴安盟	1.0754	1	23	大同市	0.3693	7	68
阿拉善盟	0.7333	2	37	赤峰市	0.3039	8	76
朔州市	0.5187	3	50	晋中市	0.2150	9	90
晋城市	0.4307	4	59	通辽市	0.2032	10	95
唐山市	0.4063	5	64	包头市	0.1875	11	98
乌海市	0.3972	6	66				
东北地区							
辽阳市	3.0658	1	2	抚顺市	1.2974	8	16
鸡西市	3.0095	2	3	本溪市	1.2850	9	17
双鸭山市	2.5314	3	5	锦州市	1.2684	10	18
沈阳市	1.9245	4	6	长春市	1.0556	11	25
松原市	1.8253	5	8	铁岭市	0.9148	12	28
鹤岗市	1.6845	6	10	丹东市	0.8725	13	30
四平市	1.5779	7	11	大连市	0.7544	14	34

续表

地级市政府	标准化值	地区排名	全国排名	地级市政府	标准化值	地区排名	全国排名
牡丹江市	0.7412	15	35	鞍山市	0.5136	19	51
哈尔滨市	0.7401	16	36	齐齐哈尔市	0.4907	20	53
延边朝鲜族自治州	0.5927	17	43	营口市	0.4881	21	54
吉林市	0.5642	18	48	通化市	0.4500	22	56

由表4-8可知，地级市政府社会保障服务全国前100名的区域分布具有两个特点。

第一，按各地区拥有全国前100名地级市数量占比看，地级市政府社会保障服务从高到低呈现“东北—华北—中南—西北—华东—西南”的分布态势。比如，社会保障服务全国排名前100名的地级市中，东北地区有22个地级市，占该地区36个地级市样本的61%；华北地区有11个地级市，占该地区34个地级市样本的32%；中南地区有25个地级市，占该地区83个地级市样本的30%；西北地区有15个地级市，占该地区51个地级市样本的29%；华东地区有17个地级市，占该地区76个地级市样本的22%；西南地区有10个地级市，占该地区53个地级市样本的19%。由此可见，社会保障服务较好的地区基本上是我国国有传统老重工业基地所在地，如东北地区。由于产业转型升级要求，这些地区的国有工业企业职工权益面临调整，只有加强社会保障服务，才能维持当地社会稳定与民生水平。这在某种程度上提升了当地社会保障服务水平与效率。与此相比，我国华东沿海地区作为改革开放的前沿阵地，较早建设了现代化经济体系，民营及外资企业发展迅猛，面临产业转型升级的压力较小，对社会保障服务的需求不如中南、东北地区的地级市强烈，致使这些地区的地级市政府社会保障服务水平滞后于经济社会发展水平，其社会保障服务水平相对较低、存在短板。

第二，我国地级市政府的社会保障服务不但总体水平有待提高，而且与区域经济社会发展质量也不够协调。部分地区社会保障服务水平及效率不高在一定程度上构成了地级市政府经济社会发展的短板，如果不着力解决，将会严重阻碍当地经济转型升级及经济社会高质量发展。

（四）2021年经济发展服务排名与分析

经济发展服务是衡量地级市政府公共服务与政府效率的重要子因素，被赋予0.3的权重，由全年社会消费品零售总额增长率等4个指标构成。2021年地级市政府经济发展服务全国前100名的标准化值及排名如表4－9所示。

表4－9　2021年地级市政府经济发展服务全国前100名的标准化值及排名

地级市政府	标准化值	地区排名	全国排名	地级市政府	标准化值	地区排名	全国排名
华东地区							
厦门市	1.6458	1	6	宣城市	0.4652	14	60
无锡市	1.4891	2	7	莆田市	0.4351	15	65
温州市	1.4029	3	8	三明市	0.4150	16	67
南京市	0.9671	4	22	常州市	0.3991	17	70
泉州市	0.8369	5	26	潍坊市	0.3814	18	71
南昌市	0.8159	6	29	萍乡市	0.3784	19	74
台州市	0.8103	7	30	新余市	0.3669	20	75
漳州市	0.7112	8	36	舟山市	0.3383	21	78
南通市	0.6754	9	42	金华市	0.3044	22	84
镇江市	0.6692	10	43	泰州市	0.2892	23	89
嘉兴市	0.6487	11	45	湖州市	0.2391	24	97
青岛市	0.6287	12	47	吉安市	0.2378	25	98
宁波市	0.4709	13	59				
中南地区							
三亚市	3.2951	1	1	海口市	1.2576	6	14
深圳市	1.9536	2	3	儋州市	1.2531	7	15
珠海市	1.3228	3	10	东莞市	1.0616	8	18
揭阳市	1.3103	4	11	郑州市	0.8284	9	27
中山市	1.2985	5	12	防城港市	0.7073	10	37

续表

地级市政府	标准化值	地区排名	全国排名	地级市政府	标准化值	地区排名	全国排名
汕头市	0.6589	11	44	江门市	0.3792	18	72
长沙市	0.5989	12	51	汕尾市	0.3785	19	73
洛阳市	0.5006	13	54	湘西土家族苗族自治州	0.3156	20	80
开封市	0.4862	14	57	潮州市	0.3075	21	82
贺州市	0.4418	15	63	焦作市	0.3047	22	83
张家界市	0.4386	16	64	漯河市	0.2981	23	85
湘潭市	0.4101	17	68				
西南地区							
拉萨市	2.2746	1	2	乐山市	0.7041	12	39
贵阳市	1.6755	2	4	雅安市	0.6882	13	41
昆明市	1.6471	3	5	阿里地区	0.6149	14	48
黔南布依族苗族自治州	1.2801	4	13	泸州市	0.5370	15	53
迪庆藏族自治州	1.0088	5	19	资阳市	0.4980	16	56
六盘水市	1.0018	6	20	成都市	0.4652	17	61
铜仁市	0.9630	7	23	绵阳市	0.3569	18	76
黔西南布依族苗族自治州	0.8962	8	24	安顺市	0.3292	19	79
黔东南苗族侗族自治州	0.7989	9	31	西双版纳傣族自治州	0.2659	20	93
宜宾市	0.7905	10	33	甘孜藏族自治州	0.2581	21	94
毕节市	0.7056	11	38	攀枝花市	0.2432	22	95
西北地区							
兰州市	1.3332	1	9	金昌市	0.6376	5	46
乌鲁木齐市	0.9901	2	21	平凉市	0.6135	6	49
嘉峪关市	0.8877	3	25	中卫市	0.4994	7	55
西宁市	0.8195	4	28	海西蒙古族藏族自治州	0.3403	8	77

续表

地级市政府	标准化值	地区排名	全国排名	地级市政府	标准化值	地区排名	全国排名
克孜勒苏柯尔克孜自治州	0.2916	9	88	武威市	0.2425	12	96
吐鲁番市	0.2877	10	90	天水市	0.2348	13	99
伊犁哈萨克自治州	0.2810	11	92				
华北地区							
长治市	1.0729	1	17	太原市	0.6023	5	50
沧州市	0.7683	2	34	石家庄市	0.4002	6	69
大同市	0.7123	3	35	兴安盟	0.3077	7	81
乌兰察布市	0.6905	4	40	呼和浩特市	0.2825	8	91
东北地区							
大兴安岭地区	1.1888	1	16	本溪市	0.4351	6	66
沈阳市	0.7982	2	32	鞍山市	0.2930	7	86
大连市	0.5584	3	52	鸡西市	0.2929	8	87
辽阳市	0.4748	4	58	盘锦市	0.2108	9	100
鹤岗市	0.4618	5	62				

由表4-9可知，2021年我国地级市政府经济发展服务全国前100名的区域分布呈现两个特征。

第一，从各地区地级市政府经济发展服务全国前100名数量占比看，西南、华东地区地级市经济发展服务水平较高，而中南、西北、东北、华北地区地级市经济发展服务水平基本相当，低于西南、华东地区。比如，从地级市经济发展服务排名全国前100名的区域分布看：西南地区有22个地级市，占该地区53个地级市的42%；华东地区有25个地级市，占该地区76个地级市的33%；中南地区有23个地级市，占该地区83个地级市的28%；西北地区有13个地级市，占该地区51个地级市的25%；东北地区有9个地级市，占该地区36个地级市的25%；华北地区有8个地级市，占该地区34个地级市的24%。可见，我国地级市政府经济发展服务水平呈现南高北低的态势。

第二，我国同一地区内的不同地级市政府经济发展服务差异较大。比如，华东地区的吉安市（全国第98名）与该地区的厦门市（全国第6名）排名相差92名；中南地区的漯河市（全国85名）与该地区的三亚市（全国第1名）排名相差84名；西南地区的攀枝花市（全国第95名）与该地区的拉萨市（全国第2名）排名相差93名；西北地区的天水市（全国第99名）和该地区的兰州市（全国第9名）排名相差90名；华北地区的呼和浩特市（全国第91名）和该地区的长治市（全国第17名）排名相差74名；东北地区的盘锦市（全国第100名）与该地区的大兴安岭地区（全国第16名）排名相差84名。

可见，不仅不同地区地级市经济发展服务之间存在差距，而且同一地区内部差异也十分显著。因此，进一步深化行政体制改革、纵深推进“放管服”、不断加强作风建设、继续优化经济发展服务是我国地级市政府提升政府效率、全面建设社会主义现代化国家的重要举措。

（五）2020年乡村振兴服务排名与分析

乡村振兴服务是地级市政府公共服务的重要子因素，被赋予0.05的权重，包括乡村振兴政策与乡村振兴效果等2个三级指标。2021年中央一号文件提出全面推进乡村振兴，为此，本书新增乡村振兴服务作为政府公共服务的三级指标，有助于全面评价地级市政府公共服务。由于地级市政府乡村振兴服务排名并列数量较多，在此仅公布2021年乡村振兴服务排全国最前茅的地级市政府（103个）标准化值及排名情况，如表4-10所示。

表4-10　2021年乡村振兴服务排全国最前茅的地级市政府（103个）标准化值及排名

地级市政府	标准化值	地区排名	全国排名	地级市政府	标准化值	地区排名	全国排名
华东地区							
宿州市	1.5302	1	1	厦门市	1.5302	1	1

续表

地级市政府	标准化值	地区排名	全国排名	地级市政府	标准化值	地区排名	全国排名
三明市	1.5302	1	1	苏州市	0.2582	4	4
宁德市	1.5302	1	1	盐城市	0.2582	4	4
杭州市	0.8942	2	2	镇江市	0.2582	4	4
温州市	0.8942	2	2	宿迁市	0.2582	4	4
蚌埠市	0.8942	2	2	绍兴市	0.2582	4	4
淮南市	0.8942	2	2	金华市	0.2582	4	4
福州市	0.8942	2	2	台州市	0.2582	4	4
莆田市	0.8942	2	2	安庆市	0.2582	4	4
泉州市	0.8942	2	2	阜阳市	0.2582	4	4
青岛市	0.8942	2	2	六安市	0.2582	4	4
南平市	0.8733	3	3	南昌市	0.2582	4	4
济南市	0.8733	3	3	新余市	0.2582	4	4
淄博市	0.8733	3	3	上饶市	0.2582	4	4
南京市	0.2582	4	4	潍坊市	0.2582	4	4
常州市	0.2582	4	4	德州市	0.2582	4	4
中南地区							
清远市	1.5302	1	1	江门市	0.8733	3	3
深圳市	1.5302	1	1	百色市	0.8733	3	3
梅州市	1.5302	1	1	南宁市	0.8733	3	3
恩施土家族苗族自治州	0.8942	2	2	随州市	0.8733	3	3
东莞市	0.8942	2	2	肇庆市	0.8733	3	3
韶关市	0.8942	2	2	商丘市	0.2582	4	4
揭阳市	0.8942	2	2	宜昌市	0.2582	4	4
驻马店市	0.8733	3	3	荆州市	0.2582	4	4
佛山市	0.8733	3	3				
西南地区							
宜宾市	1.5302	1	1	贵阳市	1.5302	1	1
广安市	1.5302	1	1	临沧市	1.5302	1	1
达州市	1.5302	1	1	西双版纳傣族自治州	1.5302	1	1

续表

地级市政府	标准化值	地区排名	全国排名	地级市政府	标准化值	地区排名	全国排名
广元市	0.8942	2	2	保山市	0.8733	3	3
山南市	0.8942	2	2	大理白族自治州	0.8733	3	3
遂宁市	0.8733	3	3	成都市	0.2582	4	4
甘孜藏族自治州	0.8733	3	3	内江市	0.2582	4	4
玉溪市	0.8733	3	3				
西北地区							
天水市	1.5302	1	1	临夏回族自治州	0.8733	3	3
延安市	0.8942	2	2	甘南藏族自治州	0.8733	3	3
安康市	0.8942	2	2	西宁市	0.8733	3	3
金昌市	0.8942	2	2	西安市	0.2582	4	4
酒泉市	0.8942	2	2	铜川市	0.2582	4	4
庆阳市	0.8942	2	2	汉中市	0.2582	4	4
定西市	0.8942	2	2	阿克苏地区	0.2582	4	4
商洛市	0.8733	3	3	昌吉回族自治州	0.2582	4	4
武威市	0.8733	3	3	克孜勒苏柯尔克孜自治州	0.2582	4	4
华北地区							
秦皇岛市	1.5302	1	1	晋城市	0.8942	2	2
张家口市	1.5302	1	1	吕梁市	0.8942	2	2
石家庄市	0.8942	2	2	晋中市	0.8733	3	3
邯郸市	0.8942	2	2	巴彦淖尔市	0.8733	3	3
邢台市	0.8942	2	2	唐山市	0.2582	4	4
承德市	0.8942	2	2	阳泉市	0.2582	4	4
大同市	0.8942	2	2				

续表

地级市政府	标准化值	地区排名	全国排名	地级市政府	标准化值	地区排名	全国排名
东北地区							
盘锦市	0.8942	1	2	朝阳市	0.2582	3	4
白城市	0.8733	2	3	哈尔滨市	0.2582	3	4
抚顺市	0.2582	3	4	牡丹江市	0.2582	3	4
本溪市	0.2582	3	4	绥化市	0.2582	3	4

分析表4－10发现，乡村振兴服务排在全国最前茅的103个地级市政府的区域分布具有两个显著特点。

第一，地级市政府的乡村振兴服务排名大致与辖区经济发展水平呈正相关关系。即乡村振兴服务排名越靠前的地级市政府，其辖区经济发展水平越高；经济发展滞后的地级市政府，其乡村振兴服务排名也相对靠后。

第二，乡村振兴服务排名并列的地级市较多。这既反映了各地级市政府普遍重视乡村振兴工作，又表明各地刚刚启动全面实施乡村振兴战略，推进乡村振兴的措施不多、效果不大，即各地乡村振兴的差距还没有拉开。

（六）2021年营商环境排名与分析

营商环境是测度地级市政府效率的子因素。良好的营商环境有利于吸引优质企业投资，进一步提高当地经济社会发展质量，因此营商环境是地级市政府效率的重要子因素，被赋予0.05的权重，包括权力清单（发布数量及时间）等6个指标。2021年地级市政府营商环境全国前100名的标准化值及排名如表4－11所示。

表4－11　2021年地级市政府营商环境全国前100名的标准化值及排名

地级市政府	标准化值	地区排名	全国排名	地级市政府	标准化值	地区排名	全国排名
华东地区							
厦门市	0.8950	1	10	临沂市	0.8449	2	13

续表

地级市政府	标准化值	地区排名	全国排名	地级市政府	标准化值	地区排名	全国排名
聊城市	0.8270	3	15	景德镇市	0.2994	20	53
亳州市	0.7569	4	20	济宁市	0.2871	21	54
枣庄市	0.6879	5	22	萍乡市	0.2685	22	60
日照市	0.6467	6	24	南昌市	0.2221	23	65
合肥市	0.5530	7	29	滨州市	0.2085	24	69
苏州市	0.4830	8	32	杭州市	0.1902	25	71
东营市	0.4172	9	34	无锡市	0.1868	26	73
淄博市	0.3995	10	35	金华市	0.1537	27	81
泉州市	0.3949	11	36	德州市	0.1465	28	85
福州市	0.3930	12	37	潍坊市	0.1455	29	86
六安市	0.3649	13	41	鹰潭市	0.1439	30	87
济南市	0.3521	14	43	龙岩市	0.1432	31	88
漳州市	0.3361	15	45	新余市	0.1370	32	89
淮安市	0.3303	16	47	莆田市	0.1310	33	91
南京市	0.3297	17	48	泰安市	0.1282	34	93
台州市	0.3268	18	49	泰州市	0.1192	35	96
镇江市	0.3004	19	52				
中南地区							
十堰市	2.1089	1	1	娄底市	0.2568	14	61
黄石市	1.0582	2	8	东莞市	0.2506	15	62
茂名市	0.8047	3	16	郑州市	0.2429	16	63
北海市	0.7921	4	17	海口市	0.2188	17	67
珠海市	0.7465	5	21	邵阳市	0.1878	18	72
揭阳市	0.6341	6	25	阳江市	0.1736	19	75
云浮市	0.6227	7	26	怀化市	0.1707	20	78
中山市	0.5742	8	27	三亚市	0.1585	21	80
恩施土家族苗族自治州	0.3826	9	38	长沙市	0.1505	22	83
惠州市	0.3754	10	39	武汉市	0.1496	23	84
潮州市	0.3324	11	46	佛山市	0.1299	24	92
深圳市	0.2746	12	57	张家界市	0.1229	25	94
防城港市	0.2744	13	58				

续表

地级市政府	标准化值	地区排名	全国排名	地级市政府	标准化值	地区排名	全国排名
西南地区							
文山壮族苗族自治州	2.0802	1	2	红河哈尼族彝族自治州	0.3379	9	44
那曲市	1.1424	2	5	曲靖市	0.2702	10	59
林芝市	1.0917	3	6	山南市	0.2120	11	68
德宏傣族景颇族自治州	0.7888	4	18	内江市	0.1724	12	76
怒江傈僳族自治州	0.7652	5	19	普洱市	0.1521	13	82
临沧市	0.6576	6	23	黔南布依族苗族自治州	0.1221	14	95
拉萨市	0.4410	7	33	德阳市	0.1067	15	98
黔西南布依族苗族自治州	0.3705	8	40	迪庆藏族自治州	0.0907	16	100
西北地区							
克孜勒苏柯尔克孜自治州	1.3381	1	3	塔城地区	0.3560	8	42
巴音郭楞蒙古自治州	1.3136	2	4	渭南市	0.3137	9	50
伊犁哈萨克自治州	0.9012	3	9	西宁市	0.3131	10	51
铜川市	0.8945	4	11	汉中市	0.2840	11	55
宝鸡市	0.8502	5	12	海南藏族自治州	0.2382	12	64
哈密市	0.8438	6	14	黄南藏族自治州	0.2043	13	70
榆林市	0.5691	7	28	果洛藏族自治州	0.1712	14	77
华北地区							
长治市	0.5455	1	30	承德市	0.1083	3	97
张家口市	0.2200	2	66	阿拉善盟	0.0993	4	99

续表

地级市政府	标准化值	地区排名	全国排名	地级市政府	标准化值	地区排名	全国排名
东北地区							
抚顺市	1.0827	1	7	丹东市	0.1777	4	74
营口市	0.5105	2	31	辽阳市	0.1698	5	79
朝阳市	0.2837	3	56	四平市	0.1356	6	90

由表4－11可知，2021年地级市政府营商环境全国前100名区域分布呈现两个特点。

第一，从各地区地级市数量及占比看，总体上呈现最优、次优、欠佳三级分布趋势。其中，华东地区地级市营商环境最优，中南、西南、西北等地区地级市营商环境次优，而东北和华北地区地级市营商环境欠佳。例如，从营商环境排全国前100名的地级市区域分布看，华东地区有35个地级市，占该地区76个地级市的46%；中南地区有25个地级市，占该地区83个地级市的30%；西南地区有16个地级市，占该地区53个地级市的30%；西北地区有14个地级市，占该地区51个地级市的27%；东北地区有6个地级市，占该地区36个地级市的17%；华北地区有4个地级市，占该地区34个地级市的12%。可见，华东、中南、西南和西北地区的地级市营商环境较好，尤其是中南地区的十堰市，其营商环境位列全国第1名，表现卓越。

第二，同一地区内部不同地级市政府营商环境差异较大。例如，华东地区的泰州市（全国第96名）与该地区的厦门市（全国第10名）相差86名；中南地区的张家界市（全国第94名）与该地区的十堰市（全国第1名）相差93名；西南地区的迪庆藏族自治州（全国第100名）与该地区的文山壮族苗族自治州（全国第2名）相差98名；西北地区的果洛藏族自治州（全国第77名）与该地区的克孜勒苏柯尔克孜自治州（全国第3名）相差74名；华北地区的阿拉善盟（全国第99名）与该地区的长治市（全国第30名）相差69名；东北地区的四平市（全国第90名）与该地区的抚顺市（全国第7名）相差83名。

可见，我国不同地区地级市政府营商环境存在明显差距，而同一地区内部不同地级市政府营商环境差距更加显著。因此，纵深推进“放管服”改革，打造法制化、国际化、便利化的营商环境是我国各地级市政府提升政府效率及经济社会发展质量的重要使命。

（七）2021年政务基本信息排名与分析

政务基本信息是政务公开的重要子因素，被赋予0.80的权重，包括领导信息公开等9个指标。2021年是我国“十四五”规划的开局之年，为此，本书新增“‘十四五’规划公开”等地级市政务基本信息，以便更全面评价地级市政府信息公开程度。由于政务基本信息指标并列排名的地级市较多，在此仅公布排全国最前茅的地级市政府（103个）的标准化值及排名，如表4－12所示。

表4－12　2021年政务基本信息排全国最前茅的地级市政府（103个）的标准化值及排名

地级市政府	标准化值	地区排名	全国排名	地级市政府	标准化值	地区排名	全国排名
华东地区							
厦门市	1.0157	1	1	常州市	0.5334	7	12
温州市	0.6814	2	3	南通市	0.5334	7	12
池州市	0.6814	2	3	南京市	0.5135	8	14
宿州市	0.6276	3	5	杭州市	0.4844	9	16
六安市	0.6276	3	5	衢州市	0.4844	9	16
青岛市	0.6124	4	6	合肥市	0.4780	10	17
湖州市	0.5564	5	10	金华市	0.4750	11	18
芜湖市	0.5564	5	10	蚌埠市	0.4750	11	18
新余市	0.5564	5	10	马鞍山市	0.4750	11	18
扬州市	0.5534	6	11	福州市	0.4750	11	18
宁波市	0.5534	6	11	盐城市	0.4314	12	19
龙岩市	0.5534	6	11	淮北市	0.4307	13	20

续表

地级市政府	标准化值	地区排名	全国排名	地级市政府	标准化值	地区排名	全国排名
徐州市	0.4284	14	21	抚州市	0.3547	22	33
宿迁市	0.4284	14	21	济南市	0.3530	23	34
赣州市	0.4284	14	21	滁州市	0.3500	24	35
淮南市	0.4213	15	22	宜春市	0.3365	25	37
鹰潭市	0.4213	15	22	丽水市	0.3034	26	42
三明市	0.4055	16	26	宣城市	0.2963	27	43
九江市	0.4055	16	26	上饶市	0.2963	27	43
安庆市	0.3875	17	27	宁德市	0.2835	28	45
泰州市	0.3855	18	28	嘉兴市	0.2805	29	46
淮安市	0.3717	19	30	南昌市	0.2805	29	46
日照市	0.3628	20	31	铜陵市	0.2781	30	47
连云港市	0.3564	21	32	淄博市	0.2605	31	48
中南地区							
深圳市	1.0157	1	1	孝感市	0.3530	10	34
荆州市	0.6276	2	5	咸宁市	0.3530	10	34
长沙市	0.6030	3	7	随州市	0.3530	10	34
岳阳市	0.6030	3	7	益阳市	0.3530	10	34
郴州市	0.6030	3	7	珠海市	0.3470	11	36
黄冈市	0.5594	4	9	武汉市	0.3192	12	40
郑州市	0.4996	5	15	惠州市	0.3072	13	41
佛山市	0.4750	6	18	荆门市	0.2835	14	45
娄底市	0.4213	7	22	防城港市	0.2588	15	49
阳江市	0.4055	8	26	中山市	0.2581	16	50
黄石市	0.3875	9	27				
西南地区							
宜宾市	0.8093	1	2	巴中市	0.5564	4	10
遂宁市	0.6814	2	3	成都市	0.5534	5	11
阿坝藏族羌族自治州	0.6814	2	3	达州市	0.5534	5	11
贵阳市	0.5658	3	8	眉山市	0.4284	6	21

续表

地级市政府	标准化值	地区排名	全国排名	地级市政府	标准化值	地区排名	全国排名
广元市	0.4062	7	25	内江市	0.3500	10	35
安顺市	0.3747	8	29	甘孜藏族自治州	0.2933	11	44
遵义市	0.3717	9	30				
西北地区							
银川市	1.0157	1	1	兰州市	0.4186	3	23
渭南市	0.5149	2	13	西安市	0.3332	4	38
安康市	0.5149	2	13				
华北地区							
石家庄市	0.6124	1	6	通辽市	0.3034	6	42
晋城市	0.5594	2	9	邢台市	0.2835	7	45
呼伦贝尔市	0.4750	3	18	呼和浩特市	0.2781	8	47
鄂尔多斯市	0.4114	4	24	晋中市	0.2581	9	50
大同市	0.3278	5	39				
东北地区							
葫芦岛市	0.6614	1	4	哈尔滨市	0.3547	5	33
沈阳市	0.5594	2	9	抚顺市	0.3530	6	34
绥化市	0.4055	3	26	齐齐哈尔市	0.3034	7	42
盘锦市	0.3855	4	28				

政务基本信息是政务公开的一项重要内容，是测度地方政府效率的主要指标，是地方政府应该公布的最简单、最基本的信息，其数据来自各地级市政府网站。分析表4-12，可以得出三个基本论断。

第一，该指标排名并列的地级市较多。这既反映了各地级市政府普遍重视政务基本信息公开工作并积极公开信息，又表明各地推进基本政务信息公开进程大致相同。

第二，排在全国前茅的地级市政务基本信息排名大致与各地经济发展水平呈正相关关系。即政务基本信息排名越靠前的地级市政府，其经济发展水平较高；经济发展滞后的地级市政府，其政务基本信息排名相对靠后。

第三，基本政务信息公开很不及时。本书涉及的基本政务信息都是地级市政府依法公开的最简单、最基本的信息，从理论上讲都应及时在地级市政府网站公开，但实际上并没有。对于2020年应该公布的政务信息，一些地级市政府到2021年7月还没有公开。有的地级市政府网站及其相关网页无法访问。可见，我国地级市政府实现基本政务信息完全公开面临巨大障碍。

（八）2021年政务时效排名与分析

政务时效是政府网站回应公众咨询及为居民办事的时效，反映居民或企业所体验的政府服务的质量与效果，直接体现地级市政府效率。政务时效是政务公开的主要子因素，被赋予0.20的权重。由于地级市政务时效并列排名较多，因此在此仅公布排在全国最前茅，即排名（含并列）全国第一、第二的地级市政府（153个）的标准化值及具体排名，如表4－13所示。

表4－13　2021年政务时效排全国最前茅的地级市政府（153个）的标准化值及排名

地级市政府	标准化值	地区排名	全国排名	地级市政府	标准化值	地区排名	全国排名
华东地区							
嘉兴市	0.7804	1	1	九江市	0.7804	1	1
绍兴市	0.7804	1	1	新余市	0.7804	1	1
淮南市	0.7804	1	1	赣州市	0.7804	1	1
宿州市	0.7804	1	1	上饶市	0.7804	1	1
宣城市	0.7804	1	1	济南市	0.7804	1	1
厦门市	0.7804	1	1	青岛市	0.7804	1	1
漳州市	0.7804	1	1	东营市	0.7804	1	1
南平市	0.7804	1	1	济宁市	0.7804	1	1
龙岩市	0.7804	1	1	泰安市	0.7804	1	1
南昌市	0.7804	1	1	日照市	0.7804	1	1

续表

地级市政府	标准化值	地区排名	全国排名	地级市政府	标准化值	地区排名	全国排名
临沂市	0.7804	1	1	宁德市	0.0774	2	2
德州市	0.7804	1	1	鹰潭市	0.0774	2	2
聊城市	0.7804	1	1	吉安市	0.0774	2	2
滨州市	0.7804	1	1	淄博市	0.0774	2	2
六安市	0.0774	2	2				
中南地区							
郑州市	0.7804	1	1	江门市	0.7804	1	1
新乡市	0.7804	1	1	佛山市	0.7804	1	1
焦作市	0.7804	1	1	中山市	0.7804	1	1
许昌市	0.7804	1	1	珠海市	0.7804	1	1
漯河市	0.7804	1	1	东莞市	0.7804	1	1
周口市	0.7804	1	1	广州市	0.7804	1	1
武汉市	0.7804	1	1	深圳市	0.7804	1	1
黄石市	0.7804	1	1	韶关市	0.7804	1	1
荆门市	0.7804	1	1	河源市	0.7804	1	1
荆州市	0.7804	1	1	惠州市	0.7804	1	1
黄冈市	0.7804	1	1	汕尾市	0.7804	1	1
随州市	0.7804	1	1	梅州市	0.7804	1	1
恩施土家族苗族自治州	0.7804	1	1	汕头市	0.7804	1	1
株洲市	0.7804	1	1	桂林市	0.7804	1	1
邵阳市	0.7804	1	1	梧州市	0.7804	1	1
常德市	0.7804	1	1	北海市	0.7804	1	1
张家界市	0.7804	1	1	贵港市	0.7804	1	1
怀化市	0.7804	1	1	玉林市	0.7804	1	1
娄底市	0.7804	1	1	贺州市	0.7804	1	1
湛江市	0.7804	1	1	河池市	0.7804	1	1
茂名市	0.7804	1	1	儋州市	0.7804	1	1
阳江市	0.7804	1	1	开封市	0.0774	2	2
云浮市	0.7804	1	1	鹤壁市	0.0774	2	2
肇庆市	0.7804	1	1	南阳市	0.0774	2	2

续表

地级市政府	标准化值	地区排名	全国排名	地级市政府	标准化值	地区排名	全国排名
商丘市	0.0774	2	2	衡阳市	0.0774	2	2
信阳市	0.0774	2	2	岳阳市	0.0774	2	2
宜昌市	0.0774	2	2	益阳市	0.0774	2	2
鄂州市	0.0774	2	2	永州市	0.0774	2	2
孝感市	0.0774	2	2	揭阳市	0.0774	2	2
长沙市	0.0774	2	2	钦州市	0.0774	2	2
湘潭市	0.0774	2	2	崇左市	0.0774	2	2
西南地区							
成都市	0.7804	1	1	保山市	0.7804	1	1
乐山市	0.7804	1	1	昭通市	0.7804	1	1
南充市	0.7804	1	1	拉萨市	0.7804	1	1
宜宾市	0.7804	1	1	自贡市	0.0774	2	2
达州市	0.7804	1	1	绵阳市	0.0774	2	2
雅安市	0.7804	1	1	巴中市	0.0774	2	2
阿坝藏族羌族自治州	0.7804	1	1	资阳市	0.0774	2	2
遵义市	0.7804	1	1	凉山彝族自治州	0.0774	2	2
安顺市	0.7804	1	1	贵阳市	0.0774	2	2
毕节市	0.7804	1	1	六盘水市	0.0774	2	2
铜仁市	0.7804	1	1	黔西南布依族苗族自治州	0.0774	2	2
黔南布依族苗族自治州	0.7804	1	1	黔东南苗族侗族自治州	0.0774	2	2
曲靖市	0.7804	1	1	西双版纳傣族自治州	0.0774	2	2
西北地区							
西安市	0.7804	1	1	白银市	0.7804	1	1
延安市	0.7804	1	1	中卫市	0.7804	1	1

续表

地级市政府	标准化值	地区排名	全国排名	地级市政府	标准化值	地区排名	全国排名
博尔塔拉蒙古自治州	0.7804	1	1	银川市	0.0774	2	2
克孜勒苏柯尔克孜自治州	0.7804	1	1	吴忠市	0.0774	2	2
兰州市	0.0774	2	2	固原市	0.0774	2	2
嘉峪关市	0.0774	2	2				
华北地区							
邢台市	0.7804	1	1	呼伦贝尔市	0.7804	1	1
衡水市	0.7804	1	1	锡林郭勒盟	0.7804	1	1
长治市	0.7804	1	1	临汾市	0.0774	2	2
朔州市	0.7804	1	1	呼和浩特市	0.0774	2	2
忻州市	0.7804	1	1	兴安盟	0.0774	2	2
东北地区							
沈阳市	0.7804	1	1	哈尔滨市	0.7804	1	1
营口市	0.7804	1	1	齐齐哈尔市	0.7804	1	1
辽阳市	0.7804	1	1	伊春市	0.7804	1	1
铁岭市	0.7804	1	1	黑河市	0.7804	1	1
葫芦岛市	0.7804	1	1	绥化市	0.7804	1	1
长春市	0.7804	1	1	盘锦市	0.0774	2	2
吉林市	0.7804	1	1	大兴安岭地区	0.0774	2	2
白城市	0.7804	1	1				

分析表4－13，可以发现政务时效排在全国最前茅的地级市政府（153个）区域分布具有两个显著特点。

第一，地级市政务时效排名大致与各地经济社会发展质量呈正相关关系。即政务时效排名越靠前的地级市政府，其辖区经济社会发展质量较优；经济社会发展质量欠佳的地级市政府，其政务时效排名相对靠后。

第二，政务时效排名并列的地级市较多。这表明我国地级市政府都十分重视政务时效工作，力图在提高政务公开规范化和时效性上下功夫，以此加快推进“阳光型”政府和“服务型”政府建设，实现地级市政府治理体系与治理能力的现代化。

第五章
2021年中国地方政府效率“百高县”

县级政府（不含市辖区）的基础及特殊地位导致县级政府效率直接影响我国地方政府效率整体水平。为了增强县级政府效率的广泛性、代表性，根据县级政府网站及其公布信息的完全性、及时性，本书将31个省（区、市）所辖的县级政府（不含市辖区，共1871个）纳入政府效率评价样本，包括1430个县、388个县级市、49个旗、3个自治旗、1个县级特区。它们来自我国六大地区，其中，华东地区有359个县级政府、中南地区有396个县级政府、西南地区有391个县级政府、西北地区有289个县级政府、华北地区有289个县级政府、东北地区有147个县级政府。2021年县级政府效率测度指标体系及权重、指标数据来源及处理说明、测度样本名单参考附录1.3、附录2.3、附录3.3。

一　效率“百高县”测度排名与分析

由于县级政府效率测度样本很多，为了相互学习与借鉴，本书只公布政府效率较高、测度结果排在全国测度样本中前100名的县级政府（以下简称“中国地方政府效率‘百高县’”），并按照华东、中南、西南、西北、华北、东北等六大地区予以分析。

根据地方政府效率测度思路与方法，本书测度2021年我国1871个县级政府效率，发布2021年中国地方政府效率“百高县”的标准化值及具体排名，如表5-1所示。

表 5－1　2021 年中国地方政府效率“百高县”的标准化值及排名

县级政府	标准化值	地区排名	全国排名	县级政府	标准化值	地区排名	全国排名
华东地区							
嵊泗县	5.3574	1	1	界首市	0.5493	30	51
宁海县	2.3847	2	3	张家港市	0.5476	31	52
金湖县	1.9548	3	5	武义县	0.5454	32	53
响水县	1.8552	4	6	玉环市	0.5368	33	54
扬中市	1.7075	5	7	安义县	0.5152	34	58
灌南县	1.1199	6	10	嘉善县	0.4983	35	60
昆山市	1.1011	7	12	共青城市	0.4882	36	62
海安市	1.0588	8	14	海盐县	0.4754	37	64
建湖县	1.0130	9	15	象山县	0.4753	38	65
涟水县	0.9927	10	16	桐乡市	0.4694	39	68
缙云县	0.9571	11	17	旌德县	0.4645	40	70
靖江市	0.9347	12	19	瑞安市	0.4614	41	72
阜宁县	0.9203	13	20	常熟市	0.4474	42	74
太仓市	0.8972	14	21	云和县	0.4429	43	75
长兴县	0.8563	15	22	怀远县	0.4361	44	76
浦江县	0.8191	16	23	松阳县	0.4334	45	79
宜兴市	0.7694	17	25	平阳县	0.4312	46	80
临泉县	0.7428	18	26	海宁市	0.4255	47	81
建德市	0.7301	19	28	东山县	0.4247	48	82
乐清市	0.7199	20	29	仙居县	0.4074	49	83
射阳县	0.6639	21	32	华安县	0.3994	50	84
丹阳市	0.6559	22	33	磐安县	0.3987	51	85
江阴市	0.6265	23	35	仪征市	0.3957	52	87
义乌市	0.6258	24	36	东阳市	0.3950	53	88
郎溪县	0.5954	25	41	石台县	0.3914	54	92
安吉县	0.5831	26	43	新昌县	0.3908	55	93
德清县	0.5804	27	45	启东市	0.3882	56	95
滨海县	0.5615	28	47	温岭市	0.3847	57	97
灌云县	0.5504	29	50	文成县	0.3716	58	100

续表

县级政府	标准化值	地区排名	全国排名	县级政府	标准化值	地区排名	全国排名
中南地区							
义马市	2.6592	1	2	唐河县	0.5830	6	44
南澳县	1.4611	2	8	东兴市	0.5221	7	57
韶山市	0.7132	3	30	长沙县	0.4842	8	63
通许县	0.6209	4	37	凭祥市	0.4693	9	69
隆林各族自治县	0.6023	5	40	合山市	0.3857	10	96
西南地区							
凯里市	0.8065	1	24	威宁彝族回族苗族自治县	0.4575	5	73
琼结县	0.5326	2	55	萨迦县	0.4353	6	77
隆昌市	0.4958	3	61	修文县	0.4338	7	78
大理市	0.4706	4	67	通海县	0.3934	8	89
西北地区							
肃北蒙古族自治县	1.3015	1	9	佛坪县	0.5579	7	49
阿拉山口市	0.9440	2	18	临夏市	0.4743	8	66
拜城县	0.7411	3	27	阿克塞哈萨克族自治县	0.3984	9	86
宜君县	0.5849	4	42	奎屯市	0.3916	10	91
乌鲁木齐县	0.5732	5	46	盐池县	0.3733	11	99
留坝县	0.5613	6	48				
华北地区							
侯马市	2.2481	1	4	新乐市	0.5306	7	56
大厂回族自治县	1.1152	2	11	赵县	0.5049	8	59
辛集市	0.6976	3	31	丰镇市	0.4616	9	71
阿拉善右旗	0.6321	4	34	无极县	0.3924	10	90
高阳县	0.6133	5	38	香河县	0.3889	11	94
任丘市	0.6081	6	39				

续表

县级政府	标准化值	地区排名	全国排名	县级政府	标准化值	地区排名	全国排名
东北地区							
长海县	1.0979	1	13	通榆县	0.3838	2	98

从表5-1可以看出，中国地方政府效率“百高县”的区域分布具有三个显著特点。

第一，我国县级政府效率区域分布数量呈现特优、次优、一般三级分布趋势。一方面，政府效率排名全国前30名的县级政府中，华东地区有嵊泗县、宁海县、金湖县等20个县级政府，其数量占绝对优势，该区县级政府效率为一级，即特优；中南、西北、华北地区有少数县级政府进入全国前30名，比如，中南地区有义马市等3个县级政府、西北地区有肃北蒙古族自治县等3个县级政府、华北地区有侯马市等2个县级政府，这些地区县级政府效率属于二级，即次优；西南、东北地区属于三级，县级政府效率相对一般，西南地区仅有凯里市进入全国前30名，东北地区仅有长海县进入全国前30名。另一方面，从县级政府效率排名前100名的区域分布数量看，也存在三级趋势。其中，华东地区为一级：华东地区有58个县级政府进入全国前100名，约占华东地区测度样本（359个县级政府）的16.16%。中南、西北、华北地区为二级：中南地区有10个县级政府进入全国前100名，约占该区测度样本（396个县级政府）的2.53%；西北地区有11个县级政府进入全国前100名，约占该区测度样本（289个县级政府）的3.81%；华北地区有11个县级政府进入全国前100名，约占该区测度样本（289个县级政府）的3.81%。西南、东北地区为三级：西南地区有8个县级政府进入全国前100名，约占该区测度样本（391个县级政府）的2.05%；东北地区有2个县级政府进入前100名，约占该区测度样本（147个县级政府）的1.36%。

第二，中南、西北、华北及东北地区的个别县级政府效率表现突出，不仅高于本地区其他县级政府排名，也高于华东地区大部分县级政府排名。例如，中南地区的义马市和南澳县，其政府效率水平较高，分别位居全国第2名和第8名。又如，西北地区的肃北蒙古族自治县（全国第9名）、华北地区的侯马市（全国第4名）、东北地区的长海县（全国第13名），其政府效率也高于其他地区的大多数县级政府。这些来自内陆欠发达地区县级政府提升政府效率的实践经验，值得其他县级政府借鉴。

第三，县级政府效率水平与区域经济社会发展质量具有一定的正相关性。政府效率较高（全国排名居前）的县级政府，其辖区经济社会发展质量较高；经济社会发展质量较高的地区，其县级政府效率也较高。因此，较高的经济社会发展质量有助于提高县级政府效率，较高的政府效率也会促进县域经济社会发展。

二　效率“百高县”测度因素排名与分析

（一）2021年政府公共服务排名与分析

1. 县级政府公共服务简介

政府公共服务是县级政府效率测度因素（一级指标），被赋予0.55的权重，下设4个子因素（二级指标）：科教文卫服务、社会保障服务、经济发展服务和营商环境。该指标情况、指标数据来源及处理说明详见附录1.3、附录2.3。

2. 县级政府公共服务前100名分析

2021年县级政府公共服务全国前100名的标准化值及排名如表5－2所示。

表5－2　2021年县级政府公共服务全国前100名的标准化值及排名

县级政府	标准化值	地区排名	全国排名	县级政府	标准化值	地区排名	全国排名
华东地区							
嵊泗县	4.2953	1	1	金湖县	3.0448	2	4

续表

县级政府	标准化值	地区排名	全国排名	县级政府	标准化值	地区排名	全国排名
宁海县	2.9209	3	5	长兴县	0.7355	22	44
响水县	2.7959	4	6	宜兴市	0.7354	23	45
灌南县	2.1473	5	8	怀远县	0.7043	24	49
涟水县	1.8264	6	9	嘉善县	0.6277	25	61
扬中市	1.6841	7	10	武义县	0.6120	26	64
海安市	1.5405	8	12	石台县	0.6010	27	66
建湖县	1.4299	9	13	旌德县	0.5875	28	68
阜宁县	1.4219	10	14	德清县	0.5852	29	69
临泉县	1.3747	11	16	乐清市	0.5803	30	70
靖江市	1.2206	12	21	张家港市	0.5394	31	77
昆山市	1.2182	13	22	宝应县	0.5390	32	78
浦江县	1.1941	14	23	松阳县	0.5246	33	82
射阳县	1.0794	15	26	安义县	0.5223	34	85
灌云县	1.0056	16	27	仪征市	0.5099	35	88
建德市	0.9639	17	32	义乌市	0.4965	36	91
界首市	0.9579	18	33	泗阳县	0.4901	37	96
滨海县	0.8783	19	34	泰顺县	0.4868	38	98
太仓市	0.8302	20	38	崇义县	0.4865	39	100
安吉县	0.7356	21	43				
中南地区							
义马市	3.3261	1	3	凭祥市	0.6362	9	58
隆林各族自治县	1.2951	2	18	西林县	0.6229	10	63
通许县	1.2570	3	20	长沙县	0.6077	11	65
东兴市	0.8246	4	39	唐河县	0.5403	12	76
双峰县	0.7858	5	41	花垣县	0.5237	13	84
鹿邑县	0.7256	6	47	巩义市	0.5196	14	86
韶山市	0.6978	7	51	始兴县	0.5124	15	87
通城县	0.6744	8	52				
西南地区							
凯里市	1.4117	1	15	萨迦县	1.2716	2	19

续表

县级政府	标准化值	地区排名	全国排名	县级政府	标准化值	地区排名	全国排名
琼结县	1.1052	3	24	荣县	0.5732	9	73
隆昌市	0.9867	4	29	城口县	0.5239	10	83
大理市	0.8395	5	36	罗平县	0.4954	11	92
威宁彝族回族苗族自治县	0.8319	6	37	香格里拉市	0.4949	12	93
加查县	0.7272	7	46	岗巴县	0.4941	13	94
通海县	0.6288	8	60	峨山彝族自治县	0.4868	14	97
西北地区							
肃北蒙古族自治县	2.2241	1	7	阿拉山口市	0.6435	9	55
拜城县	1.6559	2	11	裕民县	0.6364	10	57
乌鲁木齐县	1.0858	3	25	永昌县	0.6307	11	59
留坝县	0.9679	4	31	肃南裕固族自治县	0.5997	12	67
托里县	0.7576	5	42	阿克塞哈萨克族自治县	0.5735	13	71
佛坪县	0.7123	6	48	阿克苏市	0.5364	14	79
奎屯市	0.7034	7	50	礼县	0.5004	15	89
盐池县	0.6705	8	53				
华北地区							
侯马市	4.2572	1	2	赵县	0.6369	7	56
高阳县	1.3090	2	17	新乐市	0.6244	8	62
任丘市	1.0001	3	28	昌黎县	0.5733	9	72
阿拉善右旗	0.9846	4	30	涞源县	0.4978	10	90
无极县	0.8687	5	35	阿拉善左旗	0.4919	11	95
辛集市	0.8114	6	40				
东北地区							
长海县	0.6616	1	54	前郭尔罗斯蒙古族自治县	0.5415	3	75
延吉市	0.5436	2	74	延寿县	0.5347	4	80

续表

县级政府	标准化值	地区排名	全国排名	县级政府	标准化值	地区排名	全国排名
通榆县	0.5307	5	81	凤城市	0.4865	6	99

政府公共服务反映了县级政府提供基本公共服务的数量及质量，表征了县级政府效益，是体现政府效率的重要指标。由表5－2可知，我国县级政府公共服务前100名分布具有两个特点。

第一，县级政府公共服务存在明显的区域差异。其中，华东地区县级政府公共服务最优，东北地区欠佳。一方面，从政府公共服务优质、全国排名前30名的县级政府数量分布情况可以印证。其中，华东地区县级政府数量最多，有嵊泗县、金湖县等16个县级政府；西南地区和华北地区次之，西南地区有凯里市等4个县级政府，华北地区有侯马市等4个县级政府；中南地区有义马市等3个县级政府；西北地区有肃北蒙古族自治县等3个县级政府；东北地区没有县级政府进入全国前30名。另一方面，政府公共服务前100名的县级政府中，不同区域进入的数量占该区样本的比例也存在差异。其中，华东地区有39个县级政府，约占该地区样本（359个县级政府）的10.86%；西北地区有15个县级政府，约占该地区样本（289个县级政府）的5.19%；中南地区有15个县级政府，约占该地区样本（396个县级政府）的3.79%；东北地区有6个县级政府，约占该地区样本（147个县级政府）的4.08%；西南地区14个县级政府，约占该地区样本（391个县级政府）的3.58%；华北地区有11个县级政府，约占该地区样本（289个县级政府）的3.81%。

第二，经济社会发展基础欠佳、区域经济增长压力较大的西南、西北等地区，其县级政府公共服务总体保持较高水平。这表明，在全面脱贫及建成全面小康背景下，西部地区地方政府积极作为，全面实施乡村振兴战略，纵深推进“放管服”，更加重视服务型政府建设，加快政府职能转变，不断提供更高质量的公共服务，以满足当地居民的更高需求，不断助力政府效率提升及地方治理现代化。

（二）2021年政府规模排名与分析

1. 县级政府规模简介

政府规模反映了县级政府消费的相对规模，表征政府成本，直接体现政府效率。该因素虽然所含指标不多，但却是反映政府成本的主要方面，对县级政府效率影响较大，被赋予0.15的权重。政府规模包含地方一般公共预算支出、非税收入占地方一般公共预算收入比例、新增公务员人数3个指标（见附录1.3）。

2. 县级政府规模前100名分析

2021年县级政府规模全国前100名的标准化值及排名如表5－3所示。

表5－3　2021年县级政府规模全国前100名的标准化值及排名

县级政府	标准化值	地区排名	全国排名	县级政府	标准化值	地区排名	全国排名
华东地区							
嵊泗县	15.2462	1	1	平潭县	1.0625	14	39
缙云县	4.1416	2	5	歙县	0.8551	15	56
扬中市	3.9169	3	6	庆元县	0.8520	16	57
宁海县	3.6153	4	9	横峰县	0.8084	17	62
上栗县	3.3131	5	10	休宁县	0.7825	18	69
彭泽县	2.0686	6	18	旌德县	0.7791	19	71
仙居县	1.9813	7	19	柘荣县	0.7735	20	73
丹阳市	1.9662	8	20	靖江市	0.7573	21	78
共青城市	1.6544	9	22	平阳县	0.7407	22	83
石狮市	1.3367	10	30	龙港市	0.7355	23	84
东山县	1.1177	11	34	长兴县	0.6792	24	89
江阴市	1.0944	12	35	玉环市	0.6415	25	96
云和县	1.0661	13	38	安义县	0.6351	26	99
中南地区							
南澳县	8.2093	1	2	太康县	3.2704	3	12
义马市	4.7704	2	4	韶山市	1.3762	4	25

续表

县级政府	标准化值	地区排名	全国排名	县级政府	标准化值	地区排名	全国排名
卫辉市	0.9776	5	42	保亭黎族苗族自治县	0.7576	9	77
台前县	0.8131	6	61	淇县	0.7463	10	82
凭祥市	0.7651	7	75	灌阳县	0.6791	11	90
合山市	0.758	8	76	云梦县	0.6319	12	100
西南地区							
普兰县	2.1901	1	17	布拖县	0.8425	8	58
曲松县	1.3760	2	26	丹棱县	0.7893	9	68
稻城县	1.1510	3	33	河口瑶族自治县	0.6947	10	86
峨眉山市	1.0697	4	37	玉龙纳西族自治县	0.6926	11	87
龙陵县	0.9294	5	45	普格县	0.6487	12	93
华蓥市	0.9144	6	48	青神县	0.6462	13	94
水富市	0.8794	7	53				
西北地区							
阿拉山口市	3.7282	1	8	班玛县	0.9377	11	43
临夏市	3.0932	2	14	石河子市	0.9342	12	44
伊吾县	2.3818	3	15	胡杨河市	0.8769	13	54
喀什市	1.6917	4	21	玉树市	0.7995	14	66
吴堡县	1.5611	5	23	隆德县	0.7950	15	67
泽普县	1.3456	6	28	潼关县	0.7810	16	70
铁门关市	1.3370	7	29	霍尔果斯市	0.7565	17	79
清水县	1.2233	8	31	佛坪县	0.6862	18	88
玛多县	1.1868	9	32	泾源县	0.6609	19	92
两当县	1.0393	10	40	泽库县	0.6417	20	95
华北地区							
大厂回族自治县	6.2205	1	3	新乐市	1.3684	4	27
孝义市	3.2908	2	11	平乡县	1.0720	5	36
博野县	1.4824	3	24	晋州市	0.9985	6	41

续表

县级政府	标准化值	地区排名	全国排名	县级政府	标准化值	地区排名	全国排名
武强县	0.9253	7	47	浮山县	0.8004	14	64
汾西县	0.9125	8	49	柏乡县	0.8004	15	65
威县	0.9065	9	50	广平县	0.7656	16	74
大宁县	0.8908	10	51	永和县	0.7173	17	85
深泽县	0.8809	11	52	临西县	0.6623	18	91
高邑县	0.8567	12	55	赵县	0.6373	19	98
定襄县	0.8050	13	63				
东北地区							
东港市	3.8024	1	7	通化县	0.8145	6	60
长海县	3.1419	2	13	调兵山市	0.7751	7	72
杜尔伯特蒙古族自治县	2.3591	3	16	图们市	0.7561	8	80
东辽县	0.9270	4	46	乾安县	0.7480	9	81
铁岭县	0.8208	5	59	通榆县	0.6376	10	97

由表5－3可以看出，我国县级政府规模全国前100名区域分布具有两个典型特征。

第一，我国县级政府规模区域分布数量呈三级态势，存在不平衡性。比如，从绝对数量看，华东、西北地区县级政府规模比较适度，优于其他地区，为最优级；华北地区位居其后，为次优级；西南、中南、东北地区次之，为一般级。又如，从政府规模极佳、排名全国前50名县级政府的区域分布数量看，西北有阿拉山口市等12个县级政府，约占西北样本总数的4.15%；华东地区有嵊泗县等14个县级政府，约占华东样本总数的3.9%；华北有大厂回族自治县等9个县级政府，约占华北样本总数的3.11%；东北地区有东港市等4个县级政府，约占东北样本总数的2.72%；西南地区有普兰县等6个县级政府，约占西南样本总数的1.53%；中南有南澳县等5个县级政府，约占中南样本总数的1.26%。

第二，我国部分地区的县级政府规模表现相对均衡。比如，中南、西南等地区进入县级政府规模前100名的数量占该地区样本数量的比例相差不大，其中，中南地区有 12 个县级政府，约占中南地区样本总数的 3.03%；西南地区有 13 个县级政府，约占西南地区样本总数的 3.32%。因此，我国中南、西南等地区进入县级政府规模前 100 名的数量在该地区占比基本相当、分布相对均衡。

综上，自中央政府深化行政体制改革、纵深推进“放管服”以来，我国各地县级政府积极推进、典型示范，取得了较好实效，提升了基层政府治理能力及效率，促进了县域经济社会高质量发展。

（三）2021 年居民经济福利排名与分析

1. 县级政府居民经济福利简介

居民经济福利包括农村居民人均可支配收入、城镇居民人均可支配收入、城镇登记失业率、月最低工资标准等 4 个指标，间接反映服务型政府运行质量和效率，被赋予 0.10 的权重。

2. 县级政府居民经济福利前 100 名分析

2021 年县级政府居民经济福利全国前 100 名的标准化值及排名如表 5－4 所示。

表 5－4　2021 年县级政府居民经济福利全国前 100 名的标准化值及排名

县级政府	标准化值	地区排名	全国排名	县级政府	标准化值	地区排名	全国排名
华东地区							
响水县	2.8927	1	1	诸暨市	2.2565	9	9
金湖县	2.8191	2	2	玉环市	2.0938	10	10
江阴市	2.5426	3	3	桐乡市	2.0571	11	11
昆山市	2.5274	4	4	宜兴市	2.0533	12	12
义乌市	2.5264	5	5	新昌县	2.0493	13	13
太仓市	2.4737	6	6	慈溪市	1.9652	14	14
常熟市	2.3734	7	7	温岭市	1.9067	15	15
张家港市	2.3574	8	8	乐清市	1.9057	16	16

续表

县级政府	标准化值	地区排名	全国排名	县级政府	标准化值	地区排名	全国排名
余姚市	1.7288	17	17	如东县	1.1441	39	52
长兴县	1.6993	18	18	建湖县	1.1300	40	53
嵊州市	1.6928	19	19	海安市	1.1235	41	54
瑞安市	1.6898	20	20	利津县	1.1231	42	55
象山县	1.6858	21	21	石狮市	1.1095	43	57
嵊泗县	1.6548	22	22	三门县	1.0462	44	60
临海市	1.6260	23	24	闽侯县	1.0184	45	62
宁海县	1.6244	24	25	靖江市	1.0056	46	64
东阳市	1.6196	25	27	福清市	0.9999	47	65
永康市	1.5915	26	28	溧阳市	0.9911	48	67
德清县	1.5888	27	29	莱西市	0.9874	49	70
海宁市	1.5808	28	30	广饶县	0.9821	50	72
安吉县	1.5353	29	32	建德市	0.9784	51	73
启东市	1.5207	30	33	阜宁县	0.9739	52	76
海盐县	1.5149	31	34	青田县	0.9422	53	81
嘉善县	1.5135	32	35	寿光市	0.8960	54	88
平湖市	1.4927	33	36	南丰县	0.8922	55	89
桐庐县	1.4188	34	37	如皋市	0.8804	56	92
扬中市	1.2933	35	42	句容市	0.8772	57	93
招远市	1.1952	36	45	东山县	0.8593	58	97
荣成市	1.1910	37	47	胶州市	0.8420	59	99
丹阳市	1.1647	38	51				
中南地区							
浏阳市	1.5704	1	31	攸县	1.0586	7	59
醴陵市	1.2981	2	41	灵川县	1.0203	8	61
济源市	1.2380	3	44	韶山市	0.9874	9	71
沁阳市	1.194	4	46	禹州市	0.9778	10	74
孟州市	1.1668	5	50	东兴市	0.8325	11	100
宁乡市	1.1177	6	56				

续表

县级政府	标准化值	地区排名	全国排名	县级政府	标准化值	地区排名	全国排名
西南地区							
蒲江县	1.6219	1	26	什邡市	0.9270	8	84
彭州市	1.3094	2	39	邛崃市	0.9228	9	85
崇州市	1.2593	3	43	都江堰市	0.9169	10	86
大邑县	1.0122	4	63	富顺县	0.8976	11	87
简阳市	0.9759	5	75	广汉市	0.8905	12	91
绵竹市	0.9699	6	77	巴塘县	0.8764	13	94
金堂县	0.9695	7	78	丹棱县	0.8658	14	95
西北地区							
黄龙县	1.6428	1	23	昆玉市	0.9883	4	69
肃北蒙古族自治县	1.1686	2	49	靖边县	0.9544	5	80
可克达拉市	0.9898	3	68				
华北地区							
蠡县	1.3473	1	38	迁安市	0.9386	5	83
大厂回族自治县	1.3035	2	40	迁西县	0.8916	6	90
阿拉善右旗	0.9985	3	66	鄂托克前旗	0.8629	7	96
乐亭县	0.9687	4	79	永济市	0.8563	8	98
东北地区							
绥芬河市	1.1699	1	48	穆棱市	0.9387	3	82
东宁市	1.1049	2	58				

分析表5－4，可以发现我国县级政府居民经济福利全国前100名区域分布呈现两个显著特征。

第一，县级政府居民经济福利区域分布呈现高低两级趋势。其中，华东地区居民经济福利最高，为一级；西南、西北地区居民经济福利欠佳，为二级。比如，居民经济福利很高、全国排名前30名县级政府中有28个来自华东地区，而中南、华北和东北地区均没有县级政府进入居民经济福利全国前30名。

第二，我国县级政府居民经济福利分布不均，特别是华东地区与其他地区之间存在较大差异。从全国排名前100名的县级政府区域分布比例看，华东地区有59个，约占华东地区样本总数（359个县级政府）的16.43%；西南地区有14个，约占西南地区样本总数（391个县级政府）的3.58%；中南地区有11个，约占中南地区样本总数（396个县级政府）的2.78%；华北地区有8个，约占华北地区样本总数（289个县级政府）的2.77%；东北地区有3个，约占东北地区样本总数（147个县级政府）的2.04%；西北地区有5个，约占西北地区样本总数（289个县级政府）的1.73%。这表明，尽管相关个税、医疗等改革惠民政策有利于提高县级政府辖区的居民经济福利，也极大提高了县级政府效率，但是居民经济福利两极分化问题仍然突出，促进区域之间居民经济福利均衡提升的任务依然繁重。

（四）2021年政务公开排名与分析

1. 县级政务公开简介

政务公开是县级政府效率测度因素（一级指标），直接影响县级政府效率水平，被赋予0.10的权重，下设政务基本信息、政务时效两个子因素（二级指标），包括10个指标：领导信息公开、三公经费公开、工作报告公开、预算报告公开、计划报告公开、统计公报公开、公务员考试职位表公开、“十四五”规划公开、政府办事时效、政府信息公开时效。

2. 县级政务公开前100名分析

由于县级政务公开指标排名并列的数量很多，在此仅公布政务公开在全国排名特别靠前的县级政府（108个）名称、测度标准化值及具体排名，如表5－5所示。

表5－5　2021年政务公开排名特别靠前的县级政府（108个）的标准化值及排名

县级政府	标准化值	地区排名	全国排名	县级政府	标准化值	地区排名	全国排名
华东地区							
嵊泗县	1.4569	1	1	昆山市	1.1216	4	4
乐清市	1.3298	2	2	桐乡市	1.1216	4	4
建德市	1.1936	3	3	宁国市	1.1216	4	4

续表

县级政府	标准化值	地区排名	全国排名	县级政府	标准化值	地区排名	全国排名
如皋市	0.9944	5	5	诸暨市	0.6863	22	23
长兴县	0.9944	5	5	江山市	0.6863	22	23
义乌市	0.9944	5	5	温岭市	0.6863	22	23
泰兴市	0.9915	6	6	青田县	0.6863	22	23
巢湖市	0.9899	7	7	遂昌县	0.6863	22	23
太仓市	0.9497	8	8	沙县	0.6608	23	25
岱山县	0.9497	8	8	固镇县	0.6591	24	26
缙云县	0.9497	8	8	定远县	0.6591	24	26
郎溪县	0.9497	8	8	灵璧县	0.6591	24	26
来安县	0.8673	9	9	寿光市	0.6591	24	26
霍邱县	0.8673	9	9	临朐县	0.6591	24	26
华安县	0.8628	10	10	莘县	0.6591	24	26
慈溪市	0.8582	11	11	兰溪市	0.6584	25	27
泰顺县	0.8582	11	11	涡阳县	0.6545	26	28
东至县	0.8582	11	11	东阳市	0.6289	27	32
南靖县	0.8582	11	11	胶州市	0.6289	27	32
高邮市	0.8226	12	12	汶上县	0.6289	27	32
海盐县	0.8180	13	14	界首市	0.6169	28	33
无为市	0.8180	13	14	莱阳市	0.6169	28	33
舒城县	0.8126	14	15	莒南县	0.6169	28	33
金寨县	0.8110	15	16	宜兴市	0.6143	29	34
玉环市	0.7925	16	17	浦江县	0.6143	29	34
象山县	0.7862	17	18	开化县	0.6143	29	34
桐城市	0.7862	17	18	于都县	0.6143	29	34
歙县	0.7862	17	18	商河县	0.6143	29	34
龙海市	0.7862	17	18	昌乐县	0.6143	29	34
周宁县	0.7862	17	18	绩溪县	0.6073	30	35
广饶县	0.7862	17	18	安义县	0.6073	30	35
青阳县	0.7311	18	19	德安县	0.6073	30	35
福鼎市	0.7010	19	20	嘉祥县	0.6073	30	35
扬中市	0.6909	20	21	苍南县	0.5784	31	39
仪征市	0.6889	21	22	太湖县	0.5736	32	40
淳安县	0.6863	22	23				

续表

县级政府	标准化值	地区排名	全国排名	县级政府	标准化值	地区排名	全国排名
中南地区							
武陟县	0.9944	1	5	岳阳县	0.6433	5	30
公安县	0.9944	1	5	湘乡市	0.6408	6	31
文昌市	0.8196	2	13	崇阳县	0.6169	7	33
遂溪县	0.6909	3	21	鹤山市	0.6143	8	34
枝江市	0.6591	4	26	东方市	0.6143	8	34
蕲春县	0.6591	4	26				
西南地区							
长顺县	0.8226	1	12	砚山县	0.6545	5	28
开阳县	0.7862	2	18	蒙自市	0.6143	6	34
荔波县	0.6863	3	23	文山市	0.6143	6	34
凤庆县	0.6863	3	23	马关县	0.6143	6	34
云阳县	0.6863	3	23	大方县	0.6067	7	36
巫溪县	0.6863	3	23	赤水市	0.5994	8	38
安岳县	0.6793	4	24				
西北地区							
玉门市	0.6889	1	22	韩城市	0.6289	5	32
且末县	0.6591	2	26	阿拉山口市	0.6143	6	34
周至县	0.6545	3	28	蓝田县	0.6073	7	35
镇原县	0.6533	4	29	西和县	0.6040	8	37
华北地区							
阳城县	0.8582	1	11				
东北地区							
桦南县	0.6863	1	23	饶河县	0.6143	2	34
甘南县	0.6143	2	34	安达市	0.6143	2	34

政务公开是体现政府效率的重要因素，其数据来源于各县级政府官方网站公布的基本信息，能够直接反映县级政府的执行力与效率。通过分析表5－5，发现政务公开在全国排名特别靠前的县级政府分布具有三个特点。

第一，在全国排名并列的县级政府数量很多。除了以上表格公开的排名并列数量较多以外，本书尚未公开的其他县级政府的政务公开全国排名也存在不少并列的现象。多个县级政府全国排名并列反映了各地县级政府均高度重视政务公开工作，深化政务公开，强化政务服务。

第二，不同地区的县级政府政务公开存在一定的差异性。从政务公开在全国排名特别靠前（全国前 40 名）的县级政府数量分布情况来看，华东地区县级政府数量最多，政务公开最优，中南、西南地区次之，东北、西北表现较好，华北地区表现欠佳。同时，县级政府政务公开全国排名特别靠前的不同地区县级政府数量与占比存在明显差距。比如，华东地区有 71 个县级政府，约占华东地区样本总数的 19.78%；西南地区有 13 个县级政府，约占西南地区样本总数的 3.32%；中南地区有 11 个县级政府，约占中南地区样本总数的 2.78%；华北地区仅有 1 个县级政府进入全国前 40 名。这表明我国各地县级政务公开存在不平衡、不充分的问题，县级政府透明度不高，县级政务公开任务异常艰巨。

第三，我国县级政务公开披露不充分。比如，部分县级政府网站没有公开其最基本的政务信息、基本的经济社会发展统计数据，或者外界无法从其政府网站找到基本的政务信息。按照政务公开法规及政策，各县级政府理应及时在县级政府网站公开相应内容，政务公开指标测度结果排名应当相同，即 1871 个县级政务公开测度样本排名应该都是并列第 1 名。然而，测度结果表明，即使党中央、国务院三令五申地要求地方政府依法全面公开政务信息、提升县级政府工作的透明度，部分县级政府仍然没有完整公开其最基本的政务信息。

由此可见，政务公开是影响我国县级政府效率的最大短板。因此，实现县级政务全面公开，提高县级政府工作的透明度，统筹推进政务体系建设，扩大政务开放参与，是各县级政府深化行政审批体制改革、提升政府效率的重要前提。

（五）2021年乡村振兴效率排名与分析

1. 县级政府乡村振兴效率简介

乡村振兴效率被赋予 0.10 的权重，下设乡村产业、村居环境、村治水平等3个子因素，包括8个指标：农林渔牧总产值、粮食总产量、设施农业占地（水面）面积、农村改厕个数、农村公路交通、美丽乡村建设、乡村振兴政策及机制、村民自治。这些指标直接影响县级政府决胜脱贫攻坚后对接乡村振兴战略的实施效率。

2. 乡村振兴效率“百高县”分析

2021年县级政府乡村振兴效率全国前100名即乡村振兴效率“百高县”的标准化值及排名如表5－6所示。

表5－6　2021年乡村振兴效率“百高县”的标准化值及排名

县级政府	标准化值	地区排名	全国排名	县级政府	标准化值	地区排名	全国排名
华东地区							
嵊泗县	3.9691	1	1	宜兴市	0.6970	20	49
郎溪县	2.8019	2	7	巨野县	0.6896	21	51
磐安县	2.5143	3	9	无为市	0.6770	22	55
五河县	1.4075	4	14	邹城市	0.6493	23	56
凤台县	1.2704	5	15	象山县	0.6453	24	57
武义县	1.0350	6	18	会昌县	0.6110	25	66
肥东县	1.0293	7	19	郓城县	0.6033	26	70
岳西县	1.0199	8	20	周宁县	0.6023	27	72
铜鼓县	0.9070	9	24	平阳县	0.6021	28	73
乐清市	0.8201	10	31	曲阜市	0.6014	29	74
长兴县	0.8046	11	33	兴国县	0.5998	30	75
婺源县	0.8003	12	35	瑞安市	0.5913	31	77
玉环市	0.7847	13	37	上杭县	0.5909	32	78
泰和县	0.7699	14	38	桐庐县	0.5787	33	82
长丰县	0.7366	15	41	南陵县	0.5564	34	86
泰兴市	0.7346	16	42	桐乡市	0.5560	35	87
德清县	0.7339	17	43	东台市	0.5552	36	88
共青城市	0.7046	18	46	东阳市	0.5337	37	90
禹城市	0.7008	19	47	昆山市	0.5200	38	97

续表

县级政府	标准化值	地区排名	全国排名	县级政府	标准化值	地区排名	全国排名
中南地区							
唐河县	3.5942	1	3	长沙县	0.6900	13	50
延津县	1.6751	2	12	义马市	0.6771	14	54
崇阳县	1.4556	3	13	通许县	0.6308	15	60
南澳县	0.9848	4	21	兰考县	0.6292	16	61
伊川县	0.9736	5	23	宜阳县	0.6268	17	62
大悟县	0.8780	6	25	老河口市	0.6170	18	64
睢县	0.8366	7	26	宁陵县	0.5860	19	79
孟津县	0.8310	8	27	上蔡县	0.5845	20	80
潜江市	0.8274	9	29	南漳县	0.5638	21	85
炎陵县	0.7965	10	36	陆河县	0.5414	22	89
社旗县	0.7569	11	40	融水苗族自治县	0.5165	23	98
封丘县	0.7070	12	45				
西南地区							
修文县	3.1653	1	5	锦屏县	0.6076	10	68
石屏县	2.3161	2	10	印江土家族苗族自治县	0.6058	11	69
开远市	2.2135	3	11	福泉市	0.6028	12	71
个旧市	1.2384	4	16	罗甸县	0.5835	13	81
弥勒市	1.0404	5	17	习水县	0.5258	14	95
蒲江县	0.8287	6	28	麻江县	0.5225	15	96
兴义市	0.8026	7	34	崇州市	0.5112	16	99
龙里县	0.6202	8	63	石林彝族自治县	0.5107	17	100
安龙县	0.6097	9	67				
西北地区							
华池县	3.6436	1	2	武山县	0.5970	5	76
宜君县	3.4288	2	4	陇西县	0.5660	6	83
大荔县	0.6413	3	58	兴平市	0.5306	7	92
眉县	0.6382	4	59				

续表

县级政府	标准化值	地区排名	全国排名	县级政府	标准化值	地区排名	全国排名
华北地区							
丰镇市	0.9833	1	22	土默特左旗	0.6973	6	48
永济市	0.8268	2	30	伊金霍洛旗	0.6836	7	53
平泉市	0.8073	3	32	五原县	0.6133	8	65
辛集市	0.7585	4	39	新巴尔虎右旗	0.5336	9	91
万荣县	0.7149	5	44	赵县	0.5280	10	94
东北地区							
通河县	3.0741	1	6	富裕县	0.5654	4	84
长海县	2.7537	2	8	洮南市	0.5289	5	93
大安市	0.6877	3	52				

乡村振兴效率能够反映县级政府履行乡村振兴服务职能的质量与效率，其数据来自各县级政府网站发布的相关报道、统计年鉴等基本信息。分析表5-6发现，我国乡村振兴效率“百高县”的区域分布具有以下两个特点。

第一，我国不少地区的县级政府乡村振兴效率表现相对均衡。比如，华东、中南、西南、华北地区进入乡村振兴效率“百高县”的数量和占比相当。华东地区有38个县级政府，占该地区样本总数的10.58%；中南地区有23个县级政府，占该地区样本总数的5.81%；西南地区有17个县级政府，占该地区样本总数的4.35%。可见，我国华东地区进入乡村振兴效率“百高县”的数量最多，中南、西南地区进入乡村振兴效率“百高县”的数量和占比基本相当、分布相对均衡，但东北、西北地区进入乡村振兴效率“百高县”的数量和占比较低，其乡村振兴效率有待提高。

第二，部分地区乡村振兴效率提升压力较大。比如东北地区，经济复苏乏力，其原因可能在于东北地区农村集体经济发展虽然有了一定的基础，但是整体实力还比较薄弱，在当前发展中面临很多新困难和新问题，其农业转型升级缓慢、要素流失严重等。因此，促进东北地区县级政府乡村振兴效率提升面临的形势比较严峻。

三　效率“百高县”测度子因素排名与分析

（一）2021年科教文卫服务排名与分析

科教文卫服务是县级政府公共服务的重要子因素（二级指标），被赋予0.30的权重，包括9个三级指标，即科技支出占地方一般公共预算支出比例、文化体育与传媒支出占地方一般公共预算支出比例、教育支出占地方一般公共预算支出比例、医疗卫生支出占地方一般公共预算支出比例、在校生人数占总人口的比例、全年专利申请量、每万人口卫生机构、每千人口卫生机构床位、每千人口卫生技术人员。2021年县级政府科教文卫服务全国前100名的标准化值及排名如表5－7所示。

表5－7　2021年县级政府科教文卫服务全国前100名的标准化值及排名

县级政府	标准化值	地区排名	全国排名	县级政府	标准化值	地区排名	全国排名
华东地区							
金湖县	6.4615	1	1	昆山市	1.7803	14	21
响水县	5.4389	2	2	泗阳县	1.6650	15	22
嵊泗县	4.0210	3	4	灌南县	1.5407	16	27
涟水县	3.9945	4	5	新昌县	1.5176	17	28
建湖县	3.9734	5	6	盱眙县	1.2701	18	35
宁海县	3.8897	6	7	太仓市	1.2199	19	36
临泉县	2.9267	7	8	莒县	1.1561	20	38
怀远县	2.9257	8	9	武义县	1.1208	21	39
阜宁县	2.8263	9	10	鄱阳县	1.0928	22	40
海安市	2.8070	10	11	嘉善县	1.0224	23	43
滨海县	2.6989	11	13	德清县	1.0126	24	44
射阳县	2.3038	12	15	长兴县	0.9976	25	45
靖江市	1.9273	13	19	余干县	0.9898	26	46

续表

县级政府	标准化值	地区排名	全国排名	县级政府	标准化值	地区排名	全国排名
灌云县	0.8903	27	53	安吉县	0.7630	35	76
宜兴市	0.8524	28	57	兰溪市	0.7105	36	83
慈溪市	0.8365	29	62	东阳市	0.6986	37	84
浦城县	0.8361	30	63	仪征市	0.6520	38	87
东至县	0.8356	31	64	海宁市	0.6486	39	88
海盐县	0.8338	32	65	永康市	0.6370	40	89
扬中市	0.8231	33	67	肥东县	0.6262	41	91
云和县	0.7674	34	75	常熟市	0.5847	42	96
中南地区							
濮阳县	1.9858	1	18	通许县	0.8447	8	60
卫辉市	1.8309	2	20	双峰县	0.8332	9	66
隆林各族自治县	1.6428	3	23	鹿邑县	0.8118	10	68
吉首市	1.5119	4	29	淮滨县	0.7940	11	70
新县	0.9798	5	48	房县	0.7713	12	74
项城市	0.8709	6	55	韶山市	0.6934	13	85
竹山县	0.8509	7	58	兴山县	0.5785	14	99
西南地区							
岗巴县	2.1357	1	16	琼结县	0.9813	9	47
威宁彝族回族苗族自治县	1.6278	2	24	洪雅县	0.7975	10	69
福泉市	1.5957	3	26	册亨县	0.7793	11	72
隆昌市	1.3523	4	31	凯里市	0.7501	12	79
萨迦县	1.3167	5	32	加查县	0.5844	13	97
康定市	1.3118	6	33	大理市	0.5798	14	98
江孜县	1.2947	7	34	雷山县	0.5758	15	100
马尔康市	1.0678	8	41				
西北地区							
拜城县	2.4797	1	14	阿克苏市	2.1158	2	17

续表

县级政府	标准化值	地区排名	全国排名	县级政府	标准化值	地区排名	全国排名
肃北蒙古族自治县	1.3680	3	30	临夏市	0.7530	7	78
阿克塞哈萨克族自治县	1.0288	4	42	海晏县	0.7460	8	80
肃南裕固族自治县	0.9252	5	52	永靖县	0.6658	9	86
阿拉山口市	0.8430	6	61				
华北地区							
侯马市	4.8605	1	3	科尔沁右翼前旗	0.7744	9	73
阿拉善右旗	2.7625	2	12	克什克腾旗	0.7593	10	77
任丘市	1.1678	3	37	赵县	0.6266	11	90
文安县	0.9753	4	49	宁城县	0.6246	12	92
牙克石市	0.9685	5	50	新乐市	0.6229	13	93
敖汉旗	0.9463	6	51	高阳县	0.6211	14	94
扎赉特旗	0.8471	7	59	丰镇市	0.5972	15	95
隆化县	0.7862	8	71				
东北地区							
密山市	1.602	1	25	前郭尔罗斯蒙古族自治县	0.7292	4	81
凤城市	0.8799	2	54	建昌县	0.7242	5	82
彰武县	0.8627	3	56				

科教文卫服务作为县级政府提供的基础公共服务，在很大程度上反映了县级政府提供的基本公共服务数量及质量，是体现县级政府效率的重要指标。由表5－7可知，我国县级政府科教文卫服务前100名的区域分布具有三个特征。

第一，从科教文卫服务的区域分布绝对数量来看，华东地区县级政府表现最优。在全国排名前100名的县级政府中，华东地区有42个县级政府，其数量明显多于其他地区；中南地区有14个县级政府、西南地区有

15 个县级政府、西北地区有 9 个县级政府、华北地区有 15 个县级政府、东北地区有 5 个县级政府。

第二，从最优排名数量所占比例看，中南、西南和西北地区的县级政府分布占比比较均衡，其科教文卫服务之间差距较小。例如，科教文卫服务排名全国前 30 名的县级政府中，中南地区有濮阳县等 4 个县级政府，约占该地区样本总数（396 个县级政府）的 1.01%，西南地区有岗巴县等 3 个县级政府，约占该地区样本总数（391 个县级政府）的 0.77%；西北地区有拜城县等 3 个县级政府，约占西北地区样本总数（289 个县级政府）的 1.04%。

第三，东北地区的县级政府科教文卫服务表现欠佳。该地区只有 5 个县级政府进入全国前 100 名，反映了东北地区县级政府科教文卫服务存在短板，不利于政府效率持续提升。

（二）2021年社会保障服务排名与分析

社会保障服务也是政府公共服务的重要子因素，被赋予 0.15 的权重，包括 3 个指标：社会保障和就业支出占地方一般公共预算支出比例、住房保障支出占地方一般公共预算支出比例、社会保险基金支出占地方一般公共预算支出比例。2021 年县级政府社会保障服务全国前 100 名的标准化值及排名如表 5－8 所示。

表 5－8　2021 年县级政府社会保障服务全国前 100 名的标准化值及排名

县级政府	标准化值	地区排名	全国排名	县级政府	标准化值	地区排名	全国排名
华东地区							
宁海县	12.4969	1	1	涟水县	4.9041	6	9
金湖县	7.7244	2	2	灌云县	4.5647	7	10
灌南县	6.7683	3	3	宝应县	2.5944	8	19
响水县	6.4494	4	5	阜宁县	2.1898	9	20
嵊泗县	5.1704	5	8	莲花县	1.3851	10	29

续表

县级政府	标准化值	地区排名	全国排名	县级政府	标准化值	地区排名	全国排名
射阳县	1.2178	11	31	涡阳县	0.6325	18	81
建湖县	1.1754	12	32	单县	0.6159	19	83
界首市	1.0913	13	35	海阳市	0.5841	20	85
齐河县	1.0338	14	37	莱州市	0.5810	21	88
平邑县	0.7925	15	53	沂南县	0.5686	22	92
扬中市	0.7753	16	55	仪征市	0.5600	23	94
沂水县	0.7578	17	56	浦江县	0.5446	24	98
中南地区							
隆林各族自治县	3.3926	1	11	伊川县	0.7024	10	70
鹿邑县	3.2397	2	12	鹤山市	0.6796	11	72
双峰县	2.9353	3	15	汤阴县	0.6605	12	76
通许县	2.6838	4	18	惠东县	0.6445	13	79
西平县	2.0168	5	22	吉首市	0.6378	14	80
镇平县	2.0019	6	23	嘉鱼县	0.5746	15	91
开平市	0.9350	7	43	万宁市	0.5507	16	95
洪湖市	0.9011	8	44	公安县	0.5485	17	96
建始县	0.8325	9	49				
西南地区							
荣县	6.4272	1	6	米易县	1.2668	10	30
罗平县	3.1744	2	13	桑日县	0.8380	11	48
隆昌市	3.0786	3	14	个旧市	0.7166	12	67
加查县	2.8435	4	16	乐至县	0.6537	13	77
琼结县	2.8086	5	17	石阡县	0.6477	14	78
萨迦县	2.1103	6	21	峨山彝族自治县	0.5908	15	84
富宁县	1.8193	7	24	仁寿县	0.5435	16	99
盐边县	1.6775	8	25	曲松县	0.5417	17	100
米林县	1.4163	9	28				
西北地区							
拜城县	5.3205	1	7	宁县	1.4489	2	27

续表

县级政府	标准化值	地区排名	全国排名	县级政府	标准化值	地区排名	全国排名
礼县	0.9734	3	40	康乐县	0.7567	6	57
五家渠市	0.9352	4	42	胡杨河市	0.7079	7	69
石河子市	0.7936	5	52				
华北地区							
侯马市	6.7269	1	4	万荣县	0.7502	11	61
高阳县	1.6231	2	26	丰镇市	0.7174	12	65
鄂温克族自治旗	1.1723	3	33	涞源县	0.7170	13	66
满洲里市	1.1516	4	34	原平市	0.7126	14	68
阿拉善右旗	0.8475	5	45	宁晋县	0.6944	15	71
五台县	0.8414	6	46	广宗县	0.6701	16	74
伊金霍洛旗	0.8283	7	50	阳高县	0.6612	17	75
托克托县	0.7557	8	58	磴口县	0.5828	18	86
广灵县	0.7548	9	59	阿鲁科尔沁旗	0.5462	19	97
阿拉善左旗	0.7502	10	60				
东北地区							
望奎县	1.0412	1	36	依安县	0.7202	9	63
海城市	0.9795	2	38	桦甸市	0.7202	10	64
珲春市	0.9780	3	39	密山市	0.6706	11	73
桦南县	0.9454	4	41	抚松县	0.6256	12	82
延寿县	0.8400	5	47	梅河口市	0.5816	13	87
建昌县	0.8280	6	51	海林市	0.5774	14	89
北票市	0.7902	7	54	通河县	0.5747	15	90
塔河县	0.7279	8	62	扶余市	0.5659	16	93

社会保障服务反映了县级政府提供的基本社会保障服务数量及质量，是体现县级政府效率的重要指标。由表 5－8 可知，我国县级政府社会保障服务前 100 名的区域分布具有两个特点。

第一，从区域分布数量占比看，华东、华北、东北地区的县级政府社会保障服务总体水平较好，明显优于我国其他地区。社会保障服务排名全国前 100 名的县级政府中，华东地区有 24 个县级政府，占华东地区样本总数（359 个县级政府）的 6.69%；华北地区有 19 个县级政府，占华北地区样本总数（289 个县级政府）的 6.57%；东北地区有 16 个县级政府，占东北地区样本总数（147 个县级政府）的 10.88%；而中南地区有 17 个县级政府，占中南地区样本总数（396 个县级政府）的 4.29%；西南地区有 17 个县级政府，占西南地区样本总数（391 个县级政府）的 4.35%；西北地区 7 个县级政府，占西北地区样本总数（289 个县级政府）的 2.42%；

第二，从最优排名数量的区域分布来看，西北、华北和东北等经济欠发达地区的县级政府社会保障服务结构不均衡。比如，社会保障服务全国前 30 名的县级政府中，西北、华北、东北等三个地区的县级政府数量明显少于华东、中南和西南地区。具体来看，社会保障服务排名全国前 30 名的县级政府中，西北地区有 2 个县级政府、华北地区有 2 个县级政府，东北地区没有县级政府进入前 30 名；而华东、西南、中南地区的县级政府数量分别有 10 个、10 个、6 个。

（三）2021 年经济发展服务排名与分析

经济发展服务是政府公共服务的重要子因素，被赋予 0.45 的权重，包括全年社会消费品零售总额增长率等 5 个指标。2021 年县级政府经济发展服务全国前 100 名的标准化值及排名如表 5－9 所示。

表 5－9　2021 年县级政府经济发展服务全国前 100 名的标准化值及排名

县级政府	标准化值	地区排名	全国排名	县级政府	标准化值	地区排名	全国排名
华东地区							
嵊泗县	3.7555	1	4	海安市	1.5303	6	22
扬中市	2.7390	2	6	灌南县	1.4459	7	25
浦江县	2.0926	3	8	昆山市	1.3255	8	30
建德市	1.7821	4	13	石台县	1.1683	9	38
界首市	1.5558	5	18	旌德县	1.1463	10	40

续表

县级政府	标准化值	地区排名	全国排名	县级政府	标准化值	地区排名	全国排名
安吉县	1.1013	11	45	宜兴市	0.9492	19	66
丹阳市	1.0675	12	48	乐清市	0.8562	20	77
松阳县	1.0396	13	51	义乌市	0.8291	21	82
南城县	1.0391	14	52	上犹县	0.8027	22	90
靖江市	1.0140	15	58	微山县	0.7953	23	91
句容市	1.0031	16	61	安义县	0.7808	24	96
临泉县	1.0030	17	62	明溪县	0.7726	25	99
崇义县	0.9695	18	63				
中南地区							
义马市	3.8498	1	3	花垣县	1.0268	11	55
凭祥市	1.6072	2	15	长沙县	0.9547	12	65
东兴市	1.5774	3	17	天峨县	0.8695	13	73
西林县	1.5352	4	20	济源市	0.8244	14	84
通城县	1.4626	5	24	巴东县	0.8205	15	85
通许县	1.2529	6	33	环江毛南族自治县	0.8030	16	89
合山市	1.1999	7	36	保亭黎族苗族自治县	0.7921	17	93
凤山县	1.1380	8	41	巴马瑶族自治县	0.7886	18	94
始兴县	1.1069	9	44	凌云县	0.7846	19	95
南丹县	1.0525	10	49	巩义市	0.7720	20	100
西南地区							
凯里市	2.8183	1	5	通海县	1.0117	7	59
萨迦县	1.5338	2	21	德钦县	0.9454	8	68
香格里拉市	1.3627	3	27	永平县	0.9089	9	69
大理市	1.3496	4	28	威宁彝族回族苗族自治县	0.9044	10	70
文山市	1.2018	5	35	九寨沟县	0.8684	11	74
城口县	1.0315	6	54	龙里县	0.8604	12	76

续表

县级政府	标准化值	地区排名	全国排名	县级政府	标准化值	地区排名	全国排名
琼结县	0.8256	13	83	峨山彝族自治县	0.8041	14	88
西北地区							
肃北蒙古族自治县	4.1073	1	1	布尔津县	1.0341	13	53
乌鲁木齐县	2.3184	2	7	榆中县	1.0186	14	56
留坝县	2.0287	3	9	永寿县	0.9671	15	64
托里县	1.8191	4	11	玛纳斯县	0.8888	16	71
裕民县	1.6287	5	14	霍尔果斯市	0.8667	17	75
永昌县	1.5504	6	19	托克逊县	0.8429	18	79
盐池县	1.4395	7	26	华亭市	0.8419	19	80
佛坪县	1.3350	8	29	甘泉县	0.8299	20	81
奎屯市	1.2624	9	32	敦煌市	0.8165	21	86
礼县	1.1266	10	43	金塔县	0.7935	22	92
肃南裕固族自治县	1.0909	11	46	瓜州县	0.7743	23	98
阿拉山口市	1.0692	12	47				
华北地区							
侯马市	3.9334	1	2	新乐市	1.1305	9	42
高阳县	1.9055	2	10	香河县	1.0443	10	50
无极县	1.7970	3	12	安新县	0.9474	11	67
辛集市	1.5921	4	16	博野县	0.8726	12	72
任丘市	1.4805	5	23	晋州市	0.8446	13	78
昌黎县	1.2697	6	31	涞源县	0.8135	14	87
霸州市	1.1718	7	37	蠡县	0.7751	15	97
赵县	1.1538	8	39				
东北地区							
延吉市	1.2154	1	34	延寿县	1.0095	3	60
通榆县	1.0140	2	57				

经济发展服务是我国县级政府履职的第一要务，既是落实党的十九大

以来的路线方针和政策、发挥有效市场作用的重要举措，又是提升政府效率、建设有为政府、做好新冠肺炎疫情常态化防控的主要抓手。由表5-9可知，我国县级政府经济发展服务全国前100名的区域分布具有以下三个特点。

第一，从区域分布数量来看，华东地区县级政府经济发展服务具有绝对优势。在全国前100名的县级政府中，华东地区有25个县级政府、西南地区有14个县级政府、中南地区有20个县级政府、西北地区有23个县级政府、华北地区有15个县级政府、东北地区有3个县级政府。同时，经济发展服务排名全国前30名的县级政府中，华东地区和西北地区各有8个县级政府，数量最多。

第二，从最优排名数量的区域分布占比看，尽管区域之间分布占比不同，但是不同区域的县级政府经济发展服务差距相对较小。例如，经济发展服务排名全国前30名的县级政府中，一方面，华东及西北两大区域基本相当。其中，华东地区有8个县级政府，约占该地区样本（359个县级政府）的2.23%；西北地区有8个县级政府，约占该地区样本（289个县级政府）的2.77%。另一方面，我国西南、华北、中南等三大区域的占比也基本相当。其中，西南地区有4个县级政府，约占该地区样本（391个县级政府）的1.02%；华北地区有5个县级政府，约占该地区样本（289个县级政府）的1.73%；中南地区有5个县级政府，约占该地区样本（396个县级政府）的1.26%。

第三，东北地区县级政府经济发展服务亟须提高。东北仅有3个县级政府进入全国前100名，数量偏少；同时，当地没有县级政府进入全国前30名。这说明东北地区经济发展服务不及全国其他地区，是制约当地县级政府效率提升及经济社会高质量发展的短板。

综上所述，持续改善经济发展服务不仅是我国六大地区始终坚持的首要选择，更是东北地区改善区域发展质量、提升政府效率的重要路径。

（四）2021年营商环境排名与分析

营商环境也是政府公共服务的重要子因素，被赋予0.10的权重，包括权力清单（发布数量及时间）和实际利用外资等两个指标。2021年县级政府营商环境全国前100名的标准化值与排名如表5－10所示。

表5－10 2021年县级政府营商环境全国前100名的标准化值及排名

县级政府	标准化值	地区排名	全国排名	县级政府	标准化值	地区排名	全国排名
华东地区							
嵊泗县	6.2346	1	3	海盐县	0.8043	23	52
太仓市	2.0298	2	9	德清县	0.7938	24	53
共青城市	1.9300	3	10	当涂县	0.7747	25	57
平湖市	1.9169	4	11	瑞昌市	0.7613	26	59
嘉善县	1.8420	5	12	莲花县	0.7493	27	61
德安县	1.5185	6	16	来安县	0.7453	28	62
晋江市	1.3599	7	19	东山县	0.7092	29	66
靖江市	1.3106	8	23	仪征市	0.6937	30	67
石狮市	1.2058	9	26	潜山市	0.6370	31	73
安义县	1.1145	10	28	南陵县	0.6030	32	74
和县	1.0123	11	32	宁国市	0.6021	33	75
胶州市	1.0053	12	34	张家港市	0.5968	34	76
石台县	0.9921	13	35	长兴县	0.5855	35	78
黟县	0.9494	14	37	南昌县	0.5808	36	79
含山县	0.9141	15	39	青阳县	0.5743	37	80
扬中市	0.8835	16	43	广德市	0.5737	38	81
庐山市	0.8727	17	45	定南县	0.5677	39	83
泰顺县	0.8642	18	46	全南县	0.5532	40	85
横峰县	0.8527	19	47	大余县	0.5462	41	86
江阴市	0.8391	20	48	永修县	0.5238	42	91
海宁市	0.8273	21	49	彭泽县	0.5190	43	93
昆山市	0.8094	22	50	龙港市	0.5157	44	94

续表

县级政府	标准化值	地区排名	全国排名	县级政府	标准化值	地区排名	全国排名
溧阳市	0.5130	45	96	怀宁县	0.5102	46	99
中南地区							
义马市	15.6341	1	1	衡山县	0.8062	22	51
唐河县	6.1328	2	4	攸县	0.7916	23	54
韶山市	3.7319	3	5	偃师市	0.7890	24	55
洛宁县	1.7162	4	13	汝阳县	0.7687	25	58
炎陵县	1.5542	5	14	冷水江市	0.7529	26	60
睢县	1.5389	6	15	嘉禾县	0.7393	27	63
津市市	1.3747	7	18	濮阳县	0.7221	28	64
民权县	1.3547	8	20	邓州市	0.7110	29	65
鄢陵县	1.3468	9	21	南丹县	0.6827	30	68
东兴市	1.3243	10	22	巩义市	0.6799	31	69
醴陵市	1.3001	11	25	禹州市	0.6637	32	72
社旗县	1.1979	12	27	长葛市	0.5737	33	82
孟州市	1.1047	13	29	舞阳县	0.5583	34	84
淅川县	1.0893	14	30	新安县	0.5385	35	88
新野县	1.0736	15	31	耒阳市	0.5378	36	89
长沙县	1.0112	16	33	潜江市	0.5271	37	90
渑池县	0.9649	17	36	宁乡市	0.5152	38	95
桐柏县	0.9108	18	40	临武县	0.5115	39	97
湘乡市	0.9000	19	41	南乐县	0.5104	40	98
湘潭县	0.8948	20	42	新密市	0.5042	41	100
南召县	0.8812	21	44				
西南地区							
漾濞彝族自治县	1.4927	1	17	施甸县	0.6663	3	71
道真仡佬族苗族自治县	0.7814	2	56	弥渡县	0.5929	4	77
西北地区							
千阳县	0.6701	1	70				

续表

县级政府	标准化值	地区排名	全国排名	县级政府	标准化值	地区排名	全国排名
华北地区							
盂县	1.3008	1	24	沁县	0.5400	3	87
平定县	0.9396	2	38	稷山县	0.5207	4	92
东北地区							
长海县	7.6880	1	2	辽阳县	2.8857	3	7
凌源市	3.2294	2	6	北票市	2.5176	4	8

营商环境是县级政府公共服务的重要内容，它是县域有效开展对外交流、合作与竞争的重要前提，是一个县域经济软实力的重要体现，是县级政府提高自身竞争力的重要内容。良好的营商环境能提高引资质量、增加有效投资、提高政府效率。由表5－10可知，我国县级政府营商环境前100名的区域分布具有以下两个特点。

第一，我国县级政府营商环境排名具有三级阶梯形分布特征。其中，华东地区县级政府营商环境最优，该地区有46个县级政府进入全国前100名，约占该地区测度样本数量（359个县级政府）的12.81%，居我国六大地区之首；中南地区次之，有41个县级政府进入全国前100名，约占该地区测度样本（396个县级政府）的10.35%；而西南、华北、东北、西北地区表现欠佳，为第三级。比如，西南地区有4个县级政府进入全国前100名，约占该地区测度样本（391个县级政府）的1.02%；华北地区有4个县级政府，约占该地区测度样本（289个县级政府）的1.38%；东北地区也有4个，约占该地区测度样本（147个县级政府）的2.72%；而西北地区仅有1个县级政府进入全国前100名，约占该地区测度样本（289个县级政府）的0.35%。从营商环境全国前100名县级政府数量的地区分布占比可以看出，我国县级政府营商环境发展不平衡，并且滞后于县域经济社会发展，制约了县级政府效率提升及治理现代化进程。

第二，我国各地县级政府改善营商环境面临较大挑战。本书有关测度营商环境的数据来源于县级政府最基本的信息，包括近两年公开的权力清单和实际利用外资的数据，但是大多数县级政府都没有公开或者更新这两项数据。尤其是实际利用外资情况，大多数县级政府受经济发展、地域环境等因素限制，加之新冠肺炎疫情常态化防控、中美经贸摩擦持续，致使当地经济内外循环不畅，不利于当地产业转型、升级，以及经济高质量发展。

因此，持续改善县级政府营商环境，不断改进政府公共服务，以形成更好的法制化、国际化、便利化的发展环境，才能赢得更高的政府效率、更大的市场活力。

（五）2021年政务基本信息排名与分析

政务基本信息是政务公开的重要子因素，被赋予0.80的权重，包括领导信息公开、三公经费公开、工作报告公开等8个指标。由于政务基本信息排名并列的县级政府数量很多，在此仅公布全国排名较靠前的县级政府（98个）的标准化值及具体排名，如表5－11所示。

表5－11　2021年政务基本信息全国排名较靠前的县级政府（98个）的标准化值与排名

县级政府	标准化值	地区排名	全国排名	县级政府	标准化值	地区排名	全国排名
华东地区							
嵊泗县	1.6545	1	1	太仓市	1.0204	7	7
乐清市	1.4956	2	2	岱山县	1.0204	7	7
建德市	1.3253	3	3	缙云县	1.0204	7	7
昆山市	1.2352	4	4	郎溪县	1.0204	7	7
泰兴市	1.2352	4	4	舒城县	1.0117	8	8
桐乡市	1.2352	4	4	来安县	0.9175	9	9
宁国市	1.2352	4	4	霍邱县	0.9175	9	9
如皋市	1.0764	5	5	华安县	0.9118	10	10
长兴县	1.0764	5	5	仪征市	0.9060	11	11
义乌市	1.0764	5	5	慈溪市	0.9060	11	11
巢湖市	1.0706	6	6	泰顺县	0.9060	11	11

续表

县级政府	标准化值	地区排名	全国排名	县级政府	标准化值	地区排名	全国排名
东至县	0.9060	11	11	扬中市	0.6969	19	21
南靖县	0.9060	11	11	淳安县	0.6912	20	22
高邮市	0.8615	12	12	诸暨市	0.6912	20	22
溧阳市	0.8558	13	13	江山市	0.6912	20	22
海盐县	0.8558	13	13	温岭市	0.6912	20	22
无为市	0.8558	13	13	青田县	0.6912	20	22
金寨县	0.8471	14	14	遂昌县	0.6912	20	22
玉环市	0.8239	15	15	蒙城县	0.6912	20	22
象山县	0.8160	16	16	沙县	0.6593	21	24
桐城市	0.8160	16	16	固镇县	0.6571	22	25
歙县	0.8160	16	16	定远县	0.6571	22	25
界首市	0.8160	16	16	临泉县	0.6571	22	25
龙海市	0.8160	16	16	灵璧县	0.6571	22	25
周宁县	0.8160	16	16	寿光市	0.6571	22	25
广饶县	0.8160	16	16	临朐县	0.6571	22	25
莱阳市	0.8160	16	16	莘县	0.6571	22	25
莒南县	0.8160	16	16	兰溪市	0.6563	23	26
青阳县	0.7472	17	19	庐江县	0.6514	24	28
福鼎市	0.7095	18	20	太和县	0.6514	24	28
张家港市	0.6969	19	21	涡阳县	0.6514	24	28
中南地区							
武陟县	1.0764	1	5	遂溪县	0.6969	7	21
公安县	1.0764	1	5	江永县	0.6912	8	22
文昌市	1.0204	2	7	枝江市	0.6571	9	25
岳阳县	1.0117	3	8	蕲春县	0.6571	9	25
浚县	0.8160	4	16	翁源县	0.6571	9	25
崇阳县	0.8160	4	16	五指山市	0.6533	10	27
湘乡市	0.7969	5	17	濮阳县	0.6467	11	29
封丘县	0.7472	6	19				

续表

县级政府	标准化值	地区排名	全国排名	县级政府	标准化值	地区排名	全国排名
西南地区							
长顺县	0.8615	1	12	云阳县	0.6912	4	22
开阳县	0.8160	2	16	巫溪县	0.6912	4	22
赤水市	0.7942	3	18	安岳县	0.6825	5	23
荔波县	0.6912	4	22	仁怀市	0.6533	6	27
凤庆县	0.6912	4	22	砚山县	0.6514	7	28
芒市	0.6912	4	22	南江县	0.6446	8	30
西北地区							
玉门市	0.9060	1	11	且末县	0.6571	4	25
镇原县	0.8615	2	12	周至县	0.6514	5	28
渭源县	0.6912	3	22				
华北地区							
阳城县	0.9060	1	11				
东北地区							
友谊县	0.7472	1	19	勃利县	0.6912	2	22
桦南县	0.6912	2	22				

政务基本信息是政务公开的重要内容，是测度县级政府效率的主要指标，是县级政府应该公布的最简单、最基本的信息，其数据来自各县级政府网站公布的基本信息。分析相关测度结果及表 5－11，可得出以下两个论断。

第一，政务基本信息排名并列的县级政府数量较多。同时，本书暂时未对外公开的其他县级政务基本信息排名也存在大量并列现象。这既反映了各地县级政府普遍重视政务基本信息公开工作，又表明各地推进基本政务信息公开进程基本相同。

第二，尽管我国县级政务基本信息测度结果表现较好，但是也揭示了县级政府在基本政务信息公开方面所存在的困境。因为本书有关政务基本信息都来自 2020 年年底或者 2021 年年初各地县级政府召开地方两会时由县级政府主要负责人、县财政局长、县发改委主任等在县级政府两会上向当地两会代表及委员所做的报告或者通报的数据，都是最基本的信息，理论上应该及时依法100%在县级政府网站公开。换言之，全国1871个县级政府效率测度样本的政务基本信息排名应该都并列第1名。但是实际远非如此，真正做到依法及时公开政务信息、实现政务工作透明的县级政府屈指可数。可见，我国县级政府在落实党中央、国务院依法全面实行政务公开文件的举措亟须加强。

因此，全面推行县级政务公开、提高县级政府工作透明度与执行力仍然是建设廉洁型、效率型政府的重要手段。

（六）2021年政务时效排名与分析

政务时效是政务公开的两个子因素之一，被赋予0.20的权重，下设政府办事时效和政务信息公开时效两个指标。由于政务时效排名并列县级政府数量很多，在此仅公布全国排名并列第一的县级政府（830个）标准化值与排名（见表5－12）。

表5－12　2021年政务时效全国排名并列第一的县级政府（830个）标准化值与排名

县级政府	标准化值	地区排名	全国排名	县级政府	标准化值	地区排名	全国排名
华东地区							
宜兴市	0.6668	1	1	福清市	0.6668	1	1
常熟市	0.6668	1	1	仙游县	0.6668	1	1
昆山市	0.6668	1	1	清流县	0.6668	1	1
太仓市	0.6668	1	1	宁化县	0.6668	1	1
如皋市	0.6668	1	1	尤溪县	0.6668	1	1
灌南县	0.6668	1	1	沙县	0.6668	1	1
涟水县	0.6668	1	1	将乐县	0.6668	1	1
金湖县	0.6668	1	1	泰宁县	0.6668	1	1
东台市	0.6668	1	1	建宁县	0.6668	1	1
高邮市	0.6668	1	1	永安市	0.6668	1	1
丹阳市	0.6668	1	1	惠安县	0.6668	1	1

续表

县级政府	标准化值	地区排名	全国排名	县级政府	标准化值	地区排名	全国排名
扬中市	0.6668	1	1	德化县	0.6668	1	1
句容市	0.6668	1	1	石狮市	0.6668	1	1
兴化市	0.6668	1	1	晋江市	0.6668	1	1
靖江市	0.6668	1	1	云霄县	0.6668	1	1
泗洪县	0.6668	1	1	漳浦县	0.6668	1	1
桐庐县	0.6668	1	1	诏安县	0.6668	1	1
淳安县	0.6668	1	1	长泰县	0.6668	1	1
建德市	0.6668	1	1	东山县	0.6668	1	1
象山县	0.6668	1	1	南靖县	0.6668	1	1
宁海县	0.6668	1	1	平和县	0.6668	1	1
余姚市	0.6668	1	1	华安县	0.6668	1	1
慈溪市	0.6668	1	1	龙海市	0.6668	1	1
永嘉县	0.6668	1	1	政和县	0.6668	1	1
平阳县	0.6668	1	1	邵武市	0.6668	1	1
苍南县	0.6668	1	1	武夷山市	0.6668	1	1
文成县	0.6668	1	1	长汀县	0.6668	1	1
泰顺县	0.6668	1	1	上杭县	0.6668	1	1
瑞安市	0.6668	1	1	武平县	0.6668	1	1
乐清市	0.6668	1	1	连城县	0.6668	1	1
嘉善县	0.6668	1	1	漳平市	0.6668	1	1
海盐县	0.6668	1	1	霞浦县	0.6668	1	1
海宁市	0.6668	1	1	周宁县	0.6668	1	1
平湖市	0.6668	1	1	柘荣县	0.6668	1	1
桐乡市	0.6668	1	1	福鼎市	0.6668	1	1
德清县	0.6668	1	1	安义县	0.6668	1	1
长兴县	0.6668	1	1	乐平市	0.6668	1	1
安吉县	0.6668	1	1	共青城市	0.6668	1	1
新昌县	0.6668	1	1	庐山市	0.6668	1	1
诸暨市	0.6668	1	1	武宁县	0.6668	1	1
武义县	0.6668	1	1	德安县	0.6668	1	1

续表

县级政府	标准化值	地区排名	全国排名	县级政府	标准化值	地区排名	全国排名
浦江县	0.6668	1	1	湖口县	0.6668	1	1
磐安县	0.6668	1	1	彭泽县	0.6668	1	1
兰溪市	0.6668	1	1	分宜县	0.6668	1	1
义乌市	0.6668	1	1	瑞金市	0.6668	1	1
东阳市	0.6668	1	1	信丰县	0.6668	1	1
常山县	0.6668	1	1	定南县	0.6668	1	1
开化县	0.6668	1	1	全南县	0.6668	1	1
龙游县	0.6668	1	1	于都县	0.6668	1	1
江山市	0.6668	1	1	兴国县	0.6668	1	1
岱山县	0.6668	1	1	石城县	0.6668	1	1
嵊泗县	0.6668	1	1	吉安县	0.6668	1	1
三门县	0.6668	1	1	樟树市	0.6668	1	1
天台县	0.6668	1	1	奉新县	0.6668	1	1
仙居县	0.6668	1	1	上高县	0.6668	1	1
温岭市	0.6668	1	1	黎川县	0.6668	1	1
临海市	0.6668	1	1	南丰县	0.6668	1	1
玉环市	0.6668	1	1	崇仁县	0.6668	1	1
青田县	0.6668	1	1	乐安县	0.6668	1	1
缙云县	0.6668	1	1	宜黄县	0.6668	1	1
遂昌县	0.6668	1	1	资溪县	0.6668	1	1
松阳县	0.6668	1	1	德兴市	0.6668	1	1
景宁畲族自治县	0.6668	1	1	横峰县	0.6668	1	1
龙泉市	0.6668	1	1	平阴县	0.6668	1	1
长丰县	0.6668	1	1	商河县	0.6668	1	1
肥东县	0.6668	1	1	胶州市	0.6668	1	1
肥西县	0.6668	1	1	高青县	0.6668	1	1
巢湖市	0.6668	1	1	滕州市	0.6668	1	1
南陵县	0.6668	1	1	利津县	0.6668	1	1
无为市	0.6668	1	1	广饶县	0.6668	1	1
怀远县	0.6668	1	1	龙口市	0.6668	1	1

续表

县级政府	标准化值	地区排名	全国排名	县级政府	标准化值	地区排名	全国排名
五河县	0.6668	1	1	招远市	0.6668	1	1
固镇县	0.6668	1	1	栖霞市	0.6668	1	1
凤台县	0.6668	1	1	海阳市	0.6668	1	1
寿县	0.6668	1	1	青州市	0.6668	1	1
枞阳县	0.6668	1	1	诸城市	0.6668	1	1
怀宁县	0.6668	1	1	寿光市	0.6668	1	1
太湖县	0.6668	1	1	临朐县	0.6668	1	1
望江县	0.6668	1	1	昌乐县	0.6668	1	1
岳西县	0.6668	1	1	邹城市	0.6668	1	1
桐城市	0.6668	1	1	微山县	0.6668	1	1
潜山市	0.6668	1	1	金乡县	0.6668	1	1
歙县	0.6668	1	1	嘉祥县	0.6668	1	1
黟县	0.6668	1	1	汶上县	0.6668	1	1
祁门县	0.6668	1	1	泗水县	0.6668	1	1
来安县	0.6668	1	1	梁山县	0.6668	1	1
全椒县	0.6668	1	1	新泰市	0.6668	1	1
定远县	0.6668	1	1	肥城市	0.6668	1	1
凤阳县	0.6668	1	1	宁阳县	0.6668	1	1
天长市	0.6668	1	1	荣成市	0.6668	1	1
明光市	0.6668	1	1	乳山市	0.6668	1	1
砀山县	0.6668	1	1	五莲县	0.6668	1	1
灵璧县	0.6668	1	1	沂南县	0.6668	1	1
泗县	0.6668	1	1	费县	0.6668	1	1
霍邱县	0.6668	1	1	平邑县	0.6668	1	1
金寨县	0.6668	1	1	乐陵市	0.6668	1	1
霍山县	0.6668	1	1	禹城市	0.6668	1	1
涡阳县	0.6668	1	1	庆云县	0.6668	1	1
东至县	0.6668	1	1	临邑县	0.6668	1	1
石台县	0.6668	1	1	齐河县	0.6668	1	1
青阳县	0.6668	1	1	临清市	0.6668	1	1

续表

县级政府	标准化值	地区排名	全国排名	县级政府	标准化值	地区排名	全国排名
郎溪县	0.6668	1	1	阳谷县	0.6668	1	1
泾县	0.6668	1	1	莘县	0.6668	1	1
绩溪县	0.6668	1	1	东阿县	0.6668	1	1
旌德县	0.6668	1	1	冠县	0.6668	1	1
宁国市	0.6668	1	1	高唐县	0.6668	1	1
广德市	0.6668	1	1	单县	0.6668	1	1
闽侯县	0.6668	1	1	成武县	0.6668	1	1
连江县	0.6668	1	1	巨野县	0.6668	1	1
罗源县	0.6668	1	1	郓城县	0.6668	1	1
闽清县	0.6668	1	1	鄄城县	0.6668	1	1
永泰县	0.6668	1	1	东明县	0.6668	1	1
中南地区							
巩义市	0.6668	1	1	资兴市	0.6668	1	1
新密市	0.6668	1	1	宜章县	0.6668	1	1
新郑市	0.6668	1	1	道县	0.6668	1	1
登封市	0.6668	1	1	沅陵县	0.6668	1	1
尉氏县	0.6668	1	1	辰溪县	0.6668	1	1
兰考县	0.6668	1	1	溆浦县	0.6668	1	1
林州市	0.6668	1	1	会同县	0.6668	1	1
获嘉县	0.6668	1	1	麻阳苗族自治县	0.6668	1	1
卫辉市	0.6668	1	1	芷江侗族自治县	0.6668	1	1
修武县	0.6668	1	1	靖州苗族侗族自治县	0.6668	1	1
博爱县	0.6668	1	1	通道侗族自治县	0.6668	1	1
武陟县	0.6668	1	1	冷水江市	0.6668	1	1
温县	0.6668	1	1	泸溪县	0.6668	1	1
沁阳市	0.6668	1	1	凤凰县	0.6668	1	1
台前县	0.6668	1	1	雷州市	0.6668	1	1

续表

县级政府	标准化值	地区排名	全国排名	县级政府	标准化值	地区排名	全国排名
襄城县	0.6668	1	1	遂溪县	0.6668	1	1
长葛市	0.6668	1	1	化州市	0.6668	1	1
卢氏县	0.6668	1	1	信宜市	0.6668	1	1
义马市	0.6668	1	1	罗定市	0.6668	1	1
南召县	0.6668	1	1	新兴县	0.6668	1	1
镇平县	0.6668	1	1	郁南县	0.6668	1	1
内乡县	0.6668	1	1	四会市	0.6668	1	1
淅川县	0.6668	1	1	广宁县	0.6668	1	1
唐河县	0.6668	1	1	怀集县	0.6668	1	1
新野县	0.6668	1	1	封开县	0.6668	1	1
宁陵县	0.6668	1	1	德庆县	0.6668	1	1
罗山县	0.6668	1	1	台山市	0.6668	1	1
潢川县	0.6668	1	1	鹤山市	0.6668	1	1
扶沟县	0.6668	1	1	英德市	0.6668	1	1
西华县	0.6668	1	1	佛冈县	0.6668	1	1
商水县	0.6668	1	1	阳山县	0.6668	1	1
项城市	0.6668	1	1	连南瑶族自治县	0.6668	1	1
大冶市	0.6668	1	1	南雄市	0.6668	1	1
郧西县	0.6668	1	1	博罗县	0.6668	1	1
竹山县	0.6668	1	1	陆丰市	0.6668	1	1
竹溪县	0.6668	1	1	海丰县	0.6668	1	1
房县	0.6668	1	1	丰顺县	0.6668	1	1
丹江口市	0.6668	1	1	五华县	0.6668	1	1
远安县	0.6668	1	1	蕉岭县	0.6668	1	1
兴山县	0.6668	1	1	普宁市	0.6668	1	1
秭归县	0.6668	1	1	揭西县	0.6668	1	1
五峰土家族自治县	0.6668	1	1	柳城县	0.6668	1	1
宜都市	0.6668	1	1	鹿寨县	0.6668	1	1

续表

县级政府	标准化值	地区排名	全国排名	县级政府	标准化值	地区排名	全国排名
当阳市	0.6668	1	1	融水苗族自治县	0.6668	1	1
枝江市	0.6668	1	1	荔浦市	0.6668	1	1
谷城县	0.6668	1	1	恭城瑶族自治县	0.6668	1	1
保康县	0.6668	1	1	苍梧县	0.6668	1	1
老河口市	0.6668	1	1	藤县	0.6668	1	1
枣阳市	0.6668	1	1	灵山县	0.6668	1	1
宜城市	0.6668	1	1	浦北县	0.6668	1	1
安陆市	0.6668	1	1	平南县	0.6668	1	1
公安县	0.6668	1	1	桂平市	0.6668	1	1
监利县	0.6668	1	1	容县	0.6668	1	1
江陵县	0.6668	1	1	陆川县	0.6668	1	1
石首市	0.6668	1	1	博白县	0.6668	1	1
洪湖市	0.6668	1	1	兴业县	0.6668	1	1
红安县	0.6668	1	1	北流市	0.6668	1	1
罗田县	0.6668	1	1	田东县	0.6668	1	1
英山县	0.6668	1	1	德保县	0.6668	1	1
蕲春县	0.6668	1	1	那坡县	0.6668	1	1
利川市	0.6668	1	1	凌云县	0.6668	1	1
巴东县	0.6668	1	1	乐业县	0.6668	1	1
宣恩县	0.6668	1	1	西林县	0.6668	1	1
来凤县	0.6668	1	1	平果市	0.6668	1	1
仙桃市	0.6668	1	1	昭平县	0.6668	1	1
潜江市	0.6668	1	1	富川瑶族自治县	0.6668	1	1
天门市	0.6668	1	1	天峨县	0.6668	1	1
攸县	0.6668	1	1	凤山县	0.6668	1	1
茶陵县	0.6668	1	1	东兰县	0.6668	1	1
韶山市	0.6668	1	1	罗城仫佬族自治县	0.6668	1	1

续表

县级政府	标准化值	地区排名	全国排名	县级政府	标准化值	地区排名	全国排名
湘潭县	0.6668	1	1	环江毛南族自治县	0.6668	1	1
常宁市	0.6668	1	1	都安瑶族自治县	0.6668	1	1
衡南县	0.6668	1	1	大化瑶族自治县	0.6668	1	1
衡山县	0.6668	1	1	忻城县	0.6668	1	1
衡东县	0.6668	1	1	金秀瑶族自治县	0.6668	1	1
新邵县	0.6668	1	1	合山市	0.6668	1	1
隆回县	0.6668	1	1	扶绥县	0.6668	1	1
安乡县	0.6668	1	1	大新县	0.6668	1	1
澧县	0.6668	1	1	天等县	0.6668	1	1
临澧县	0.6668	1	1	屯昌县	0.6668	1	1
桃源县	0.6668	1	1	琼中黎族苗族自治县	0.6668	1	1
石门县	0.6668	1	1	万宁市	0.6668	1	1
桃江县	0.6668	1	1	东方市	0.6668	1	1
西南地区							
彭州市	0.6668	1	1	石阡县	0.6668	1	1
富顺县	0.6668	1	1	思南县	0.6668	1	1
米易县	0.6668	1	1	沿河土家族自治县	0.6668	1	1
盐边县	0.6668	1	1	兴义市	0.6668	1	1
泸县	0.6668	1	1	兴仁市	0.6668	1	1
合江县	0.6668	1	1	普安县	0.6668	1	1
叙永县	0.6668	1	1	贞丰县	0.6668	1	1
古蔺县	0.6668	1	1	望谟县	0.6668	1	1
绵竹市	0.6668	1	1	册亨县	0.6668	1	1
盐亭县	0.6668	1	1	凯里市	0.6668	1	1
北川羌族自治县	0.6668	1	1	丹寨县	0.6668	1	1

续表

县级政府	标准化值	地区排名	全国排名	县级政府	标准化值	地区排名	全国排名
平武县	0.6668	1	1	都匀市	0.6668	1	1
旺苍县	0.6668	1	1	福泉市	0.6668	1	1
青川县	0.6668	1	1	荔波县	0.6668	1	1
苍溪县	0.6668	1	1	罗甸县	0.6668	1	1
蓬溪县	0.6668	1	1	长顺县	0.6668	1	1
大英县	0.6668	1	1	惠水县	0.6668	1	1
威远县	0.6668	1	1	三都水族自治县	0.6668	1	1
资中县	0.6668	1	1	师宗县	0.6668	1	1
犍为县	0.6668	1	1	罗平县	0.6668	1	1
夹江县	0.6668	1	1	会泽县	0.6668	1	1
沐川县	0.6668	1	1	宣威市	0.6668	1	1
峨边彝族自治县	0.6668	1	1	通海县	0.6668	1	1
峨眉山市	0.6668	1	1	龙陵县	0.6668	1	1
蓬安县	0.6668	1	1	昌宁县	0.6668	1	1
仪陇县	0.6668	1	1	鲁甸县	0.6668	1	1
西充县	0.6668	1	1	盐津县	0.6668	1	1
仁寿县	0.6668	1	1	大关县	0.6668	1	1
青神县	0.6668	1	1	威信县	0.6668	1	1
长宁县	0.6668	1	1	永胜县	0.6668	1	1
筠连县	0.6668	1	1	华坪县	0.6668	1	1
兴文县	0.6668	1	1	景东彝族自治县	0.6668	1	1
屏山县	0.6668	1	1	景谷傣族彝族自治县	0.6668	1	1
岳池县	0.6668	1	1	江城哈尼族彝族自治县	0.6668	1	1
武胜县	0.6668	1	1	澜沧拉祜族自治县	0.6668	1	1
邻水县	0.6668	1	1	西盟佤族自治县	0.6668	1	1

续表

县级政府	标准化值	地区排名	全国排名	县级政府	标准化值	地区排名	全国排名
华蓥市	0.6668	1	1	凤庆县	0.6668	1	1
宣汉县	0.6668	1	1	云县	0.6668	1	1
万源市	0.6668	1	1	镇康县	0.6668	1	1
汉源县	0.6668	1	1	双江拉祜族佤族布朗族傣族自治县	0.6668	1	1
石棉县	0.6668	1	1	耿马傣族佤族自治县	0.6668	1	1
芦山县	0.6668	1	1	南华县	0.6668	1	1
通江县	0.6668	1	1	姚安县	0.6668	1	1
安岳县	0.6668	1	1	永仁县	0.6668	1	1
马尔康市	0.6668	1	1	元谋县	0.6668	1	1
汶川县	0.6668	1	1	武定县	0.6668	1	1
茂县	0.6668	1	1	开远市	0.6668	1	1
金川县	0.6668	1	1	蒙自市	0.6668	1	1
壤塘县	0.6668	1	1	弥勒市	0.6668	1	1
康定市	0.6668	1	1	建水县	0.6668	1	1
泸定县	0.6668	1	1	绿春县	0.6668	1	1
丹巴县	0.6668	1	1	河口瑶族自治县	0.6668	1	1
九龙县	0.6668	1	1	文山市	0.6668	1	1
雅江县	0.6668	1	1	砚山县	0.6668	1	1
道孚县	0.6668	1	1	麻栗坡县	0.6668	1	1
炉霍县	0.6668	1	1	马关县	0.6668	1	1
甘孜县	0.6668	1	1	广南县	0.6668	1	1
德格县	0.6668	1	1	景洪市	0.6668	1	1
盐源县	0.6668	1	1	祥云县	0.6668	1	1
宁南县	0.6668	1	1	维西傈僳族自治县	0.6668	1	1
普格县	0.6668	1	1	林周县	0.6668	1	1
冕宁县	0.6668	1	1	白朗县	0.6668	1	1

续表

县级政府	标准化值	地区排名	全国排名	县级政府	标准化值	地区排名	全国排名
雷波县	0.6668	1	1	康马县	0.6668	1	1
开阳县	0.6668	1	1	萨嘎县	0.6668	1	1
息烽县	0.6668	1	1	工布江达县	0.6668	1	1
修文县	0.6668	1	1	波密县	0.6668	1	1
六枝特区	0.6668	1	1	朗县	0.6668	1	1
正安县	0.6668	1	1	城口县	0.6668	1	1
道真仡佬族苗族自治县	0.6668	1	1	丰都县	0.6668	1	1
务川仡佬族苗族自治县	0.6668	1	1	垫江县	0.6668	1	1
余庆县	0.6668	1	1	忠县	0.6668	1	1
普定县	0.6668	1	1	云阳县	0.6668	1	1
镇宁布依族苗族自治县	0.6668	1	1	奉节县	0.6668	1	1
关岭布依族苗族自治县	0.6668	1	1	巫山县	0.6668	1	1
紫云苗族布依族自治县	0.6668	1	1	巫溪县	0.6668	1	1
大方县	0.6668	1	1	秀山土家族苗族自治县	0.6668	1	1
威宁彝族回族苗族自治县	0.6668	1	1	酉阳土家族苗族自治县	0.6668	1	1
玉屏侗族自治县	0.6668	1	1	彭水苗族土家族自治县	0.6668	1	1
西北地区							
蓝田县	0.6668	1	1	玛沁县	0.6668	1	1
周至县	0.6668	1	1	班玛县	0.6668	1	1
岐山县	0.6668	1	1	玛多县	0.6668	1	1
扶风县	0.6668	1	1	玉树市	0.6668	1	1
眉县	0.6668	1	1	德令哈市	0.6668	1	1
陇县	0.6668	1	1	格尔木市	0.6668	1	1
太白县	0.6668	1	1	乌兰县	0.6668	1	1

续表

县级政府	标准化值	地区排名	全国排名	县级政府	标准化值	地区排名	全国排名
三原县	0.6668	1	1	天峻县	0.6668	1	1
泾阳县	0.6668	1	1	灵武市	0.6668	1	1
永寿县	0.6668	1	1	永宁县	0.6668	1	1
长武县	0.6668	1	1	贺兰县	0.6668	1	1
淳化县	0.6668	1	1	平罗县	0.6668	1	1
武功县	0.6668	1	1	青铜峡市	0.6668	1	1
潼关县	0.6668	1	1	盐池县	0.6668	1	1
澄城县	0.6668	1	1	同心县	0.6668	1	1
蒲城县	0.6668	1	1	西吉县	0.6668	1	1
韩城市	0.6668	1	1	泾源县	0.6668	1	1
延长县	0.6668	1	1	彭阳县	0.6668	1	1
志丹县	0.6668	1	1	中宁县	0.6668	1	1
黄龙县	0.6668	1	1	海原县	0.6668	1	1
子长市	0.6668	1	1	巴楚县	0.6668	1	1
勉县	0.6668	1	1	和田县	0.6668	1	1
镇巴县	0.6668	1	1	民丰县	0.6668	1	1
佛坪县	0.6668	1	1	昌吉市	0.6668	1	1
佳县	0.6668	1	1	阜康市	0.6668	1	1
子洲县	0.6668	1	1	呼图壁县	0.6668	1	1
神木市	0.6668	1	1	玛纳斯县	0.6668	1	1
汉阴县	0.6668	1	1	奇台县	0.6668	1	1
宁陕县	0.6668	1	1	吉木萨尔县	0.6668	1	1
紫阳县	0.6668	1	1	木垒哈萨克自治县	0.6668	1	1
平利县	0.6668	1	1	博乐市	0.6668	1	1
镇坪县	0.6668	1	1	阿拉山口市	0.6668	1	1
旬阳县	0.6668	1	1	精河县	0.6668	1	1
洛南县	0.6668	1	1	温泉县	0.6668	1	1
镇安县	0.6668	1	1	轮台县	0.6668	1	1
会宁县	0.6668	1	1	若羌县	0.6668	1	1
武山县	0.6668	1	1	且末县	0.6668	1	1

续表

县级政府	标准化值	地区排名	全国排名	县级政府	标准化值	地区排名	全国排名
张家川回族自治县	0.6668	1	1	和硕县	0.6668	1	1
民乐县	0.6668	1	1	博湖县	0.6668	1	1
临泽县	0.6668	1	1	焉耆回族自治县	0.6668	1	1
泾川县	0.6668	1	1	阿图什市	0.6668	1	1
宕昌县	0.6668	1	1	乌恰县	0.6668	1	1
西和县	0.6668	1	1	乌苏市	0.6668	1	1
广河县	0.6668	1	1	沙湾市	0.6668	1	1
和政县	0.6668	1	1	和布克赛尔蒙古自治县	0.6668	1	1
碌曲县	0.6668	1	1	布尔津县	0.6668	1	1
湟源县	0.6668	1	1	富蕴县	0.6668	1	1
民和回族土族自治县	0.6668	1	1	阿拉尔市	0.6668	1	1
祁连县	0.6668	1	1	五家渠市	0.6668	1	1
门源回族自治县	0.6668	1	1	北屯市	0.6668	1	1
尖扎县	0.6668	1	1	铁门关市	0.6668	1	1
共和县	0.6668	1	1	双河市	0.6668	1	1
同德县	0.6668	1	1	胡杨河市	0.6668	1	1
贵德县	0.6668	1	1				
华北地区							
正定县	0.6668	1	1	垣曲县	0.6668	1	1
辛集市	0.6668	1	1	平陆县	0.6668	1	1
新乐市	0.6668	1	1	河津市	0.6668	1	1
迁安市	0.6668	1	1	原平市	0.6668	1	1
滦州市	0.6668	1	1	曲沃县	0.6668	1	1
青龙满族自治县	0.6668	1	1	襄汾县	0.6668	1	1
卢龙县	0.6668	1	1	洪洞县	0.6668	1	1
涉县	0.6668	1	1	古县	0.6668	1	1

续表

县级政府	标准化值	地区排名	全国排名	县级政府	标准化值	地区排名	全国排名
磁县	0.6668	1	1	安泽县	0.6668	1	1
邱县	0.6668	1	1	吉县	0.6668	1	1
鸡泽县	0.6668	1	1	乡宁县	0.6668	1	1
馆陶县	0.6668	1	1	大宁县	0.6668	1	1
魏县	0.6668	1	1	隰县	0.6668	1	1
武安市	0.6668	1	1	永和县	0.6668	1	1
临城县	0.6668	1	1	汾西县	0.6668	1	1
隆尧县	0.6668	1	1	交城县	0.6668	1	1
巨鹿县	0.6668	1	1	兴县	0.6668	1	1
广宗县	0.6668	1	1	临县	0.6668	1	1
临西县	0.6668	1	1	柳林县	0.6668	1	1
望都县	0.6668	1	1	石楼县	0.6668	1	1
张北县	0.6668	1	1	岚县	0.6668	1	1
尚义县	0.6668	1	1	方山县	0.6668	1	1
蔚县	0.6668	1	1	孝义市	0.6668	1	1
阳原县	0.6668	1	1	汾阳市	0.6668	1	1
赤城县	0.6668	1	1	土默特左旗	0.6668	1	1
承德县	0.6668	1	1	托克托县	0.6668	1	1
兴隆县	0.6668	1	1	和林格尔县	0.6668	1	1
宽城满族自治县	0.6668	1	1	克什克腾旗	0.6668	1	1
围场满族蒙古族自治县	0.6668	1	1	喀喇沁旗	0.6668	1	1
平泉市	0.6668	1	1	鄂托克前旗	0.6668	1	1
沧县	0.6668	1	1	鄂托克旗	0.6668	1	1
东光县	0.6668	1	1	伊金霍洛旗	0.6668	1	1
海兴县	0.6668	1	1	阿荣旗	0.6668	1	1
盐山县	0.6668	1	1	鄂温克族自治旗	0.6668	1	1
肃宁县	0.6668	1	1	鄂伦春自治旗	0.6668	1	1

续表

县级政府	标准化值	地区排名	全国排名	县级政府	标准化值	地区排名	全国排名
泊头市	0.6668	1	1	陈巴尔虎旗	0.6668	1	1
任丘市	0.6668	1	1	新巴尔虎左旗	0.6668	1	1
河间市	0.6668	1	1	新巴尔虎右旗	0.6668	1	1
固安县	0.6668	1	1	根河市	0.6668	1	1
香河县	0.6668	1	1	五原县	0.6668	1	1
文安县	0.6668	1	1	乌拉特后旗	0.6668	1	1
三河市	0.6668	1	1	化德县	0.6668	1	1
武邑县	0.6668	1	1	四子王旗	0.6668	1	1
饶阳县	0.6668	1	1	丰镇市	0.6668	1	1
景县	0.6668	1	1	阿尔山市	0.6668	1	1
深州市	0.6668	1	1	突泉县	0.6668	1	1
阳城县	0.6668	1	1	二连浩特市	0.6668	1	1
陵川县	0.6668	1	1	镶黄旗	0.6668	1	1
泽州县	0.6668	1	1	正镶白旗	0.6668	1	1
高平市	0.6668	1	1	阿拉善左旗	0.6668	1	1
昔阳县	0.6668	1	1	阿拉善右旗	0.6668	1	1
万荣县	0.6668	1	1	额济纳旗	0.6668	1	1
东北地区							
台安县	0.6668	1	1	镇赉县	0.6668	1	1
抚顺县	0.6668	1	1	通榆县	0.6668	1	1
新宾满族自治县	0.6668	1	1	洮南市	0.6668	1	1
清原满族自治县	0.6668	1	1	大安市	0.6668	1	1
东港市	0.6668	1	1	图们市	0.6668	1	1
黑山县	0.6668	1	1	敦化市	0.6668	1	1
凌海市	0.6668	1	1	龙井市	0.6668	1	1
盖州市	0.6668	1	1	和龙市	0.6668	1	1
大石桥市	0.6668	1	1	汪清县	0.6668	1	1

续表

县级政府	标准化值	地区排名	全国排名	县级政府	标准化值	地区排名	全国排名
铁岭县	0.6668	1	1	安图县	0.6668	1	1
西丰县	0.6668	1	1	延寿县	0.6668	1	1
昌图县	0.6668	1	1	泰来县	0.6668	1	1
调兵山市	0.6668	1	1	甘南县	0.6668	1	1
开原市	0.6668	1	1	克山县	0.6668	1	1
朝阳县	0.6668	1	1	克东县	0.6668	1	1
绥中县	0.6668	1	1	拜泉县	0.6668	1	1
兴城市	0.6668	1	1	饶河县	0.6668	1	1
农安县	0.6668	1	1	林甸县	0.6668	1	1
榆树市	0.6668	1	1	南岔县	0.6668	1	1
德惠市	0.6668	1	1	铁力市	0.6668	1	1
蛟河市	0.6668	1	1	桦南县	0.6668	1	1
桦甸市	0.6668	1	1	桦川县	0.6668	1	1
磐石市	0.6668	1	1	汤原县	0.6668	1	1
双辽市	0.6668	1	1	富锦市	0.6668	1	1
通化县	0.6668	1	1	抚远市	0.6668	1	1
辉南县	0.6668	1	1	林口县	0.6668	1	1
柳河县	0.6668	1	1	穆棱市	0.6668	1	1
梅河口市	0.6668	1	1	北安市	0.6668	1	1
集安市	0.6668	1	1	五大连池市	0.6668	1	1
抚松县	0.6668	1	1	嫩江市	0.6668	1	1
靖宇县	0.6668	1	1	青冈县	0.6668	1	1
长白朝鲜族自治县	0.6668	1	1	庆安县	0.6668	1	1
临江市	0.6668	1	1	安达市	0.6668	1	1
前郭尔罗斯蒙古族自治县	0.6668	1	1	肇东市	0.6668	1	1
长岭县	0.6668	1	1	漠河市	0.6668	1	1
乾安县	0.6668	1	1	呼玛县	0.6668	1	1
扶余市	0.6668	1	1				

政务时效是指县级政府网上回应公众咨询及为居民办事的时效，是居民或企业所体验的政府服务质量与效果，直接体现了县级政府效率水平。通过分析相关测度结果及表5－12，可得出两个结论。

一是政务时效测度结果全国排名并列的县级政府很多。例如，表5－12中的宜兴市等830个县级政府均并列第一；同时，本书暂未对外公开的排在全国第2名及以后的其他县级政府的政务时效排名也出现并列现象。该排名并列现象既印证了县级政府普遍重视提升政务时效，又显示出各地县级政府提升政务时效的效果及节奏相似。

二是政务时效提升仍比较缓慢，不够全面。从样本测度结果来看，虽然我国县级政府政务时效测度结果较好，但也从侧面反映出一个问题：我国县级政府在改进政务时效方面处于不利局面。因为政务时效只是反映县级政府最基本的、最近的网上咨询及网上办事回应时间，本应在各县级政府网站上100%公开。也就是说，全国共1871个县级政府测度样本的政务时效测度结果理论上都应并列第1名，但是，截至2021年7月月初，县级政府网站初步公开最近的、最简单的网上咨询及网上办事办结时点的县级政府数量不多，几乎有60%的县级政府政务时效表现不及时、不充分。

综上所述，我国县级政府落实中央有关政务公开文件绩效不佳，这严重制约了县级政府效率的提高。因此，持续提升政务时效、依法全面落实政务公开，是建立阳光型政府、提升县级政府效率的最简单举措。

（七）2021年乡村产业排名与分析

乡村产业是乡村振兴效率的主要子因素之一，被赋予0.40的权重，包括农林牧渔总产值、粮食总产量、设施农业占地（水面）面积等3个指标。2021年县级政府乡村产业全国前100名的标准化值及具体排名如表5－13所示。

表 5－13　2021 年县级政府乡村产业全国前 100 名的标准化值与排名

县级政府	标准化值	地区排名	全国排名	县级政府	标准化值	地区排名	全国排名
华东地区							
嵊泗县	8.2656	1	3	东阳市	0.8528	18	51
郎溪县	7.0002	2	5	靖江市	0.6768	19	58
磐安县	5.923	3	6	永泰县	0.6246	20	62
凤台县	3.4064	4	10	泗阳县	0.5617	21	66
五河县	2.9129	5	12	新沂市	0.5327	22	69
武义县	2.8182	6	13	莘县	0.4847	23	72
肥东县	2.2681	7	19	常山县	0.4614	24	74
铜鼓县	2.0831	8	22	兴国县	0.4243	25	78
长丰县	1.9609	9	23	宝应县	0.4111	26	80
南陵县	1.4400	10	32	玉环市	0.4091	27	81
泰和县	1.3843	11	33	东台市	0.3783	28	84
德安县	1.2509	12	37	南安市	0.3492	29	89
无为市	1.2190	13	38	江阴市	0.3363	30	96
彭泽县	1.0048	14	43	永康市	0.3318	31	97
岳西县	0.9964	15	44	睢宁县	0.3078	32	99
东山县	0.9539	16	46	灌南县	0.3062	33	100
石狮市	0.9118	17	47				
中南地区							
唐河县	9.9248	1	1	上蔡县	1.8678	11	27
延津县	4.5274	2	9	封丘县	1.5699	12	30
睢县	2.7320	3	14	卫辉市	1.4415	13	31
崇阳县	2.4995	4	15	遂平县	1.3546	14	34
伊川县	2.3709	5	17	义马市	1.1875	15	39
南澳县	2.2780	6	18	巴马瑶族自治县	1.1215	16	40
社旗县	2.1260	7	20	宁陵县	1.0316	17	42
大悟县	2.1202	8	21	汝阳县	0.9577	18	45
炎陵县	1.9282	9	24	象州县	0.9080	19	48
商水县	1.8969	10	25	潢川县	0.8651	20	50

续表

县级政府	标准化值	地区排名	全国排名	县级政府	标准化值	地区排名	全国排名
新蔡县	0. 6502	21	60	修武县	0. 3629	26	85
邓州市	0. 6053	22	63	南召县	0. 3610	27	86
方城县	0. 5767	23	64	云梦县	0. 3560	28	87
合山市	0. 5589	24	67	原阳县	0. 3447	29	91
获嘉县	0. 5426	25	68				
西南地区							
石屏县	5. 3080	1	7	弥勒市	2. 4150	4	16
开远市	5. 0508	2	8	什邡市	0. 9012	5	49
个旧市	3. 2115	3	11	屏山县	0. 3387	6	94
西北地区							
宜君县	8. 6752	1	2	石河子市	0. 4806	6	73
北屯市	0. 8433	2	52	大荔县	0. 3506	7	88
西吉县	0. 8319	3	53	麟游县	0. 3483	8	90
眉县	0. 6415	4	61	青河县	0. 3422	9	92
铁门关市	0. 5766	5	65				
华北地区							
永济市	1. 8857	1	26	兴和县	0. 4977	11	71
丰镇市	1. 6774	2	28	临猗县	0. 4611	12	75
夏县	1. 5728	3	29	化德县	0. 4461	13	76
万荣县	1. 3056	4	36	平遥县	0. 4386	14	77
牙克石市	1. 0924	5	41	商都县	0. 4241	15	79
介休市	0. 8303	6	54	察哈尔右翼前旗	0. 3865	16	82
察哈尔右翼后旗	0. 7853	7	55	安平县	0. 3855	17	83
保德县	0. 6821	8	57	察哈尔右翼中旗	0. 3408	18	93
卓资县	0. 6664	9	59	文水县	0. 3382	19	95
凉城县	0. 5004	10	70				
东北地区							
长海县	7. 4121	1	4	大安市	0. 7671	3	56
洮南市	1. 3176	2	35	调兵山市	0. 3221	4	98

乡村产业作为乡村振兴的重要推动力之一，在很大程度上反映了县级政府的乡村振兴成效，是体现县级政府效率的重要指标。由表 5－13 可知，我国县级政府乡村产业全国前 100 名的区域分布具有以下三个特征。

第一，从乡村产业的区域分布数量来看，华东地区县级政府表现最优，中南、华北地区次优，西北、西南和东北地区表现欠佳。在全国排名前 100 名的县级政府中，华东地区有 33 个县级政府、中南地区有 29 个县级政府、华北地区有 19 个县级政府、西北地区有 9 个县级政府、西南地区有 6 个县级政府、东北地区有 4 个县级政府。

第二，从乡村产业排名较靠前的县级政府分布数量及占比看，我国六大地区之间差异较大，具有不平衡性。例如，乡村产业排名全国前 30 名的县级政府中，中南地区有唐河县等 12 个县级政府，约占该地区样本总数（396 个县级政府）的 3.03%；华东地区有嵊泗县等 9 个县级政府，约占该地区样本总数（359 个县级政府）的 2.51%；西南地区有石屏县等 4 个县级政府，约占该地区样本总数（391 个县级政府）的 1.02%；华北地区有永济市等 3 个县级政府，约占华北地区样本总数（289 个县级政府）的 1.04%；西北地区有宜君县 1 个县级政府，约占该地区样本总数（289 个县级政府）的 0.35%；东北地区有长海县 1 个县级政府，约占该地区样本总数（147 个县级政府）的 0.68%。

第三，西南地区和东北地区的县级政府乡村产业发展欠佳。西南地区仅有 6 个县级政府进入全国前 100 名，东北地区仅有 4 个县级政府进入全国前 100 名，反映了这两大区域的县级政府在乡村产业振兴方面存在明显短板，制约了当地乡村振兴效率的提升。

（八）2021 年村居环境排名与分析

村居环境是乡村振兴效率的主要子因素之一，被赋予 0.40 的权重，包括农村改厕个数、农村公路交通、美丽乡村建设 3 个指标。2021 年县级政府村居环境全国前 100 名的标准化值及排名如表 5－14 所示。

表 5－14　2021 年县级政府村居环境全国前 100 名的标准化值及排名

县级政府	标准化值	地区排名	全国排名	县级政府	标准化值	地区排名	全国排名
华东地区							
曲阜市	1.3678	1	5	无棣县	0.9416	19	41
周宁县	1.3573	2	8	泰和县	0.9395	20	49
五莲县	1.3545	3	11	利辛县	0.9394	21	50
玉环市	1.3543	4	12	如皋市	0.9394	21	50
莲花县	1.3535	5	15	共青城市	0.9394	21	50
上杭县	1.3523	6	19	长汀县	0.9393	22	51
德兴市	1.3522	7	20	舒城县	0.9392	23	52
泾县	1.3515	8	23	溧阳市	0.9391	24	53
巨野县	1.3515	8	23	海宁市	0.9391	24	53
婺源县	1.3514	9	24	邹城市	0.9391	24	53
金寨县	1.3512	10	26	太仓市	0.9390	25	54
泰兴市	1.3512	10	26	永安市	0.9390	25	54
岳西县	1.3511	11	27	永春县	0.9390	25	54
长兴县	1.3510	12	28	嵊泗县	0.8616	26	55
临泉县	1.3510	12	28	禹城市	0.8262	27	60
乐清市	1.3509	13	29	阳信县	0.8202	28	67
丹阳市	1.3509	13	29	丰县	0.8199	29	68
德清县	1.3508	14	30	宁津县	0.8187	30	71
瑞安市	1.3507	15	31	齐河县	0.8178	31	75
宜兴市	1.3507	15	31	乐陵市	0.8172	32	77
桐庐县	1.3507	15	31	崇仁县	0.8171	33	78
象山县	1.3507	15	31	上栗县	0.8171	33	78
淳安县	1.3507	15	31	沛县	0.8161	34	86
晋江市	1.3507	15	31	吉安县	0.8159	34	88
建宁县	1.3507	15	31	当涂县	0.8158	35	89
安吉县	1.3506	16	32	新泰市	0.8158	35	89
福安市	0.9420	17	39	会昌县	0.8157	36	90
蒙阴县	0.9420	17	39	郓城县	0.8157	36	90
海安市	0.9419	18	40	青阳县	0.8156	37	91

续表

县级政府	标准化值	地区排名	全国排名	县级政府	标准化值	地区排名	全国排名
金湖县	0.8156	37	91	义乌市	0.815	40	97
昆山市	0.8156	37	91	平阳县	0.815	40	97
霍山县	0.8155	38	92	建德市	0.815	40	97
石台县	0.8155	38	92	桐乡市	0.815	40	97
固镇县	0.8155	38	92	华安县	0.815	40	97
东台市	0.8153	39	94	龙游县	0.8149	41	98
邳州市	0.8153	39	94	启东市	0.8149	41	98
温岭市	0.815	40	97	连城县	0.8149	41	98
永丰县	0.815	40	97				
中南地区							
孟津县	1.3548	1	10	浏阳市	0.8166	15	81
长沙县	1.3538	2	14	兰考县	0.8160	16	87
潜江市	1.3515	3	23	宜阳县	0.8160	16	87
南漳县	1.3513	4	25	蕉岭县	0.8153	17	94
大冶市	0.9425	5	37	光山县	0.8152	18	95
崇阳县	0.9412	6	42	龙门县	0.8151	19	96
临湘市	0.9411	7	43	四会市	0.815	20	97
江陵县	0.9397	8	47	兴宁市	0.815	20	97
荔浦市	0.9396	9	48	阳山县	0.8149	21	98
陆河县	0.9391	10	53	仁化县	0.8149	21	98
融水苗族自治县	0.9391	10	53	南雄市	0.8149	21	98
老河口市	0.8212	11	65	博罗县	0.8149	21	98
通许县	0.8185	12	72	惠东县	0.8149	21	98
石首市	0.8182	13	74	孟州市	0.5395	22	100
中牟县	0.8173	14	76				
西南地区							
修文县	7.4578	1	3	兴义市	1.3508	4	30
蒲江县	1.3539	2	13	富顺县	1.3506	5	32
昌宁县	1.3513	3	25	琼结县	0.9597	6	34

续表

县级政府	标准化值	地区排名	全国排名	县级政府	标准化值	地区排名	全国排名
贞丰县	0.9425	7	37	楚雄市	0.8164	19	83
玉屏侗族自治县	0.9422	8	38	安龙县	0.8162	20	85
泸西县	0.9419	9	40	龙里县	0.8159	21	88
鹤庆县	0.9405	10	46	邛崃市	0.8157	22	90
习水县	0.9394	11	50	罗甸县	0.8157	22	90
朗县	0.9392	12	52	印江土家族苗族自治县	0.8155	23	92
谢通门县	0.9391	13	53	古蔺县	0.8152	24	95
麻江县	0.8320	14	58	福泉市	0.8151	25	96
石林彝族自治县	0.8227	15	62	江口县	0.815	26	97
崇州市	0.8206	16	66	瓮安县	0.8149	27	98
锦屏县	0.8184	17	73	西畴县	0.8149	27	98
雷山县	0.8166	18	81	都江堰市	0.8149	27	98
西北地区							
华池县	9.0568	1	1	商南县	0.9405	11	46
合阳县	1.3605	2	6	昌吉市	0.9397	12	47
兴平市	1.3538	3	14	潼关县	0.8384	13	57
眉县	1.3528	4	16	佛坪县	0.8287	14	59
陇西县	1.3525	5	18	武山县	0.8170	15	79
合水县	1.3519	6	21	扶风县	0.8168	16	80
大荔县	1.3511	7	27	蓝田县	0.8165	17	82
和静县	1.3507	8	31	平利县	0.8165	17	82
石泉县	0.9426	9	36	博湖县	0.8158	18	89
广河县	0.9410	10	44	岐山县	0.8158	18	89
华北地区							
土默特左旗	2.1119	1	4	平泉市	1.3527	5	17
辛集市	1.3589	2	7	清水河县	1.3519	6	21
香河县	1.3570	3	9	阳曲县	1.3519	6	21
昔阳县	1.3543	4	12	五原县	1.3517	6	22

续表

县级政府	标准化值	地区排名	全国排名	县级政府	标准化值	地区排名	全国排名
左权县	1.3512	7	26	任丘市	0.8187	20	71
沁水县	1.3510	8	28	滦州市	0.8185	21	72
伊金霍洛旗	1.3510	8	28	承德县	0.8178	22	75
托克托县	0.9885	9	33	乌审旗	0.8164	23	83
准格尔旗	0.9429	10	35	井陉县	0.8163	24	84
邱县	0.9406	11	45	献县	0.8161	25	86
达拉特旗	0.9397	12	47	隆化县	0.8161	25	86
迁安市	0.9392	13	52	额济纳旗	0.8160	26	87
成安县	0.8553	14	56	阿拉善左旗	0.8159	27	88
赵县	0.8260	15	61	中阳县	0.8157	28	90
宽城满族自治县	0.8226	16	63	河间市	0.8157	28	90
曲周县	0.8214	17	64	武川县	0.8157	28	90
平山县	0.8191	18	69	阿拉善右旗	0.8156	29	91
固安县	0.8189	19	70	巴林右旗	0.8152	30	95
东北地区							
通河县	7.9243	1	2	柳河县	0.9395	6	49
大安市	1.3510	2	28	康平县	0.8158	7	89
东辽县	1.3510	2	28	伊通满族自治县	0.8155	8	92
磐石市	1.3508	3	30	通榆县	0.8154	9	93
富裕县	1.3507	4	31	铁力市	0.8153	10	94
盘山县	0.9396	5	48	东丰县	0.8153	10	94
临江市	0.9395	6	49	双辽市	0.8149	11	98
梅河口市	0.9395	6	49	绥中县	0.5701	12	99

村居环境是反映县级政府乡村振兴效率的重要内容，乡村居住环境直接关系到村民的生活质量及发展效率。“厕所革命”“公路到村”等政策落实都是改善村居环境的良好措施。乡村要振兴，需要持续改善村居环境，实现城乡基本公共设施的均等化。由表 5－14 可知，我国县级政府村居环境全国前 100 名的区域分布具有两个特点。

一是我国县级政府村居环境排名具有三级阶梯分布特征。其中，华东地区县级政府的村居环境最优，该地区有75个县级政府进入全国前100名，约占该地区测度样本数量（359个县级政府）的20.89%，在六大地区中位居第1名，为最优级。华北次之，为次优级，华北地区有36个县级政府进入全国前100名，约占该地区测度样本（289个县级政府）的12.45%。西南、西北、中南、东北地区欠佳，为一般。西南地区有30个县级政府进入全国前100名，约占该地区测度样本（391个县级政府）的7.67%；西北地区有20个县级政府进入全国前100名，约占该地区测度样本（289个县级政府）的7.32%；中南地区有29个县级政府进入全国前100名，约占该地区测度样本（396个县级政府）的6.81%。可见，我国县级政府存在村居环境发展不平衡、村居环境与所在县域经济社会发展程度不太匹配两大问题。

二是我国大部分县级政府村居环境不够理想。本书有关测度村居环境的数据源于县级政府公布的基本信息，包括公布的县长工作报告中有关农村改厕数据、县级政府官网上有关村居环境改善情况的新闻报道。但是大部分县级政府可能因为没有落实好“厕所革命”或者疏于统计农村改厕数量，而没有公布或者更新相关数据，导致农村改厕个数的标准化测度结果不佳，影响最终得分。同时，这一测度结果也说明了县级政府对农村改厕的重视程度不够，亟须加大改进村居环境力度。

（九）2021年村治水平排名与分析

村治水平是乡村振兴效率的主要子因素之一，被赋予0.20的权重，包括乡村振兴政策及机制、村民自治2个指标。由于村治水平排名并列的县级政府数量较多，本书仅公布村治水平并列全国第1名的县级政府（123个）标准化值及排名，如表5－15所示。

表 5－15　2021 年村治水平全国排名并列第 1 名的县级政府（123 个）标准化值及排名

县级政府	标准化值	地区排名	全国排名	县级政府	标准化值	地区排名	全国排名
华东地区							
平阳县	1.591	1	1	平度市	1.591	1	1
乐清市	1.591	1	1	邹城市	1.591	1	1
浦江县	1.591	1	1	汶上县	1.591	1	1
嵊泗县	1.591	1	1	费县	1.591	1	1
共青城市	1.591	1	1	禹城市	1.591	1	1
兴国县	1.591	1	1	平原县	1.591	1	1
婺源县	1.591	1	1	郓城县	1.591	1	1
中南地区							
新密市	1.591	1	1	吴川市	1.591	1	1
通许县	1.591	1	1	新兴县	1.591	1	1
兰考县	1.591	1	1	怀集县	1.591	1	1
孟津县	1.591	1	1	开平市	1.591	1	1
宜阳县	1.591	1	1	连州市	1.591	1	1
卢氏县	1.591	1	1	佛冈县	1.591	1	1
保康县	1.591	1	1	海丰县	1.591	1	1
老河口市	1.591	1	1	五华县	1.591	1	1
建始县	1.591	1	1	鹿寨县	1.591	1	1
咸丰县	1.591	1	1	三江侗族自治县	1.591	1	1
潜江市	1.591	1	1	全州县	1.591	1	1
仙桃市	1.591	1	1	苍梧县	1.591	1	1
常宁市	1.591	1	1	岑溪市	1.591	1	1
洞口县	1.591	1	1	桂平市	1.591	1	1
汉寿县	1.591	1	1	兴业县	1.591	1	1
桑植县	1.591	1	1	北流市	1.591	1	1
桂阳县	1.591	1	1	昭平县	1.591	1	1
永兴县	1.591	1	1	富川瑶族自治县	1.591	1	1
桂东县	1.591	1	1	南丹县	1.591	1	1

续表

县级政府	标准化值	地区排名	全国排名	县级政府	标准化值	地区排名	全国排名
安仁县	1.591	1	1	凤山县	1.591	1	1
江永县	1.591	1	1	忻城县	1.591	1	1
沅陵县	1.591	1	1	象州县	1.591	1	1
芷江侗族自治县	1.591	1	1	宁明县	1.591	1	1
凤凰县	1.591	1	1	龙州县	1.591	1	1
古丈县	1.591	1	1	大新县	1.591	1	1
西南地区							
蒲江县	1.591	1	1	仁怀市	1.591	1	1
简阳市	1.591	1	1	镇宁布依族苗族自治县	1.591	1	1
米易县	1.591	1	1	大方县	1.591	1	1
绵竹市	1.591	1	1	金沙县	1.591	1	1
蓬溪县	1.591	1	1	印江土家族苗族自治县	1.591	1	1
大英县	1.591	1	1	兴义市	1.591	1	1
威远县	1.591	1	1	册亨县	1.591	1	1
夹江县	1.591	1	1	安龙县	1.591	1	1
峨边彝族自治县	1.591	1	1	凯里市	1.591	1	1
营山县	1.591	1	1	三穗县	1.591	1	1
丹棱县	1.591	1	1	镇远县	1.591	1	1
青神县	1.591	1	1	天柱县	1.591	1	1
西昌市	1.591	1	1	锦屏县	1.591	1	1
德昌县	1.591	1	1	福泉市	1.591	1	1
会理县	1.591	1	1	贵定县	1.591	1	1
金阳县	1.591	1	1	平塘县	1.591	1	1
雷波县	1.591	1	1	罗甸县	1.591	1	1
清镇市	1.591	1	1	长顺县	1.591	1	1
绥阳县	1.591	1	1	龙里县	1.591	1	1
湄潭县	1.591	1	1	惠水县	1.591	1	1

续表

县级政府	标准化值	地区排名	全国排名	县级政府	标准化值	地区排名	全国排名
余庆县	1.591	1	1	寻甸回族彝族自治县	1.591	1	1
赤水市	1.591	1	1				
西北地区							
略阳县	1.591	1	1	高台县	1.591	1	1
景泰县	1.591	1	1	环县	1.591	1	1
清水县	1.591	1	1	两当县	1.591	1	1
武山县	1.591	1	1	合作市	1.591	1	1
民乐县	1.591	1	1	尼勒克县	1.591	1	1
临泽县	1.591	1	1				
华北地区							
平泉市	1.591	1	1	祁县	1.591	1	1
寿阳县	1.591	1	1	新巴尔虎右旗	1.591	1	1
东北地区							
彰武县	1.591	1	1				

村治水平是“乡村治理水平”的简称，是指县级政府为促进乡村振兴所颁布的各项政策、实行的治理机制成效，能够衡量县级政府在乡村治理方面的成果，直接体现县级政府效率。分析表 5 – 15，可得出两个论断。

第一，村治水平排名并列的县级政府数量很多。表 5 – 15 中的平阳县、乐清市等 123 个县级政府均并列全国第 1 名；同时，本书暂未对外公开的排在全国第 2 名及以后名次的其他县级政府的村治水平排名并列现象也很普遍。这既反映了各地县级政府普遍重视提升村治水平，又显示出县级政府提升村治水平的效果相当。

第二，各地县级政府的村治水平不均衡，存在很大提升空间。虽然我国县级政府村治水平测度结果较好，但是依然有 34.69% 的县级政府测度结果不佳。这说明我国县级政府在提升村治水平方面还需要多下功夫。同时，研究发现，部分县级政府有关乡村振兴的政策及机制较少，有些县级政府相关政策及机制数量甚至为零，这说明少数县级政府对全面实施乡村振兴战略重视不够、推进不力。另外，在村民自治方面，存在未设或虚设村民委员会等现象，表明县级政府对村民委员会领导、引导和服务不够、不及时，不利于村级组织充分发挥乡村自治作用，影响当地村治水平提升。

因此，不断提升县级政府乡村振兴效率，需要因地制宜地出台、实施相关乡村振兴政策，注重提高村民自治成效，进一步优化村治水平。

第六章 2021年中国地方政府效率提升经验与对策

一　提升省级政府效率的经验与对策

（一）北京市提升政府效率的经验与对策

北京市政府效率一直表现优秀。自从 2011 年《中国地方政府效率研究报告》首次发布以来，北京市政府效率一直位列全国前 10 名，连续 11 年进入中国效率“十高省”，堪称卓越。其直接原因在于该市的政府效率测度因素排名始终位列前茅。比如，尽管 2021 年该市政府效率测度因素排名发生小幅变化，其政府公共服务排名从 2020 年的全国第 1 名下降至 2021 年的全国第 5 名、政府规模排名从 2020 年的全国第 2 名下降至 2021 年的全国第 3 名、居民经济福利排名从 2020 年的全国第 5 名上升至 2021 年的全国第 1 名等，但是，2021 年其政府公共服务、政府规模、居民经济福利等政府效率测度因素排名保持在全国前 5 名；同时，2021 年北京市的政务公开排名也有所提升，从 2020 年的第 14 名升至 2021 年的第 8 名（见表 6－1）。

表 6－1　2020～2021 年北京市政府效率及测度因素排名

指标	政府效率标准化值及排名	测度因素排名			
		政府公共服务	政府规模	居民经济福利	政务公开
权重	1	0.60	0.15	0.10	0.15

续表

指标	政府效率标准化值及排名		测度因素排名			
			政府公共服务	政府规模	居民经济福利	政务公开
名称	标准化值	排名	排名	排名	排名	排名
全国（2020 年）	0.7374	2	1	2	5	14
全国（2021 年）	0.5527	2	5	3	1	8

资料来源：2020～2021 年《中国地方政府效率研究报告》。

北京市政府效率排名持续位列前茅主要得益于其在提升居民经济福利、贯彻落实政务公开、持续优化政府规模等方面的不懈努力，主要表现在以下三个方面。

第一，聚焦基础设施、民生改善等重点领域，推动民生福祉达到新水平。2021 年北京市居民经济福利排名较 2020 年前进 4 位，这与北京市政府着力加强超大城市治理，不断提升城市和谐宜居水平和紧扣“七有”“五性”改善民生，进一步增强人民群众获得感、幸福感、安全感是分不开的。例如，早在 2014 年北京市就开始落实棚户区改造计划，并重视强监管、抓落实，将棚户区改造与全市各区人口规划、土地利用、产业发展一体考虑，同步规划、统筹实施。根据 2020 年 3 月发布的《北京市人民政府办公厅关于印发〈北京市 2020 年棚户区改造和环境整治任务〉的通知》，2020 年北京全市计划棚改项目 115 个，占地面积 7979 公顷，涉及居民达 8686 户。[①] 北京市 2021 年 3 月发布的《北京市 2020 年国民经济和社会发展统计公报》也指出，2020 年全年低收入农户人均可支配收入为 17588 元，比前一年增长 16.8%，增速高于全市居民人均可支配收入 14.3 个百分点。[②]

第二，以服务人民为核心目标，优化政府公共服务。前十年的中国地

① 《北京市人民政府办公厅关于印发〈北京市 2020 年棚户区改造和环境整治任务〉的通知》，北京市人民政府网站，http://www.beijing.gov.cn/zhengce/zhengcefagui/202003/t20200330_1749074.html，2020 年 3 月 30 日。

② 《北京市 2020 年国民经济和社会发展统计公报》，北京市人民政府网站，http://www.beijing.gov.cn/gongkai/shuju/tjgb/202103/t20210312_2305454.html，2020 年 3 月 12 日。

方政府效率研究报告表明，北京市的政府公共服务效率一直保持在全国前5名。2021年，北京市不断改善社会保障服务水平，加大政务、科学技术、教育以及养老等方面的供给和政策扶持力度，比如，2021年北京市科教文卫服务在全国位列第2名。2020年北京市人民政府办公厅印发《关于加快推进养老服务发展的实施方案》的通知，对基本养老制定了服务清单，统一了服务标准，还对居家养老进行了探索，实行“物业服务+养老服务”等形式多样的养老服务。[①] 同时，北京市科教文卫服务也处于较优水平。“十三五”期间，北京市大幅增加学前教育投入、新增学位23万个，新建及改扩建中小学校126所，加大高校“双一流”建设支持力度；医药分开、医耗联动综合改革成效显著，居民医药负担进一步减轻；构建“三边四级”就近养老服务体系，社区养老服务驿站从无到有累计建成运营1000余家。[②] 针对企业开办难、准入易退出难、融资贵融资难、科技文化企业创新发展难等一系列问题，《北京市优化营商环境条例》于2020年4月28日起施行，对各类市场主体一视同仁，提高对中小企业信贷规模和比重，政务服务告别“其他”等兜底条款，遇突发事件政府提供救助补贴，为企业“硬核”护航，为北京优化营商环境改革再“提速”。

第三，创新政府服务模式，建设阳光政务。北京市以首都治理体系和治理能力现代化为着力点，全面执行《中华人民共和国政府信息公开条例》。2020年以来，北京市统筹新冠肺炎疫情防控和经济社会发展，坚持精准施策、改革创新，围绕首都“四个中心”功能建设，以及“两区”建设等政策发布，强化重点领域、重点部门和关键环节动态公开，围绕企业群众关注热点“公众点菜、政府端菜”，深化网站、广播、电视、移动互联网全媒融合，不断提升政府信息公开服务的智能性和友好性。2021年4

---

① 《北京市人民政府办公厅印发〈关于加快推进养老服务发展的实施方案〉的通知》，北京市人民政府网站，http://www.beijing.gov.cn/zhengce/zhengcefagui/202005/t20200522_1906324.html，2020年5月22日。

② 《2021年政府工作报告》，北京市人民政府网站，http://www.beijing.gov.cn/gongkai/jihua/zfgzbg/202102/t20210201_2249908.html，2021年2月1日。

月2日发布的《北京市政务公开领导小组办公室关于印发〈北京市2021年政务公开工作要点〉的通知》指出，要抓全过程公开，进一步提升公开信息“含金量”；抓全链条管理，进一步提升政务公开标准化；抓全环节规范，进一步提升配套制度保障力。① 另外，北京市还推出“国际科技创新中心建设”“两区”建设信息公开等五方面政府重点工作信息公开系列专题，推行五项政策公开服务，推进五个环节政务公开基础管理，充分发挥政务公开促落实、促服务、促规范作用。

（二）四川省提升政府效率的经验与对策

研究表明，2021年四川省政府效率表现优秀，进入中国效率“十高省”，并位居省级政府效率榜单第8名。2021年，该省政府效率从2020年的全国第17名攀升至2021年的全国第8名，大幅前进了9位。其直接原因在于该省政府效率测度因素中政府规模及政务公开的卓越表现。其中，政府规模从2020年的全国第23名大幅跃进到2021年的全国第6名；政务公开排名从2020年的第16名提升至2021年的第2名（见表6－2）。

表6－2 2020～2021年四川省政府效率及测度因素排名

指标	政府效率标准化值及排名		测度因素排名			
			政府公共服务	政府规模	居民经济福利	政务公开
权重	1		0.60	0.15	0.10	0.15
名称	标准化值	排名	排名	排名	排名	排名
全国（2020年）	－0.0862	17	11	23	25	16
全国（2021年）	0.1017	8	11	6	20	2

资料来源：2020～2021年《中国地方政府效率研究报告》。

四川省政府效率排名大幅度提升的原因在于该省近年来在优化公共服

① 《北京市政务公开领导小组办公室关于印发〈北京市2021年政务公开工作要点〉的通知》，北京市人民政府网站，http://www.beijing.gov.cn/zhengce/zhengcefagui/202104/t20210401_2342827.html，2021年4月2日。

务、建设阳光政务、实现政务公开、促进居民经济福利等方面采取的有效举措，集中表现在三个方面。

第一，着力优化政府公共服务，推进区域经济社会高质量发展。2020年以来四川省更加重视公共服务。首先，四川省不断提高社会保障服务水平，为更好保障企业职工的养老保险，四川省人民政府印发了《四川省人民政府关于规范企业职工基本养老保险省级统筹制度的通知》，以求“实现以政策统一为基础、以基金省级统收统支为核心、以基金预算管理为约束、以信息系统和经办管理为依托、以基金监督为保障的规范的省级统筹，均衡省内各地养老保险基金负担，确保企业离退休人员基本养老金按时足额发放”[①]。其次，为推动四川省的经济发展服务，四川省强力推动成渝地区双城经济圈建设。其秉承“一家亲”理念、强化“一盘棋”思想，与重庆建立多层次、常态化合作机制，先后出台10个工作方案和政策文件。成达万高铁等27个川渝共同实施的重大项目开工建设，成渝高铁实现1小时直达，成资渝高速公路（四川段）建成通车，渝昆高铁、泸州至永川高速公路加快建设，成渝中线高铁、渝西高铁、成渝高速公路扩容前期工作加快推进。不仅设立各大新区规划建设万达开川渝统筹发展示范区等毗邻地区合作平台，还相应制定了区域基本公共服务标准，使95项川渝通办事项实现异地办理，成渝实现公交轨道“一码”通乘，两地群众交往交流更加便捷。[②]

第二，紧紧围绕经济社会发展和群众关切，大力提升政务公开水平。表6－2显示四川省政务公开的全国排名由2020年的第16名升至2021年的第2名，这主要得益于该省采取的三个方面措施：一是“坚持全面推进，主动公开实效有力提升”“坚持依法办理，依申请公开持续优化”；二

① 《四川省人民政府关于规范企业职工基本养老保险省级统筹制度的通知》，四川省人民政府网站，http://www.sc.gov.cn/10462/zfwjts/2020/11/24/777f3d8744404d7a97ce182656623102.shtml，2020年11月23日。

② 《2021年四川省人民政府工作报告》，四川省人民政府网站，http://www.sc.gov.cn/10462/c105962/2021/2/5/7124b99320b0457f98d483a30ef61199.shtml，2021年2月5日。

是进一步完善工作机制，明确政府信息依申请公开的受理主体、受理方式、登记内容、审查重点、答复要件、归档材料等事项，规范申请处理工作；三是完善多部门协商机制，加强与复议、审判机关衔接沟通，研究疑难申请处理、法律适用和裁判尺度问题，坚持统一标准，切实加强政府信息管理。另外，全省各地各部门（单位）按照统一名称、统一格式，完成政府信息公开专栏建设，优化栏目页面设置，坚持规范监管，保障公开平台建设健康有序。2021 年四川省 924 个政府网站在运行，省级政府网站集约化平台不断优化，44 个省直部门（单位）迁移到集约化平台，坚持指导督促，进一步强化公开机制保障。全省各地各部门（单位）依法确定 1 名负责同志，履行政务公开工作领导职责，实行备案管理。①

第三，持续增进民生福祉，重视改善居民经济福利。2020 年以来，四川省人民政府统筹做好重点群体就业工作，城镇新增就业人员 96.2 万人，城镇调查失业率为 5.8%。为切实保障困难群众基本生活，将全省 442 万名困难群众纳入城乡低保；新改建农村公路 1.6 万公里，具备条件的乡镇和建制村全部通客车；扎实推进城乡环境综合整治，全省城市污水和生活垃圾无害化处理率分别达 95.2%、99.8%，农村卫生厕所普及率达 86%；建设城乡公办幼儿园 662 所，随迁子女接受义务教育超 80 万人；推进疾病防控救治能力提升三年行动，为 8000 多万名城乡居民提供 12 类基本公共卫生服务。同时，四川省注重推动文化事业文化产业繁荣发展。“十三五”期间，建成城乡现代公共文化服务体系，其中公共图书馆 207 个、文化馆 207 个、博物馆 292 个、乡镇（街道）综合文化站 4225 个，“三馆一站”全部免费开放。《中国机长》《彝海结盟》等各艺术门类精品力作不断涌现，巴蜀文化传承和遗产保护成效明显；建成 185 个县级融媒体中心，基本实现电视户户通、广播村村响；推进文旅深度融合发展，文化产业增加

① 《四川省 2020 年政府信息公开工作年度报告》，四川省人民政府网站，http://www.sc.gov.cn/10462/10778/10876/2021/3/30/a74b01802d504a2293f9577e5fe7c960.shtml，2021 年 3 月 30 日。

值年均增长 12.7%，5A 级景区达 15 家。[①] 四川省通过采取一系列有效措施满足人民日益增长的美好生活需要，大力提升居民经济福利，极大提升政府效率水平。

二　提升地级市政府效率的经验与对策

（一）珠海市提升政府效率的经验与对策

研究表明，珠海市政府效率表现卓越，在中国地级市政府效率排行榜中连续多年位列前茅。自 2014 年测度地级市政府效率以来，该市均进入中国效率“百高市”榜单且连续 6 年位于该榜单前 10 名。同时，该市政府效率测度因素中政府规模、居民经济福利、政务公开及政府公共服务也表现出色（见表 6－3）。

表 6－3　2020～2021 年珠海市政府效率及测度因素排名

指标	政府效率标准化值及排名		测度因素排名			
			政府公共服务	政府规模	居民经济福利	政务公开
权重	1		0.60	0.15	0.10	0.15
名称	标准化值	排名	排名	排名	排名	排名
全国（2020 年）	1.0332	3	2	6	12	－
中南地区（2020 年）	1.0332	3	2	4	2	－
全国（2021 年）	1.1690	2	11	2	16	13
中南地区（2021 年）	1.1690	2	4	2	4	5

资料来源：2020～2021 年《中国地方政府效率研究报告》。

珠海市政府效率连续 8 年进入全国地级市政府效率“百高市”榜单。其原因在于多年来珠海市高度重视政府公共服务，多措并举保障经济平稳

① 《2021 年四川省人民政府工作报告》，四川省人民政府网站，http://www.sc.gov.cn/10462/c105962/2021/2/5/7124b99320b0457f98d483a30ef61199.shtml，2021 年 2 月 5 日。

运行，推动数字化政府建设，加大培育科技创新能力等，不断主动作为。这主要表现在四个方面。

第一，坚持以人民为中心，不断提升公共服务水平。2020 年珠海市社会保障水平不断提高，安排九大类民生支出 462.04 亿元，比上年增长 5.9%，占地方一般公共预算支出的 68.2%。该市最低生活保障、特困供养人员基本生活保障、孤儿基本生活保障补贴标准分别提高至 1100 元/（月・人）、1760 元/（月・人）、1982 元/（月・人）。促进教育优质均衡发展，完善义务教育经费保障机制，扩大和优化基础教育学位供给。截至 2020 年年末，全市共有各级各类普通学校（包括幼儿园）604 所，比上年增加 20 所。招生 15.46 万人、在校生 55.47 万人、毕业生 13.19 万人，分别比上年增长 5.0%、4.2%、1.6%；全市各级财政当年共安排 12 年免费义务教育补贴资金 3.79 亿元，惠及全市 197 所学校的共 25.07 万名学生。坚持立德树人，提升学生身心健康水平和艺术素养，培养创新思维、劳动意识和服务精神；打造高素质专业化创新型教师队伍，积极推进中小学教师职称制度等改革，实施中小幼教师学历提升计划，小学、初中、普通高中的专任教师学历达标率分别为 99.56%、99.98%、99.53%。① 加快高水平医院建设，完善医疗服务体系。2020 年开工建设市人民医院北二区科研综合楼主体工程、广州医科大学附属第一医院横琴医院，全市新增公立医院床位 1567 张。截至 2020 年年底，珠海全市共有社区卫生服务中心（镇卫生院）28 家、社区卫生服务站（农村卫生服务中心）258 家、家庭医生服务团队 384 个，重点人群与家庭医生服务团队签约率达 72.36%，打造“十五分钟医疗服务圈”。② 加强和创新社会治理，建立现代化社会治理体系。2020 年珠海市建成 4 个基层社会治理镇街试点和 46 个城乡社区示范点。城乡社

① 《2020 年珠海市国民经济和社会发展统计公报》，珠海市人民政府网站，http://www.zhuhai.gov.cn/attachment/0/255/255819/2746642.pdf，2021 年 3 月 26 日。

② 《珠海市 384 个家庭医生团队打造“十五分钟医疗服务圈”》，“珠海特区报”百家号，https://baijiahao.baidu.com/s?id=1694625356361172689&wfr=spider&for=pc，2021 年 3 月 19 日。

区综合服务平台实现全覆盖。斗门区新时代文明实践中心入选全国试点。升级珠海“平安+”市域社会治理指数。建立出租屋市、区、镇（街）三级管理机制。推进退役军人服务管理保障“五大工程”，实现全国双拥模范城“九连冠”。安全生产形势总体稳定。大力监管食品药品安全，建成香洲食品集中加工中心，学校食堂实现“互联网+明厨亮灶”全覆盖。完成35处地质灾害隐患点治理，并建成12宗水利防灾减灾工程。深入开展“六清”专项行动，推动扫黑除恶常态化、制度化。纵深推进“飓风”行动，全市违法犯罪警情下降13.8%。①

第二，加快构建现代产业体系，着力促进经济平稳运行。珠海市出台扶持实体经济发展“1+N”等系列政策措施，实施工业企业培育“十百千计划”，推进珠江西岸先进装备制造产业带建设，打造智能制造示范基地，加快构建五大千亿级产业集群，先进制造业、高技术制造业增加值占规模以上工业增加值比重分别达58.2%、30.9%。现代服务业增加值占地区生产总值比重达36.9%，金融机构人民币各项存款余额从5145亿元增加到9199亿元。② 为全力恢复新冠肺炎疫情防控常态化背景下的生产生活秩序，及时推出“暖企十条”、“复工复产十条”、稳增长“1+7”等政策措施，科学有序推进复工复产复商复市。发挥投资关键支撑作用，实施重点项目挂图作战，推动543个年度重点项目扩容提速。不断促进消费回补和潜力释放。发放消费券1亿元，直接拉动消费5.4亿元；华发商都、富华里入围省级示范性步行街和商圈，优特广场等商业综合体建成开业。出台支持文化旅游体育行业发展的政策措施，2020年接待过夜游客超1000万人次。多措并举稳外贸、稳外资。用好出口退税、出口信保、不可抗力事实性证明等工具，最大限度减少外贸实体企业由疫情带来的损失。推进跨境贸易便利化，推动口岸通关“提效率、减单证、优流程、降成本”。打造跨境

① 《2021年珠海市人民政府工作报告》，珠海市人民政府网站，http://www.zhuhai.gov.cn/gkmlpt/content/2/2726/post_2726841.html#1640，2021年2月9日。

② 《2021年珠海市人民政府工作报告》，珠海市人民政府网站，http://www.zhuhai.gov.cn/gkmlpt/content/2/2726/post_2726841.html#1640，2021年2月9日。

电商公共服务平台，建成5处跨境电商零售进出口监管作业场所，跨境电商进出口总货值达34.5亿元，增长3倍。积极扩大利用外资，新设立外商投资企业2624家，实际利用外资178亿元。落实积极有为的财政政策。2020年继续牢固树立过紧日子思想，“三公”经费下降17.4%，将有限的财力优先用于民生保障，获得新增政府债券、抗疫特别国债和特殊转移支付资金128.7亿元，重点投向交通、产业园区、生态环保等领域。加大基层“三保”力度，市级一般公共预算收入的37.1%转移支付到各区。

第三，推动“数字政府”改革建设，深化政务服务体制改革。珠海市将先进技术应用于“数字政府”建设中，2020年4月，首次运用区块链技术完成“华发未来城悦花园工程造价咨询”项目招标，使项目全程可追溯、透明可监管、数据可共享，企业造假违规可能性大大降低，交易过程更具公信力、交易监管更有效力。珠海市还创新“人工智能+政务服务”融合模式，探索“秒批”服务改革，实行网上申请、自动审批、在线签发等秒批办理，涵盖机动车行驶证补换领、高校毕业生接收报到、租房提取公积金、出生医学证明签发等230项业务。以办理高校毕业生报到为例，申请人只需在网上提交申请，系统便会自动核验“电子报到证”等证照资料，数秒内“系统自核”即可显示办事结果。珠海市还大力夯实数字基座，建设政务大数据中心、云网安全运管体系、搭建数字化支撑能力平台，持续提升政府数字化发展的支撑能力。珠海在珠三角地区率先把“数字政府”政务云平台纳入省统一管理，在全省创新推出国产化政务云平台，率先探索多云管理平台，实现异构云的兼容纳管。同步部署安全态势感知系统，实时监测分析政务外网高危威胁，两个月内发现互联网中的威胁事件30万次，高危事件8万次，为各政府部门提供了安全稳定可靠的基础网络。在政务大数据方面，珠海以公共数据资源的治理和应用为抓手，率先建立广东省政务大数据中心珠海分节点，建立起集规划、登记、流通、评估、应用于一体的现代化数据治理体系，初步建成人口库、法人库、社会信用信息库、自然资源和地理空间库和电子证照库，部门数据共享交换21.04亿次，精简办事材料50%以上，减少提供150类证照。[①] 通过打造数据融创中心，政企合作建设移动终端大数据联合实验室和卫星时空大数据联合实验室，完善了城市治理基础数据库，助力于政府的科学决策。

第四，实施创新驱动发展战略，提高自主创新能力和实力，有效促进地方治理现代化建设。珠海市积极参与“两点两廊”建设，大力创建珠三角国家自主创新示范区。高新技术企业超2200家，全市研发经费支出占地区生产总值比重为3.15%。截至2020年年底，全年专利授权量为24434件，同比增长28.8%，其中发明专利授权量为4362件，同比增长31.1%。每万人口发明专利拥有量达到91.5件，涌现出世界最大两栖飞机AG600等一批创新成果。中山大学“天琴计划”、南方海洋科学与工程省实验室（珠海）、国家新能源汽车质检中心在珠海布局，横琴先进智能计算平台投入使用，澳门4所国家重点实验室在横琴设立分部，国际互联网专用通道开通。科技创新发展指数进入全国十强，高新区获评全国大众创业万众创新示范基地。完善科技创新政策体系，出台港澳科技创新合作、专项资金管理等配套措施。新建国家级博士后科研工作站2个、粤港澳联合实验室2个。4个项目获国家科学技术奖，14个项目获省科学技术奖，8个项目入选省重大科技专项。深入落实“珠海英才计划”，新引进人才5.6万名、创新创业团队22个。[②]

（二）杭州市提升政府效率的经验与对策

测度结果表明，2021年杭州政府效率提升明显、表现优秀，进入中国地方政府效率“百高市”。如表6－4所示，杭州市政府效率从2020年的华东地区第13名、全国第20名上升到2021年的华东地区第4名、全国第7名，是我国地级市政府效率的优秀典型。这一优异成绩的取得，得益于杭

---

① 《珠海发布“数字政府”改革创新十大成果》，“潇湘晨报”百家号，https://baijiahao.baidu.com/s?id=1685658907883680998&wfr=spider&for=pc，2020年12月10日。

② 《2021年珠海市人民政府工作报告》，珠海市人民政府网站，http://www.zhuhai.gov.cn/gkmlpt/content/2/2726/post_2726841.html#1640，2021年2月9日。

州市政府在加强公共服务能力建设、着力增进民生福祉、坚持实施全方位深层次创新战略、推进数字化政府转型工作等方面的主动作为及有效措施。

表 6－4 2020～2021 年杭州市政府效率及测度因素排名

指标	政府效率标准化值及排名		测度因素排名			
			政府公共服务	政府规模	居民经济福利	政务公开
权重	1		0.60	0.15	0.10	0.15
名称	标准化值	排名	排名	排名	排名	排名
全国（2020 年）	0.4793	20	27	209	3	132
华东地区（2020 年）	0.4793	13	14	65	3	45
全国（2021 年）	0.7402	7	5	325	6	39
华东地区（2021 年）	0.7402	4	2	73	5	20

资料来源：2020～2021 年《中国地方政府效率研究报告》。

第一，进一步提升公共服务能力。2021 年杭州市政府效率获得全国地级市第 7 名（比 2020 年前进了 13 名）的良好成绩与该市致力于加强公共服务能力建设紧密相关。近年来，杭州市把互联网技术充分引入城市社会治理和公共服务体系建设，使人民群众的生产生活更加便捷高效，获得感、幸福感、安全感显著增强，成为全国唯一一个连续 13 年获得“中国最具幸福感城市”殊荣的城市。据统计，2020 年全市实现地区生产总值 16106 亿元，比 2013 年增长 93.04%。地方一般公共预算收入从 2013 年的 945.2 亿元增长至 2020 年的 2093.4 亿元，增长 121.48%。2020 年全年全市居民人均可支配收入达 61879 元，比 2013 年增长 57.13%。居民人均消费支出从 2013 年的 24833 元上涨至 2020 年的 38235 元，增长率达 53.97%。2020 年城镇新增就业人员 69.05 万人，比 2013 年增长 45.86 万人。最低工资标准由 2013 年的 1650 元/月提高至 2020 年的 2010 元/月，最低生活保障标准由 2013 年的 660 元/月提高至 2020 年的 1102 元/月。[①] 此外，杭州

① 《2020 年杭州市国民经济和社会发展统计公报》，杭州市人民政府网站，http://www.hangzhou.gov.cn/art/2021/3/18/art_805865_59031363.html，2021 年 3 月 18 日。

市高标准推进生态文明建设。该市出台《新时代美丽杭州建设实施纲要2020—2035年》，全面推进8大类49项任务落地。修复“三江两岸”生态岸线174公里。建成和改造绿道597公里，新增绿地面积776.5万平方米，造林5.7万亩，全市森林覆盖率达66.9%。基本完成第一轮中央生态环保督察问题整改，杭州临江环境能源工程项目建成投运，天子岭填埋场关停，全市原生生活垃圾全部实现零填埋。完成第二轮中央生态环保督察迎检并按要求整改问题。打好治气治水治废组合拳。实施$PM_{2.5}$和臭氧“双控双减”行动，市区$PM_{2.5}$平均浓度下降21%，臭氧浓度下降16.6%。建成“美丽河湖”23个、“污水零直排”生活小区1153个，新建改造污水管网149公里，市控以上断面水质达到或优于Ⅲ类比例同比上升3.8个百分点。建成市第三固废处置中心，易腐垃圾设施化处理实现县市全覆盖。梳理近年来杭州公共服务发展状况，可以发现杭州基本公共服务体系持续完善，多项社会事业发展成绩斐然，美好教育建设深入推进，健康杭州渐成示范，创新能力进一步提高，居民满意度、获得感进一步增强。以“最多跑一次”改革撬动各领域改革①，建设公共服务型政府，着力打造“移动办事之城”，让市民享受到更便捷、更高效、更优质的公共服务。在全市范围内票决十大民生实事，通过开办“湖滨晴雨”工作室，畅通“民意直通车”等，收集民情民意，把握百姓需求，成为“以民主促民生”的典范。积极吸引社会组织等专业力量参与提供公共服务资源，政府购买社会服务规范化程度逐步提高。

第二，着力增进民生福祉，持续增强居民满意度。2020年杭州市政府工作报告指出，杭州要奋力在浙江省打造“重要窗口”中走在前、做示范，提出要着力增进民生福祉，持续增强群众获得感。要从加强民生保障、深化“美好教育行动”、健全公共卫生体系三个方面优化公共服务供给。社会管理格局基本形成，更加优质、布局均衡的城乡公共服务体系基

① 《杭州：“最多跑一次”改革向公共服务领域延伸》，“人民网”百家号，https://baijiahao.baidu.com/s?id=1674170917141677510&wfr=spider&for=pc，2020年8月5日。

本建成，人民群众获得感空前增强。在教育、养老、医疗、住房、就业和文化等公共服务事项方面形成了明显的特色和亮点。比如，在教育方面，杭州持续推动“美好教育”建设，学有优教取得重大进展，教育重要领域、关键环节改革取得重大突破，人民群众关心的教育热点难点问题得到及时有效解决，资源充裕、公平开放、选择多元、质量一流，德智体美劳全面培养的现代基础教育体系初步形成。在养老方面，出台《杭州市居家养老服务条例》，推进以居家为基础、社区为依托、机构为补充、医养融合的养老服务体系建设，着力建构协同联动、社会力量参与的养老事业发展格局，取得显著成效。在医疗方面，推动健康杭州建设，打造“健康中国示范区”，借助信息化手段创新发展智慧医疗，彻底颠覆传统的诊疗流程，建成覆盖全市的卫生信息平台，让人民群众享有更强健康获得感。在住房方面，初步构建起公共租赁住房、蓝领公寓、人才专项住房、集体建设用地租赁住房等新住房保障体系，在国内最早推出蓝领公寓，加大商品房配建公租房力度。持续开展危旧住房改造和老旧社区更新。在就业方面，着力构建政策、人才、平台、资本和环境“五位一体”的双创生态体系，全力打造双创升级版，跃升为仅次于“北上广”的全国创业“第四极”。2018 年，杭州人才净流入率、海归人才净流入率居全国首位。在文化方面，在城市打造社区文化家园品牌，构筑城市居民精神文化家园，在农村扎实推进文化礼堂建设，搭建群众综合文化活动平台。

第三，坚持实施全方位深层次创新战略。近年来，锚定打造人才生态最优城市的目标，杭州人才生态不断优化，科技创新要素充分集聚，数字经济等新兴产业发展一日千里。2020 年，杭州市人才引进逆势增长，互联网人才净流入率居全国第一。以“人才引领”计划打造高质量发展的强劲动能。[①] 该计划充分整合 30 余项政策，着力打造全生命周期创业创新生态系统，从生活补助、租房补贴到购房安置、融资保障，政策精准、务实。截

① 《杭州：人才引领未来 创新驱动发展》，“杭州日报”百家号，https://baijiahao.baidu.com/s? id = 1678126672880876510&wfr = spider&for = pc，2020 年 9 月 18 日。

至2020年6月月底，杭州市各类企业通过市“115”引智计划引进能突破关键技术、带动产业发展的外国人才2000余名，推动1200余项技术创新。在引才政策仍在不断加码、人才服务能级不断提升的背景下，杭州人才结构日益多元，人才生态更加优化。目前，杭州全市人才总量达276.7万名，累计认定高层次人才2.2万名。互联网人才净流入率居全国第1位。此外，杭州市还在积极构建高端创新要素集聚地。2020年，杭州深入推进国家自主创新示范区建设，开展基础研究和关键核心技术联合攻关，积极培育5G生态、新一代人工智能、量子通信等未来产业，努力成为全省乃至全国科技和产业创新的开路先锋。以当下最热门的创新领域——人工智能为例，杭州成为继北京、上海之后批复的第三批国家新一代人工智能创新发展试验区之一。据统计，2020年上半年，杭州实现高新技术产业增加值1030.9亿元，同比增长4.7%，高新产业投资增速达19.4%，比固定资产投资增长高15.7个百分点；全市有独角兽企业31家、准独角兽企业142家，企业总估值超3100亿美元，企业数量排全国第3位、总估值排全国第2位；中科国家技术转移中心在杭州落地，新增国家备案众创空间24家，新增量在全国副省级城市中排第1位。另外，在2020年全国抗疫的特殊时期，杭州市为打赢防疫攻坚战贡献了科技支撑。比如，迪安诊断自主研发的新冠病毒核酸检测试剂，把检测时间缩短到3.5小时内，极大地助力了疫情防控；阿里巴巴达摩院团队在疫情发生后3天内开发出健康码引擎，成为数千万人工作生活的通行证，为全国抗疫提供了精密智治的浙江方案。

第四，推进数字化政府转型工作。2020年杭州市政府数字化转型工作取得显著成效。[①] 杭州市“互联网+政务服务”走在全国前列。政务服务2.0第一批上线事项1017项。形成了移动优先、个人固定端辅助、自助端补充、实体大厅端兜底的“四端”政务服务模式。41个“一件事”主题服务全面实现“网上办”、“掌上办”和“一窗办”。国办“互联网+监

---

① 《杭州召开政府数字化转型工作推进会》，数字中国建设峰会网站，http://www.szzg.gov.cn/2020/szzg/gzdt/202010/t20201030_5425529.htm，2020年10月26日。

管”第三方能力评估4个主要指标完成情况位于全省前列。机关内部办事系统已上线部门61个、事项582个，“网办率”达100%。2020年2月11日，杭州率先推出健康码，在全市疫情防控以及保障复工、复产、复学等方面发挥了极为重要的作用。截至2020年9月30日，杭州健康码累计申领2964万个，市民使用健康码累计39.57亿次。通过省、市公共数据开放平台，向37个应用场景开放健康码接口，累计调用8.3亿次。在保障复学方面，学校验证健康码累计刷卡量达3.1亿次。“亲清在线”服务并联秒办。2020年3月2日，杭州以“12条”惠企政策“码”上兑现为切入口，上线“亲清在线”数字平台。通过业务流程再造、数据在线协同实现一键直达，更精准、更直接地为企业主动提供服务，实现“三服务在线常态化”，构建“亲清在线”新型政商关系数字平台。截至2020年9月月底，上线政策共252条，累计兑付金额55.7亿元，兑付企业26.4万家。应用场景深度挖掘成效显著。“舒心就医”应用使用率达89.54%；“先离场后付费”接入场库数3476个，使用率27.09%；“30秒入住”覆盖酒店505家，累计使用408万人次；30个拥堵路口“延误指数”均值由1.81降至1.65。不断探索数据开放创新应用。2020年，杭州市累计汇聚51个部门、4391张表、7万个字段、1528亿条数据；发布接口服务1558个，调用29.87亿次；发布页面查询服务312项，累计提供查询服务706万次。建设数据开放平台，开放数据集640个，数据开放接口532个，下载4.7万次，接口调用1.8万余次。数据开放大赛4支队伍入围浙江省35强。

三　提升县级政府效率的经验与对策

（一）宁海县提升政府效率的经验与对策

研究表明，宁海县政府效率近年来全国排名比较靠前，并且2021年排名提升很多。2021年该县政府效率排名较2020年提高46位，从2020年的全国第49名上升至2021年的全国第3名，成为我国县级政府效率的优秀典型（见表6－5）。

表6－5　2020～2021年宁海县政府效率及测度因素排名

指标	政府效率标准化值及排名		测度因素排名				
			政府公共服务	政府规模	居民经济福利	政务公开	乡村振兴效率
权重	1		0.55	0.15	0.10	0.10	0.10
名称	标准化值	排名	排名	排名	排名	排名	排名
全国（2020年）	0.6664	49	81	864	26	1	539
华东地区（2020年）	0.6664	36	38	277	26	1	151
全国（2021年）	2.3847	3	5	9	25	47	370
华东地区（2021年）	2.3847	2	3	4	24	37	110

资料来源：2020～2021年《中国地方政府效率研究报告》。

表6－5显示，2021年宁海县表现优秀。其政府效率从2020年华东地区第36位、全国第49位跃升至2021年华东地区第2位、全国第3位。取得这一巨大进步的原因在于2020年该县政府效率测度因素中政府公共服务、政府规模和乡村振兴效率等方面明显好转。例如，该县政府公共服务从2020年全国第81位跃升至2021年全国第5位；政府规模进步最为显著，从2020年全国第864位跃升至2021年全国第9位；乡村振兴效率从2020年全国539位跃升至2021年全国第370位。

宁海县2021年政府效率表现优异得益于当地政府推出发展优质、治理优越的“双优”宁海战略，以及推进“四大革新”的宁海方案，并落实“一个龙头、两大中心、三大创新、四大领域”十项重点工作。《2020中国县域高质量发展报告》发布县域高质量发展100强，宁海从全国1440个县和自治县中脱颖而出，排名第8位，居浙江省33个县首位。可见，宁海县在推进县域治理现代化方面卓有成效，主要表现在以下三个方面。

第一，切实优化公共服务，持续推进县域治理现代化。2020 年，宁海县新增财力 70% 以上用于民生改善；实施“百千万”富民工程，城乡居民收入比持续缩小，家庭人均年收入 6000 元以下贫困现象全面消除；首创将村级小微权力清单 36 条写入中央一号文件；在全国率先推行县、乡两级政府实事工程代表票决制，并在全省市、县、乡三级全面推行。首先，在科教文卫服务方面，一是深化教育领域综合改革。抓好名优师资五年倍增计划，加快公民上学“一件事”改革；规范校外培训和各类“进校园”活动；启动桃源二中、前童中心小学、城西幼儿园等新建项目，完成县中心幼儿园建设、城中小学改扩建一期等工程，投用县老年大学。二是深化“六医统筹”改革。加强特色专科培育，改造第二医院总院，投用县妇幼保健院保健楼，开工建设县精神康复中心，开展国家级农村儿童早期发展服务试点；合并医疗保险与生育保险，扩大跨省就医直接结算范围。三是深化文化领域改革。引导和扶持文艺精品创作，推动农村文化礼堂建管用育一体化，促进文化惠民活动多样化；倡导全民运动，启动建设气象公园、毛家山公园，提升改造柔石公园，规划建设城区慢行系统，构建 15 分钟健身圈。其次，在社会保障服务方面，一是强化养老保障，妥善运营县老年公寓、长街敬老院一期，启动桥头胡养老院迁建工程，做好老年助餐服务，养老保险参保率达到 97%，区域性居家养老服务中心实现乡镇（街道）全覆盖。二是多措并举稳就业，开展职业技能提升行动，加大援企稳岗力度，精准帮扶重点群体创业就业，狠抓欠薪治理，创成“无欠薪”县。三是聚力精准脱贫，加快县内重点扶持区域提升发展，启动新一轮村级集体经济攻坚行动，健全特困人员救助供养制度，低收入农户可支配收入增长 10% 以上。最后，在政务公开方面，不断完善政务公开机制，以机构改革为契机，新设立智慧政务科、政务新媒体中心，推行主动公开“日日清”、网站更新“季季测”，按照“监测前提醒、监测后整改、整改后复测”流程，有力推动政务公开主动发布的规范化进程；在宁海县行政服务中心建设 7 天 ×24 小时政务公开体验区——宁海县 168“e”站；以“浙江政务服务网”“浙里办”为依托，全方位建立互通平台，进一步健全服务功能。宁海县“建机制拓渠道扎实推进基层政务公开”经验做法首次获国务院办公厅肯定，向全国交流推广。

第二，多措并举发展经济，推进产业战略能级提升。2020年宁海县新增各类市场主体13870户，民营经济增加值占地区生产总值比重为76.3%，社会消费品零售额同比增长1.3%，跨境电商出口额达9.2亿美元，增长32.4%。[①] 取得这样的成绩得益于宁海县做出的以下努力。一是扩大有效投资增强经济活力。宁海县全力推进金色慧能、十里红妆小镇、雅彩等签约项目，推行投资项目“容缺受理”“先行审批”模式，提高项目审批效率。2020年该县固定资产投资上报完成182.7亿元，共计8个项目被列为省重点建设工程，23个项目被列为市重点工程。126个新建重点实事工程中80个已开工建设。二是多措并举发展数字经济。加快推进产业数字化转型，以智能化改造诊断服务成果为基础，对行业龙头企业加快打造智能生产线、智能生产车间乃至智能工厂；加快推进数字经济重大项目建设，重点推进得力微机电芯片数字化车间、东方日升太阳能电池组件生产线、吉德电器洗衣机数字化车间等项目，提升数字经济支撑能力。三是打造一流营商环境。宁海县进一步深化“放管服”和“最多跑一次”改革，会同大数据中心加快政务服务建设，全面推进政务服务2.0建设，促使网上受理率达到80%；推进商事登记便捷化，实现“证照分离”改革全覆盖，实现企业开办一个环节一日办结；各环节事项全面共享实名验证信息，确保一次验证、全程复用，避免重复采集；完善“企业开办全程网上办”平台功能，确保申请人仅需登录政务服务网“企业开办全程网上办”平台或“浙里办”App，即可一次性填报申请所有开办企业事项，企业开办网办比例达95%以上；推进投资项目高效化，推进一般企业投资项目审批“最多80

① 《2020年宁海县国民经济和社会发展统计公报》，宁海县人民政府网站，http://www.ninghai.gov.cn/art/2021/4/25/art_1229092456_59026529.html，2021年4月25日。

天”改革。[1]

第三，健全城乡融合发展机制，深入实施艺术振兴乡村行动。“十三五”期间，宁海县着力实施乡村振兴战略，连续8年获浙江省社会主义新农村建设先进县称号，先后被评为浙江省美丽乡村创建先进县、美丽乡村示范县和国家级生态县等，农业现代化发展水平跃升至全省第13位。一是创建国家全域旅游文旅示范区。2020年宁海县推出全域化空间布局、全景化城乡共建、全链化产业融合等“全域旅游再出发”八大工程，借助省文化和旅游产业投融资服务等平台，引进国内外知名旅游投资商、运营商，培育一批立足本土、全产业链、集成服务的运营主体，全县景区村庄从28个增加到115个，排全市第2名；历史文化名镇名村和传统古村落数量位居宁波市前列；通过持续挖掘名人、名居、民俗等人文资源，“活化”非遗、传统古村落等文化遗产，打造了8个文旅地标和30余个“一镇一品一节”特色节庆，连续举办了十八届徐霞客开游节。二是加强交通基础设施建设。“十三五”期间，宁海县立足于打造宁波南部桥头堡和毗邻甬台绍区域重要交通节点的发展要求，重点围绕打造“一环八射三纵七连”公路网，在交通基础设施建设方面不断取得新突破。截至2020年年底，该县公路通车总里程达1672.96公里，其中“十三五”期间新增公路里程101.3公里。其间，三门湾大桥及接线工程宁海段（G1523甬莞高速）建成通车，G228国道南门至下陈段、象西线桥头胡至深甽段、甬临线梅林至山河岭段、盛宁线城区至胡陈段等一批事关宁海长远发展的重大交通项目建成，基本形成了集铁路、公路、水路、公交、出租车和社会车辆运输于一体的综合客运体系，让越来越多的市民能“说走就走”。三是打造艺术振兴乡村的全国样板。2020年宁海县在14个乡镇的19个村启动艺术特色村建设，将艺术设计融入桑洲镇“南山花语”等文明示范线建设，提升文明

① 《关于印发〈2020年宁海县政务办打造一流营商环境工作要点〉的通知》，宁海县人民政府网站，http://www.ninghai.gov.cn/art/2020/8/19/art_1229333244_3647014.html，2020年8月3日。

示范线档次。宁海县还邀请驻村艺术家在水利工程、交通路线、旅游景区等重要节点，立足生产生活功能，开展艺术设计，提升村民的生活品质；持续开展“移风易俗倡新风”活动，大力培塑“身边好人”“最美宁海人”；举办“百姓大舞台”，弘扬乡风文明新风尚；举办两届乡村振兴村民运动会，带动全县70%村民参与，实现了丰富的文化体育活动就在群众身边。宁海县累计创成全国文明村3个，省市县三级文明镇14个、文明村328个，实现县级文明镇100%全覆盖，乡村的精神风貌焕然一新。

（二）长兴县提升政府效率的经验与对策

2021年测度结果表明，长兴县政府效率提升较快，位居全国县级政府效率前列，连续5年进入中国地方政府效率“百高县”（见表6－6）。

表6－6　2020～2021年长兴县政府效率及测度因素排名

指标	政府效率标准化值及排名		测度因素排名				
			政府公共服务	政府规模	居民经济福利	政务公开	乡村振兴效率
权重	1		0.55	0.15	0.10	0.10	0.10
名称	标准化值	排名	排名	排名	排名	排名	排名
全国（2020年）	0.7480	34	40	344	27	247	429
华东地区（2020年）	0.7480	25	22	117	27	116	125
全国（2021年）	0.8563	22	44	89	18	5	33
华东地区（2021年）	0.8563	15	22	24	18	5	11

资料来源：2020～2021年《中国地方政府效率研究报告》。

表6－6显示，2021年浙江省湖州市所辖的长兴县政府效率表现优异。其排名从2020年华东地区第25位、全国第34位上升至2021年华东地区第15位、全国第22位，连续5年进入中国地方政府效率“百高县”榜

单。同时，该县政府效率测度因素中政府规模、政务公开、乡村振兴效率等排名也有大幅上升。例如，该县政府政府规模从2020年的全国第344名上升至2021年的全国第89名，政务公开从2020年的全国第247名上升至2021年的全国第5名，乡村振兴效率从2020年的全国第429名上升至2021年的全国第33名。

2021年长兴县政府效率的大幅提升及卓越表现得益于该县政府积极作为。长兴县大力推进政务公开，不断支持乡村振兴，发展特色农产品，提高居民经济福利水平，突出表现在以下三个方面。

第一，增加项目投资，全力以赴稳增长。长兴县落实以专班干部为重点的“赛马”机制，掀起比学赶超、争先创优热潮，经济运行稳步改善、恢复常态。实现地区生产总值702.4亿元，增长2.6%；财政总收入121.76亿元，其中一般公共预算收入67.55亿元，分别增长6.5%、2.6%；规模以上工业增加值236.6亿元，增长4.5%；固定资产投资315.5亿元，其中工业性投入142亿元，分别增长6.2%、15.6%；城乡居民人均可支配收入分别达到62428元、37813元，增长4.3%、7.2%。[①] 一是攻坚项目“双进双产”。长兴县创新实施省重大制造业落地项目全生命周期管理服务改革试点，天能帅福得、浙能长广氢能装备制造产业园等百亿元以上项目签约落地，吉利变速器、爱康一期等项目竣工投产。新引进、新开工、新竣工亿元以上项目151个、152个、153个，新认定市“大好高”项目137个，新上规企业131家，均为湖州市第一，创历史新高。“六未”项目销号114个，市考“五未”项目销号率达98.7%。实到外资3.3亿美元。二是强化要素保障。2020年长兴县完成全域土地综合整治项目3个，新增工业用地4535亩，节约集约利用土地获省政府督查激励。引进顶尖领军人才20名，获省新时代工匠培育试点。金融机构本外币存贷款余额实现“双千亿”，工业经济贷款加权平均利率降至4.92%，为全市最低。

---

① 《长兴县政府工作报告（全文）》，长兴县人民政府网站，http://www.zjcx.gov.cn/art/2021/5/26/art_1229518384_3812867.html，2021年5月26日。

第二，重视政务公开标准化建设，提高政策传播力。2020 年长兴县在政务公开方面有如下作为。一是为解决传统村务公开方式公开信息量少、公开时间短、无法查询历史信息、不便于监督管理、不能互动交流等缺陷，长兴县积极探索村务公开的新途径，开发“村务 e 点通”系统，便捷、真实、全面、及时、互动公开信息，让村民足不出户查询村务信息、政务信息，从而保障村民的知情权，消除群众疑虑，规范村级权力的运行，也凝聚了民心，取得了良好的社会效果。二是推广“一件事”“网购式”公开办事模式，力争实现负面清单外“一件事”网办掌办覆盖率 100%；提高办事过程透明度，探索通过“浙里办”定向精准推送惠企利民政策、办事指南和证照到期、办件进度提醒等信息，让办事群众对事前准备清晰明了、事中进展实时可查、事后结果及时获知。三是严格执行《长兴县人民政府办公室关于印发长兴县人民政府邀请社会代表列席有关会议制度（试行）的通知》（长政办发〔2017〕131 号），实现政府常务会议信息公开常态化，准确公开会议决策事项，第一时间解读会议精神，释放权威政策信号。四是加大涉企信息精准公开力度，探索企业专属公开模式，精准推送企业需求度高、政策措施明确的政府信息和政策问答；积极运用“企业码”，实现政企对接“在线响应”、政策发布“精准投送”、政策兑现“分秒必达”。

第三，加快建设乡村振兴示范带，持续改善乡村面貌。长兴县新打造和平镇“茶映南山”精品线，煤山镇仰峰村被列入中国传统村落名录，创成省级美丽乡村示范乡镇 1 个、特色精品村 2 个，创成省“基本无违建县”，获评省农村危房治理改造绩效评价优秀县。一是注重城乡生态建设，切实提高城乡居民生活品质。建成省级新时代美丽乡村 60 个、美丽宜居示范村 2 个；完成农村饮用水达标提标工程，有序推进泗安塘流域综合治理、环湖大堤后续工程；实现城镇生活垃圾分类统一收运（转运）全覆盖，创成省级高标准示范小区 7 个，农村生活垃圾处理国家级示范基地落户林城镇北汤村，建成省级高标准农村生活垃圾分类示范村 4 个。二是对标全国乡村振兴先行示范区，有序建设六大农业产业集聚区。推动特色产业提质增效，高标准创建国家级湖羊强镇、省级河蟹特色强镇、花木特色强镇和省级现代农业园区；抓实粮食生产和生猪保供稳价工作；推进“长兴鲜”区域公用品牌规范应用，提升“漾荡”河蟹、“长兴紫笋茶”等特色品牌影响力。三是深化“三位一体”农合联改革，深化农产品电商开发。2020年长兴县新建特色产业农合联2个，农产品网络销售额增长20%以上；促进农旅融合，进一步打响农事节庆品牌；推进农村集体产权制度改革，巩固村经济合作社股份合作制改革成果。2020年长兴县村均集体经济经营性收入提高到167.6万元，增长15.2%。

参考文献

苑丰、金太军：《行政、社区、市场：乡村组织振兴“三重赋权”的内在逻辑》，《理论与改革》2021年第4期。

龚上华：《农民赋权：政策历程、效度分析与思路选择》，《科学社会主义》2017年第1期。

张大维：《优势治理：政府主导、农民主体与乡村振兴路径》，《山东社会科学》2018年第11期。

吴晓燕、赵普兵：《协同共治：乡村振兴中的政府、市场与农村社会》，《云南大学学报》（社会科学版）2019年第5期。

吴玉转：《乡村振兴战略的创新及时代价值研究》，硕士学位论文，华南理工大学，2020。

颜德如、张玉强：《乡村振兴中的政府责任重塑：基于“价值－制度－角色”三维框架的分析》，《社会科学研究》2021年第1期。

项继权、周长友：《“新三农”问题的演变与政策选择》，《中国农村经济》2017年第10期。

秦晶：《乡村振兴进程中资源整合的现实困境与实现路径》，《云南行政学院学报》2019年第6期。

石林：《新时代背景下乡村振兴实施面临的挑战及优化路径研究》，《现代化农业》2021年第7期。

陈丹、张越：《乡村振兴战略下城乡融合的逻辑、关键与路径》，《宏观经济管理》2019年第1期。

胥兴贵：《以“五大结合”促乡村振兴与脱贫攻坚有效融合》，《农民日报》2018 年 8 月 18 日，第 3 版。

豆书龙、叶敬忠：《乡村振兴与脱贫攻坚的有机衔接及其机制构建》，《改革》2019 年第 1 期。

黄祖辉、钱泽森：《做好巩固拓展脱贫攻坚成果同乡村振兴有效衔接》，《南京农业大学学报》（社会科学版）2021 年第 6 期。

张海鹏、郜亮亮、闫坤：《乡村振兴战略思想的理论渊源、主要创新和实现路径》，《中国农村经济》2018 年第 11 期。

刘守英、熊雪锋：《我国乡村振兴战略的实施与制度供给》，《政治经济学评论》2018 年第 4 期。

刘盛：《乡风文明与乡村振兴：重要意义、现实难点与关键举措》，《农林经济管理学报》2018 年第 5 期。

武汉大学乡村振兴研究课题组：《脱贫攻坚与乡村振兴战略的有效衔接——来自贵州省的调研》，《中国人口科学》2021 年第 2 期。

附　录

附录1　2021年中国地方政府效率测度指标体系及权重

附录1.1　2021年省级政府效率测度指标体系及权重（49个）

因素及权重	子因素及权重	指标（平均权重）
政府公共服务（0.60）	科教文卫服务（0.30）	1. 科技支出占地方一般公共预算支出比例（%）
		2. 专利申请量（项/万人）
		3. 专利授权量（项/万人）
		4. 在校生人数占总人口的比例（%）
		5. 教育支出占地方一般公共预算支出比例（%）
		6. 文化体育与传媒支出占地方一般公共预算支出比例（%）
		7. 每万人口卫生机构（个）
		8. 每千人口卫生机构床位（张）
		9. 每千人口卫生技术人员（人）
	公共安全服务（0.15）	10. 生产安全事故死亡人数占总人口的比例（%）（逆指标）
		11. 全年空气质量优良率（%）
		12. 落实总体国家安全观
	社会保障服务（0.15）	13. 社会保障和就业支出占地方一般公共预算支出比例（%）
		14. 住房保障支出占地方一般公共预算支出比例（%）
		15. 社会保险基金支出占地方一般公共预算支出比例（%）

续表

因素及权重	子因素及权重	指标（平均权重）
政府公共服务（0.60）	经济发展服务（0.30）	16. 旅客周转量（亿人公里）
		17. 全年社会消费品零售总额增长率（%）
		18. 人均邮电业务量（元）
		19. 移动电话普及率（部/百人）
		20. 互联网普及率（%）
		21. 自然保护区面积与辖区面积之比（%）
		22. 森林覆盖率（%）
	乡村振兴服务（0.05）	23. 乡村振兴政策
		24. 乡村振兴效果
	营商环境（0.05）	25. 权力清单（发布数量及时间）
		26. 常住人口增速（%）
		27. 市场主体数［个/（人·千米^2）］
		28. 外商投资增速（%）
		29. 公司设立办结时限（天）（逆指标）
		30. 公司注销办结时限（天）（逆指标）
		31. 营商环境指数
政府规模（0.15）		32. 地方一般公共预算支出［元/（人·千米^2）］
		33. 非税收入占地方一般公共预算收入比例（%）（逆指标）
		34. 新增公务员人数［名/（人·千米^2）］
居民经济福利（0.10）		35. 农村居民人均可支配收入（元）
		36. 城镇居民人均可支配收入（元）
		37. 城镇登记失业率（%）（逆指标）
		38. 月最低工资标准（元）
政务公开（0.15）	政务基本信息（0.80）	39. 省政府联系方式公开
		40. 政府新媒体公开
		41. 三公经费公开
		42. 工作报告公开
		43. 预算报告公开
		44. 计划报告公开
		45. 统计公报公开

续表

因素及权重	子因素及权重	指标（平均权重）
政务公开（0.15）	政务基本信息（0.80）	46. 公务员考试职位表公开
		47. “十四五”规划公开
	政务时效（0.20）	48. 政府办事时效（含省长建言、手机或电话、邮箱反馈等）
		49. 政府（政务）信息公开时效

附录1.2　2021年中国地级市政府效率测度指标体系及权重（44个）

因素及权重	子因素及权重	指标（平均权重）
政府公共服务（0.60）	科教文卫服务（0.30）	1. 专利申请量（项/万人）
		2. 科技支出占地方一般公共预算支出比例（%）
		3. 在校生人数占年末常住人口的比例（%）
		4. 教育支出占地方一般公共预算支出比例（%）
		5. 每万人口卫生机构（个）
		6. 每千人口卫生机构床位（张）
		7. 每千人口卫生技术人员（人）
		8. 文化体育与传媒支出占地方一般公共预算支出比例（%）
	公共安全服务（0.15）	9. 生产安全事故死亡人数占年末常住人口的比例（%）
		10. 全年空气质量优良率（%）
		11. 落实总体国家安全观
	社会保障服务（0.15）	12. 社会保障和就业支出占地方一般公共预算支出比例（%）
		13. 住房保障支出占地方一般公共预算支出比例（%）
		14. 社会保险基金支出占地方一般公共预算支出比例（%）
	经济发展服务（0.30）	15. 全年社会消费品零售总额增长率（%）
		16. 人均邮电业务量（元）
		17. 移动电话普及率（部/百人）
		18. 互联网普及率（%）
	乡村振兴服务（0.05）	19. 乡村振兴政策
		20. 乡村振兴效果

续表

因素及权重	子因素及权重	指标（平均权重）
政府公共服务（0.60）	营商环境（0.05）	21. 权力清单（发布数量及时间）
		22. 常住人口增速（%）
		23. 市场主体数［个/（人·千米^2）］
		24. 外商投资增速（%）
		25. 公司设立办结时限（天）
		26. 公司注销办结时限（天）
政府规模（0.15）		27. 地方一般公共预算支出［元/（人·千米^2）］
		28. 非税收入占地方一般公共预算收入比例（%）
		29. 新增公务员人数［名/（人·千米^2）］
居民经济福利（0.10）		30. 农村居民人均可支配收入（元）
		31. 城镇居民人均可支配收入（元）
		32. 城镇登记失业率（%）
		33. 月最低工资标准（元）
政务公开（0.15）	政务基本信息（0.80）	34. 领导信息公开
		35. 政府新媒体公开
		36. 三公经费公开
		37. 工作报告公开
		38. 预算报告公开
		39. 计划报告公开
		40. 统计公报公开
		41. 公务员考试职位表公开
		42. “十四五”规划公开
	政务时效（0.20）	43. 政府办事时效
		44. 政府（政务）信息公开时效

附录1.3 2021年中国县级政府效率测度指标体系及权重（44个）

因素及权重	子因素及权重	指标（平均权重）
政府公共服务（0.55）	科教文卫服务（0.30）	1. 科技支出占地方一般公共预算支出比例（%）
		2. 文化体育与传媒支出占地方一般公共预算支出比例（%）

续表

因素及权重	子因素及权重	指标（平均权重）
政府公共服务（0.55）	科教文卫服务（0.30）	3. 教育支出占地方一般公共预算支出比例（%）
		4. 医疗卫生支出占地方一般公共预算支出比例（%）
		5. 在校生人数占总人口的比例（%）
		6. 全年专利申请量（项/万人）
		7. 每万人口卫生机构（个）
		8. 每千人口卫生机构床位（张）
		9. 每千人口卫生技术人员（人）
	社会保障服务（0.15）	10. 社会保障和就业支出占地方一般公共预算支出比例（%）
		11. 住房保障支出占地方一般公共预算支出比例（%）
		12. 社会保险基金支出占地方一般公共预算支出比例（%）
	经济发展服务（0.45）	13. 节能环保支出占地方一般公共预算支出比例（%）
		14. 人均邮电业务量（元）
		15. 移动电话普及率（部/人）
		16. 互联网普及率（%）
		17. 全年社会消费品零售总额增长率（%）
	营商环境（0.10）	18. 权力清单（发布数量及时间）
		19. 实际利用外资［元/（人·千米^2）］
政府规模（0.15）		20. 地方一般公共预算支出［元/（人·千米^2）］
		21. 非税收入占地方一般公共预算收入比例（%）（逆指标）
		22. 新增公务员人数［名/（人·千米^2）］
居民经济福利（0.10）		23. 农村居民人均可支配收入（元）
		24. 城镇居民人均可支配收入（元）
		25. 城镇登记失业率（%）
		26. 月最低工资标准（元）
政务公开（0.10）	政务基本信息（0.80）	27. 领导信息公开
		28. 三公经费公开
		29. 工作报告公开
		30. 预算报告公开
		31. 计划报告公开

续表

因素及权重	子因素及权重	指标（平均权重）
政务公开（0.10）	政务基本信息（0.80）	32. 统计公报公开
		33. 公务员考试职位表公开
		34. “十四五”规划公开
	政务时效（0.20）	35. 政府办事时效（县长或者政府建言、电话、邮箱反馈）
		36. 政府信息公开时效
乡村振兴效率（0.10）	乡村产业（0.40）	37. 农林牧渔总产值［元/（人·千米^2）］
		38. 粮食总产量［公斤/（人·千米^2）］
		39. 设施农业占地（水面）面积（公顷）
	村居环境（0.40）	40. 农村改厕个数［个/（人·千米^2）］
		41. 农村公路交通
		42. 美丽乡村建设
	村治水平（0.20）	43. 乡村振兴政策及机制
		44. 村民自治

附录2　2021年中国地方政府效率测度指标数据来源及处理说明

附录2.1　2021年中国省级政府效率测度指标数据来源及处理说明

1. 科技支出占地方一般公共预算支出比例（%）指科学技术支出/地方一般公共预算支出，数据来自省级政府2020年预算执行情况与2021年预算报告。其中广西壮族自治区、贵州省、青海省的指标数据是2019年数据，来源于省级政府2019年预算执行情况与2020年预算报告。通过对该省所在地区其他省级政府的平均值和最低的数据二次平均推算出数据的省级政府有辽宁省。

2. 专利申请量（项/万人）指专利申请量/年末常住人口数，数据来自

2020 年省级政府统计公报。通过对该省所在地区其他省级政府的平均值和最低的数据二次平均推算出数据的省级政府有山西省、内蒙古自治区、辽宁省、广东省、西藏自治区、陕西省、新疆维吾尔自治区、天津市、重庆市。

3. 专利授权量（项/万人）指专利授权量/年末常住人口数，数据来自 2020 年省级政府统计公报以及 2020 年省级政府统计年鉴。通过对该省所在地区其他省级政府的平均值和最低的数据二次平均推算出数据的省级政府有湖北省、西藏自治区、重庆市。

4. 在校生人数占总人口的比例（%）指各级各类在校生人数/总人口数，数据来自 2020 年省级政府统计公报。其中，陕西省的数据是 2019 年数据，来自省教育厅 2019 年教育事业发展统计公报。

5. 教育支出占地方一般公共预算支出比例（%）指教育支出/地方一般公共预算支出，数据来自省级政府 2020 年预算执行情况与 2021 年预算报告。其中，福建省、河南省、海南省、甘肃省、广西壮族自治区、青海省的数据是 2020 年预算数据，来自省级政府 2020 年预算报告。

6. 文化体育与传媒支出占地方一般公共预算支出比例（%）指文化体育与传媒支出/地方一般公共预算支出，数据来自省级政府 2020 年预算执行情况与 2021 年预算报告。其中，黑龙江省的数据是 2019 年数据，来源于省级政府 2019 年决算报告。

7. 每万人口卫生机构（个）指卫生机构数/年末常住人口数，省级政府卫生机构的数据来自 2020 年省级政府统计公报。省级政府年末常住人口的数据来自全国第七次人口普查的数据。

8. 每千人口卫生机构床位（张）指床位数/年末常住人口数，省级政府卫生机构床位的数据来自 2020 年省级政府统计公报。省级政府年末常住人口的数据来自全国第七次人口普查的数据。

9. 每千人口卫生技术人员（人）指卫生技术人员数/年末常住人口数，省级政府卫生技术人员的数据来自 2020 年省级政府统计公报。省级政府年末常住人口的数据来自全国第七次人口普查的数据。

10. 生产安全事故死亡人数占总人口的比例（%）指生产安全事故死亡人数/总人口数，该指标是逆指标，本书测度时已将其转化为正指标，数据来自 2020 年省级政府统计公报。贵州省的数据是 2019 年数据，数据来自 2019 年省级政府统计公报；其中，通过对该省所在地区其他省级政府的平均值和最低的数据二次平均推算出数据的省级政府有内蒙古自治区、江苏省、广西壮族自治区。

11. 全年空气质量优良率（%）是指该省全年空气质量优良的天数比例，数据来自 2020 年省级政府统计公报，其中通过对该省所在地区其他省级政府的平均值和最低的数据二次平均推算出数据的省级政府有内蒙古自治区、江西省、湖北省、陕西省。

12. 落实总体国家安全观指对于国家安全的宣传普及情况，对于“国家安全教育日”宣传的较多，形式丰富的记 3 分；对于“国家安全教育日”宣传的较多，范围较窄的记 2 分；对于“国家安全教育日”的相关报道较少的记 1 分。数据来源于各省级政府官方网站。

13. 社会保障和就业支出占地方一般公共预算支出比例（%）指社会保障和就业支出/地方一般公共预算支出，数据来自省级政府 2020 年预算支出执行情况与 2021 年预算报告。其中广西壮族自治区的数据是 2020 年预算数据，数据来自省级政府 2020 年的预算报告。

14. 住房保障支出占地方一般公共预算支出比例（%）指住房保障支出/地方一般公共预算支出，数据来自省级政府 2020 年预算执行情况与 2021 年预算报告。其中黑龙江省、湖南省、广东省、广西壮族自治区、贵州省、青海省、宁夏回族自治区、新疆维吾尔自治区、北京市、天津市、重庆市的数据是 2020 年预算数据，数据来自省级政府 2020 年预算草案的报告。

15. 社会保险基金支出占地方一般公共预算支出比例（%）指社会保险基金支出/地方一般公共预算支出，数据来自省级政府 2020 年预算执行情况与2021年预算报告。其中，广西壮族自治区的数据是2020年预算数据，数据来自省级政府2020年预算草案的报告；黑龙江省的数据是2019年的数据，数据来自省级政府2019年决算报告。

16. 旅客周转量（亿人公里）的数据来自2020年省级政府统计公报以及《中国统计年鉴2020》。其中，通过对该省所在地区其他省级政府的平均值和最低的数据二次平均推算出数据的省级政府有青海省。

17. 全年社会消费品零售总额增长率（%）的数据来自2020年省级政府统计公报。

18. 人均邮电业务量（元）指邮电业务总量/年末常住人口数，数据来自2020年省级政府统计公报。其中，通过对该省所在地区其他省级政府的平均值和最低的数据二次平均推算出数据的省级政府有海南省。

19. 移动电话普及率（部/百人）的数据来自2020年省级政府统计公报。其中，通过对该省所在地区其他省级政府的平均值和最低的数据二次平均推算出数据的省级政府有上海市。

20. 互联网普及率（%）是指互联网用户/年末常住人口数，数据主要来自2020年省级政府统计公报。其中，通过对该省所在地区其他省级政府的平均值和最低的数据二次平均推算出数据的省级政府有江苏省、安徽省、湖北省、湖南省、陕西省、上海市。

21. 自然保护区面积与辖区面积之比（%）指自然保护区面积/辖区总面积，该数据来自2020年省级政府统计公报。其中，通过对该省所在地区其他省级政府的平均值和最低的数据二次平均推算出数据的省级政府有辽宁省、江苏省、浙江省、安徽省、福建省、宁夏回族自治区、天津市。

22. 森林覆盖率（%）数据来自2020年省级政府统计公报和统计年鉴。其中，吉林省、黑龙江省、江苏省、安徽省的数据是2019年的数据，数据来自《中国统计年鉴2019》。

23. 乡村振兴政策数据来自各省级政府官方网站，参考2021年政府工作报告中的关键词“乡村振兴”，4个及以下的记1分，5~7个的记2分，

8个及以上的记3分。

24. 乡村振兴效果数据来自各省级政府官方网站，该指标评分标准为1~3分，主要根据有关“乡村振兴”实施的新闻报道的总数进行评分。其中，省级政府乡村振兴效果指标得1分的是该省有关地方实施乡村振兴政策的效果不明显，覆盖范围较窄；得2分的是该省有关地方实施乡村振兴政策的效果较为明显，但是覆盖范围较窄；得3分的是该省有关地方实施乡村振兴政策的效果显著，覆盖范围广。

25. 权力清单（发布数量及时间）指省级政府权力清单的发布数量及时间，数据来自2020年省级政府法制办公室网站、省级政府的政务服务网、省政府机构编制委员会办公室网站等。

26. 常住人口增速（%）数据来自2020年省级政府统计公报。其中，通过对该省所在地区其他省级政府的平均值和最低的数据二次平均推算出数据的省级政府有江苏省、浙江省、安徽省、福建省、江西省、云南省、西藏自治区。

27. 市场主体数［个/（人·千米^2）］指省级政府辖区内登记的市场主体/（常住人口×辖区面积），数据主要来自省级市场监督管理局网站（原工商管理局）。其中，通过对该省所在地区其他省级政府的平均值和最低的数据二次平均推算出数据的省级政府有江西省、内蒙古自治区、黑龙江省。

28. 外商投资增速（%）数据来自2020年省级政府统计公报。其中，通过对该省所在地区其他省级政府的平均值和最低的数据二次平均推算出数据的省级政府有广西壮族自治区、西藏自治区、宁夏回族自治区。

29. 公司设立办结时限（天）指企业设立的审批时限，该指标为逆指标，本书测度时已将其转化为正指标，数据来自省级政府政务服务网。

30. 公司注销办结时限（天）指企业注销的审批时限，该指标是逆指标，本书测度时已将其转化为正指标，数据来自省级政府政务服务网。

31. 营商环境指数，数据借鉴万博新经济研究院等发布的《中国省份营商环境研究报告2020》。

32. 地方一般公共预算支出［元/（人·千米^2）］数据来自省级政府2020年预算执行情况与2021年预算报告。其中，河南省、海南省、甘肃省、广西壮族自治区等的指标数据是2020年预算数据，数据来自省级政府2020年政府预算草案。

33. 非税收入占地方一般公共预算收入比例（%）指标是逆指标，本书测度时已将其转化为正指标，数据主要来自省级政府2020年预算执行情况与2021年预算报告。其中辽宁省、黑龙江省等的指标数据是2019年数据，来源于省级政府2019年决算报告。

34. 新增公务员人数［名/（人·千米^2）］的数据来自省级人力资源与社会保障厅（局）或国家公务员考试网。

35. 农村居民人均可支配收入（元）数据来自2020年省级政府统计公报。

36. 城镇居民人均可支配收入（元）数据来自2020年省级政府统计公报。

37. 城镇登记失业率（%）是逆指标，本书测度时已将其转化为正指标，数据来自2020年省级政府统计公报。其中，通过对该省所在地区其他省级政府的平均值和最低的数据二次平均推算出数据的省级政府有辽宁省、湖南省、四川省、宁夏回族自治区、天津市。

38. 月最低工资标准（元）数据来自人力资源和社会保障部网站。

39. 省政府联系方式公开数据来源于省级政府信息公开指南。统一采用的是2020年省级政府网站信息公开栏目公布的政府办公厅或相关部门电话、电子邮箱公开。公开较好的记为3分，一般的记为2分，较差的记为1分。

40. 政府新媒体公开指省级政府网站是否有微信公众号、微博等新媒体信息。其来源于2020年省政府信息公开年报。公开较好的记为3分，一般的记为2分，较差的记为1分。

41. 三公经费公开数据来源于各省级政府官网、省级政府财政厅/局网站、省级政府预算报告，参考省级政府 2020 年预算执行情况和 2021 年财政预算草案的报告。公开较好的记为 3 分，一般的记为 2 分，较差的记为 1 分。

42. 工作报告公开数据来源于各省级政府官网，参考 2021 年各省级人民代表大会上审议的政府工作报告。公开较好的记为 3 分，一般的记为 2 分，较差的记为 1 分。因为各省级政府工作报告公开情况较好，均为 3 分，标准化值相互之间不可比较。

43. 预算报告公开数据来源于各省级政府官网，参考各省级政府 2021 年预算（草案）报告。公开较好的记为 3 分，一般的记为 2 分，较差的记为 1 分。因为各省级政府预算报告公开情况较好，均为 3 分，标准化值相互之间不可比较。

44. 计划报告公开数据来源于各省级政府官网，参考各省级政府 2021 年计划报告。公开较好的记为 3 分，一般的记为 2 分，较差的记为 1 分。

45. 统计公报公开数据来源于各省级政府官网，参考各省级政府 2020 年统计公报。公开较好的记为 3 分，一般的记为 2 分，较差的记为 1 分。

46. 公务员考试职位表公开参考 2021 年 4 月 30 日前各省级政府人事考试网公布的相关公务员招考信息。参考 2021 年公务员招生简章。公开较好的记为 3 分，一般的记为 2 分，较差的记为 1 分。

47. “十四五”规划公开数据来源于各省级政府官方网站，参考各地“十四五”规划纲要文件。其中，完全公开的记 2 分，尚未公开的记 1 分。

48. 政府办事时效数据来源于各省级政府官网。参考在省长信箱中反映的基本能解决信件上问题的时间，首先看来信时间与受理时间，根据其间隔长短评级；如果无来信时间就根据已处理信件的日期是否是近期进行评级，查询截止时间为 2021 年 6 月 30 日。其中，处理时间长度为 1 ~ 5 天属于较好，6 ~ 10 天属于一般，10 天以上属于差。然后在此基础上考察对中央政策和上级精神贯彻的时效性，是否贯彻落实十九届五中全会精神和

2021 年两会精神。公开较好的记为 3 分，一般的记为 2 分，较差的记为 1 分。

49. 政府（政务）信息公开时效指政府公布的信息公开年报的效率，数据来自 2020 年省级人民政府网站。该指标评分标准为 1 ~ 3 分，主要根据信息公开年报公布的总数多少、公布时间早晚评分。其中，省级政府信息公开年报指标得 1 分的是该省公布信息公开年报的部门少，公布时间晚；得 2 分的是该省公布信息公开年报的部门较多，公布时间比较晚；得 3 分的是该省公布信息公开年报部门数量多且具体，公布时间早。

注：本书有关省级政府效率测度指标信息收集、查询截止时间为 2021 年 6 月 30 日。

附录 2.2　2021 年中国地级市政府效率测度指标数据来源及处理说明

1. 专利申请量（项/万人）指专利申请量/年末常住人口总数，数据来自各地级市政府 2020 年统计公报。其中，来自 2019 年统计公报的地级市有：保定市、承德市、乌兰察布市、大连市、鞍山市、本溪市、辽阳市、朝阳市、长春市、辽源市、通化市、松原市、白城市、延边朝鲜族自治州、哈尔滨市、伊春市、大兴安岭地区、南京市、无锡市、徐州市、常州市、苏州市、淮南市、淮北市、安庆市、宿州市、六安市、漳州市、景德镇市、萍乡市、吉安市、上饶市、济宁市、泰安市、菏泽市、平顶山市、漯河市、黄石市、荆州市、湘潭市、邵阳市、张家界市、湘西土家族苗族自治州、肇庆市、江门市、中山市、清远市、揭阳市、柳州市、桂林市、梧州市、百色市、贺州市、河池市、来宾市、崇左市、北海市、钦州市、贵港市、玉林市、攀枝花市、南充市、遵义市、毕节市、黔西南布依族苗族自治州、昆明市、保山市、普洱市、临沧市、楚雄彝族自治州、西双版纳傣族自治州、迪庆藏族自治州、咸阳市、渭南市、延安市、汉中市、榆林市、嘉峪关市、金昌市、临夏回族自治州。通过该地级市所在省级政府其他地级市或者相近省份地级市数据的平均值和最低值的二次平均后得出数据的地级市有：秦皇岛市、张家口市、沧州市、廊坊市、晋城市、朔州市、吕梁市、呼伦贝尔市、通辽市、巴彦淖尔市、兴安盟、营口市、阜新市、葫芦岛市、铁岭市、吉林市、四平市、白山市、齐齐哈尔市、鸡西市、鹤岗市、双鸭山市、大庆市、佳木斯市、牡丹江市、黑河市、绥化市、连云港市、淮安市、湖州市、金华市、滁州市、泉州市、十堰市、孝感市、随州市、恩施土家族苗族自治州、长沙市、衡阳市、岳阳市、益阳市、湛江市、茂名市、阳江市、佛山市、广州市、韶关市、惠州市、汕头市、南宁市、泸州市、三亚市、三沙市、儋州市、资阳市、甘孜藏族自治州、凉山彝族自治州、贵阳市、六盘水市、安顺市、铜仁市，黔东南苗族侗族自治州、黔南布依族苗族自治州、曲靖市、玉溪市、昭通市、红河哈尼族彝族自治州、文山壮族苗族自治州、德宏傣族景颇族自治州、怒江傈僳族自治州、拉萨市、日喀则市、昌都市、林芝市、山南市、那曲市、阿里地区、宝鸡市、果洛藏族自治州、玉树藏族自治州、海西蒙古族藏族自治州、天水市、威武市、平凉市、陇南市、西宁市、海东市、海北藏族自治州、黄南藏族自治州、中卫市、阿克苏地区、吐鲁番市、哈密市、塔城地区、阿勒泰地区、喀什地区、和田地区、昌吉回族自治州、博尔塔拉蒙古自治州、巴音郭楞蒙古自治州、克孜勒苏柯尔克孜自治州。

2. 科技支出占地方一般公共预算支出比例（%）是指科学技术支出/地方一般公共预算支出，数据来自各地级市政府2020年预算执行报告。其中，来自2019年预算执行报告的地级市有：福州市、吉安市、潮州市、贵港市、玉林市、马鞍山市、南宁市、百色市、三亚市、海口市、嘉峪关市、平凉市、陇南市、果洛藏族自治州、玉树藏族自治州、海西蒙古族藏族自治州。通过该地级市所在省级政府其他地级市或者相近省份地级市数据的平均值和最低值的二次平均后得出数据的地级市有：邢台市、阳泉市、乌海市、呼伦贝尔市、延边朝鲜族自治州、黑河市、绥化市、大兴安岭地区、南通市、连云港市、淮安市、盐城市、镇江市、泰州市、宿迁市、衢州市、合肥市、萍乡市、漯河市、三门峡市、商丘市、信阳市、周口市、孝感市、荆门市、湘潭市、衡阳市、邵阳市、常德市、张家界市、郴州市、怀化市、湛江市、云浮市、中山市、广州市、三沙市、钦州市、南充市、曲靖市、普洱市、红河哈尼族彝族自治州、德宏傣族景颇族自治州、怒江傈僳族自治州、日喀则市、迪庆藏族自治州、山南市、那曲市、宝鸡市、白银市、威武市、甘南藏族自治州、海东市、海北藏族自治州、黄南藏族自治州、石嘴山市、吴忠市。

3. 在校生人数占年末常住人口的比例（%）指各级各类在校生人数/年末常住人口总数，数据来自各地级市政府2020年统计公报。其中，来自2019年统计公报的地级市有：保定市、承德市、朔州市、兴安盟、大连市、本溪市、阜新市、辽阳市、朝阳市、长春市、吉林市、辽源市、通化市、松原市、白城市、延边朝鲜族自治州、哈尔滨市、鸡西市、鹤岗市、双鸭山市、大庆市、黑河市、大兴安岭地区、安庆市、宿州市、六安市、漳州市、景德镇市、萍乡市、吉安市、上饶市、菏泽市、平顶山市、鹤壁市、新乡市、濮阳市、漯河市、黄石市、宜昌市、孝感市、荆州市、湘潭市、邵阳市、湘西土家族苗族自治州、肇庆市、揭阳市、柳州市、桂林市、梧州市、百色市、贺州市、河池市、来宾市、崇左市、北海市、玉林市、贵港市、攀枝花市、南充市、凉山彝族自治州、六盘水市、遵义市、毕节市、黔西南布依族苗族自治州、黔东南苗族侗族自治州、昆明市、保山市、普洱市、楚雄彝族自治州、文山壮族苗族自治州、西双版纳傣族自治州、德宏傣族景颇族自治州、迪庆藏族自治州、拉萨市、昌都市、林芝市、山南市、渭南市、保山市、阿里地区、果洛藏族自治州、玉树藏族自治州、海西蒙古族藏族自治州、嘉峪关市、金昌市、临夏回族自治州、西宁市、甘南藏族自治州。通过该地级市所在省级政府其他地级市或相近省份地级市数据的平均值和最低值二次平均后得出数据的地级市有：廊坊市、晋中市、临汾市、巴彦淖尔市、铁岭市、绥化市、常州市、泉州市、东营市、临沂市、聊城市、滨州市、商丘市、株洲市、衡阳市、张家界市、南宁市、三沙市、德阳市、钦州市、红河哈尼族彝族自治州、怒江傈僳族自治州、那曲市、阿里地区、天水市、石嘴山市、固原市、中卫市、克拉玛依市、阿克苏地区、吐鲁番市、塔城地区、阿勒泰地区、和田地区、昌吉回族自治州、巴音郭楞蒙古自治州。

4. 教育支出占地方一般公共预算支出比例（%）指教育支出/地方一般公共预算支出，数据来自各地级市政府2020年预算执行报告。其中，来自2019年预算执行报告的地级市有：福州市、吉安市、信阳市、周口市、岳阳市、潮州市、玉林市、萍乡市、马鞍山市、南宁市、百色市、三亚市、海口市、嘉峪关市、平凉市、陇南市、怒江傈僳族自治州、日喀则市、果洛藏族自治州、玉树藏族自治州、海西蒙古族藏族自治州。通过该地级市所在省级政府其他地级市或相近省份地级市数据的平均值和最低值二次平均后得出数据的地级市有：乌海市、延边朝鲜族自治州、大兴安岭地区、淮安市、盐城市、镇江市、泰州市、漯河市、商丘市、孝感市、荆门市、常德市、张家界市、广州市、三沙市、南充市、巴中市、普洱市、红河哈尼族彝族自治州、德宏傣族景颇族自治州、那曲市、白银市、威武市、石嘴山市、吴忠市、中卫市。

5. 每万人口卫生机构（个）指卫生机构数量/年末常住人口总数，数据来自各地级市政府2020年统计公报。其中，来自2019年统计公报的地级市有：邢台市、保定市、承德市、朔州市、忻州市、兴安盟、大连市、本溪市、阜新市、辽阳市、朝阳市、长春市、吉林市、辽源市、通化市、松原市、白城市、延边朝鲜族自治州、哈尔滨市、鸡西市、鹤岗市、双鸭山市、大庆市、黑河市、大兴安岭地区、淮南市、淮北市、安庆市、宿州市、六安市、漳州市、景德镇市、萍乡市、吉安市、上饶市、潍坊市、菏泽市、平顶山市、安阳市、焦作市、漯河市、黄石市、孝感市、荆州市、湘潭市、邵阳市、张家界市、湘西土家族苗族自治州、肇庆市、揭阳市、柳州市、桂林市、梧州市、百色市、贺州市、河池市、来宾市、崇左市、北海市、南充市、六盘水市、遵义市、黔西南布依族苗族自治州、黔东南苗族侗族自治州、保山市、普洱市、临沧市、楚雄彝族自治州、文山壮族苗族自治州、西双版纳傣族自治州、德宏傣族景颇族自治州、怒江傈僳族自治州、迪庆藏族自治州、拉萨市、昌都市、山南市、渭南市、果洛藏族自治州、玉树藏族自治州、海西蒙古族藏族自治州、嘉峪关市、金昌市、天水市、临夏回族自治州、西宁市、甘南藏族自治州。通过该地级市所在省级政府其他地级市或相近省份地级市数据的平均值和最低值二次平均后得出数据的地级市有：廊坊市、巴彦淖尔市、铁岭市、牡丹江市、绥化市、连云港市、淮安市、合肥市、临沂市、聊城市、滨州市、商丘市、益阳市、广州市、攀枝花市、三亚市、三沙市、钦州市、贵港市、玉林市、红河哈尼族彝族自治州、林芝市、那曲市、阿里地区、石嘴山市、固原市、中卫市、阿克苏地区、吐鲁番市、塔城地区、阿勒泰地区、和田地区、昌吉回族自治州、巴音郭楞蒙古自治州、克孜勒苏柯尔克孜自治州。

6. 每千人口卫生机构床位（张）指床位数/年末常住人口总数，数据来自各地级市政府2020年统计公报。其中，来自2019年统计公报的地级市有：邢台市、保定市、承德市、朔州市、忻州市、兴安盟、大连市、本溪市、阜新市、辽阳市、朝阳市、长春市、吉林市、辽源市、通化市、松原市、白城市、延边朝鲜族自治州、哈尔滨市、鸡西市、鹤岗市、黑河市、大兴安岭地区、淮南市、淮北市、安庆市、宿州市、六安市、漳州市、景德镇市、萍乡市、吉安市、上饶市、潍坊市、菏泽市、安阳市、焦作市、漯河市、黄石市、孝感市、荆州市、湘潭市、湘西土家族苗族自治州、肇庆市、揭阳市、柳州市、桂林市、梧州市、百色市、贺州市、河池市、来宾市、崇左市、北海市、钦州市、贵港市、玉林市、攀枝花市、南充市、六盘水市、遵义市、黔西南布依族苗族自治州、黔东南苗族侗族自治州、保山市、普洱市、临沧市、楚雄彝族自治州、文山壮族苗族自治州、西双版纳傣族自治州、德宏傣族景颇族自治州、拉萨市、昌都市、林芝市、山南市、渭南市、果洛藏族自治州、玉树藏族自治州、海西蒙古族藏族自治州、嘉峪关市、金昌市、天水市、临夏回族自治州、西宁市、甘南藏族自治州。通过该地级市所在省级政府其他地级市或相近省份地级市数据的平均值和最低值二次平均后得出数据的地级市有：廊坊市、巴彦淖尔市、铁岭市、大庆市、牡丹江市、绥化市、连云港市、淮安市、合肥市、马鞍山市、泉州市、临沂市、德州市、聊城市、滨州市、平顶山市、商丘市、邵阳市、张家界市、广州市、三亚市、三沙市、昭通市、红河哈尼族彝族自治州、怒江傈僳族自治州、迪庆藏族自治州、那曲市、阿里地区、石嘴山市、固原市、中卫市、阿克苏地区、吐鲁番市、塔城地区、阿勒泰地区、和田地区、昌吉回族自治州、巴音郭楞蒙古自治州、克孜勒苏柯尔克孜自治州。

7. 每千人口卫生技术人员（人）指卫生技术人员数/年末常住人口总数，数据来自各地级市政府 2020 年统计公报。其中，来自 2019 年统计公报的地级市有：邢台市、保定市、承德市、朔州市、忻州市、兴安盟、大连市、本溪市、阜新市、辽阳市、朝阳市、长春市、吉林市、辽源市、通化市、松原市、白城市、延边朝鲜族自治州、哈尔滨市、鸡西市、鹤岗市、黑河市、大兴安岭地区、淮南市、淮北市、安庆市、宿州市、六安市、漳州市、景德镇市、萍乡市、吉安市、上饶市、安阳市、焦作市、菏泽市、漯河市、黄石市、荆州市、湘潭市、邵阳市、张家界市、湘西土家族苗族自治州、肇庆市、揭阳市、柳州市、桂林市、梧州市、百色市、贺州市、河池市、来宾市、崇左市、北海市、钦州市、贵港市、玉林市、攀枝花市、南充市、六盘水市、遵义市、黔西南布依族苗族自治州、黔东南苗族侗族自治州、保山市、普洱市、临沧市、楚雄彝族自治州、文山壮族苗族自治州、西双版纳傣族自治州、德宏傣族景颇族自治州、怒江傈僳族自治州、迪庆藏族自治州、拉萨市、昌都市、林芝市、山南市、渭南市、果洛藏族自治州、海西蒙古族藏族自治州、嘉峪关市、天水市、临夏回族自治州、西宁市、甘南藏族自治州。通过该地级市所在省级政府其他地级市或相近省份地级市数据的平均值和最低值二次平均后得出数据的地级市有：廊坊市、呼伦贝尔市、巴彦淖尔市、铁岭市、牡丹江市、绥化市、连云港市、淮安市、绍兴市、合肥市、泉州市、东营市、潍坊市、临沂市、德州市、聊城市、滨州市、平顶山市、商丘市、孝感市、广州市、三亚市、三沙市、红河哈尼族彝族自治州、那曲市、阿里地区、玉树藏族自治州、金昌市、石嘴山市、固原市、中卫市、阿克苏地区、吐鲁番市、塔城地区、阿勒泰地区、和田地区、昌吉回族自治州、巴音郭楞蒙古自治州、克孜勒苏柯尔克孜自治州。

8. 文化体育与传媒支出占地方一般公共预算支出比例（%）是指文化体育与传媒支出/地方一般公共预算支出，数据来自各地级市政府 2020 年预算执行报告。其中，来自 2019 年预算执行报告的地级市有：玉树藏族自治州、果洛藏族自治州、吉安市、信阳市、潮州市、贵港市、玉林市、滁州市、马鞍山市、百色市、钦州市、三亚市、海口市、嘉峪关市、平凉市、陇南市。通过该地级市所在省级政府其他地级市或相近省份地级市数据的平均值和最低值二次平均后得出数据的地级市有：唐山市、邢台市、乌海市、鄂尔多斯市、巴彦淖尔市、延边朝鲜族自治州、齐齐哈尔市、大兴安岭地区、南通市、连云港市、淮安市、盐城市、扬州市、镇江市、泰州市、温州市、衢州市、舟山市、台州市、莆田市、日照市、德州市、鹤壁市、漯河市、三门峡市、商丘市、孝感市、荆门市、衡阳市、周口市、岳阳市、常德市、张家界市、益阳市、郴州市、怀化市、佛山市、清远市、广州市、攀枝花市、三沙市、南充市、普洱市、临沧市、红河哈尼族彝族自治州、德宏傣族景颇族自治州、怒江傈僳族自治州、日喀则市、山南市、那曲市、宝鸡市、石嘴山市、吴忠市、中卫市。

9. 生产安全事故死亡人数占年末常住人口的比例（%）指生产安全事故死亡人数/年末常住人口总数，数据来自各地级市政府 2020 年统计公报。其中，来自 2019 年统计公报的地级市有：保定市、朔州市、忻州市、辽阳市、朝阳市、长春市、辽源市、通化市、白城市、延边朝鲜族自治州、哈尔滨市、鹤岗市、淮北市、宿州市、六安市、漳州市、景德镇市、萍乡市、抚州市、上饶市、东营市、菏泽市、焦作市、孝感市、黄石市、荆州市、湘潭市、邵阳市、张家界市、永州市、湘西土家族苗族自治州、肇庆市、清远市、揭阳市、柳州市、桂林市、梧州市、百色市、贺州市、河池市、来宾市、崇左市、攀枝花市、六盘水市、毕节市、黔东南苗族侗族自治州、昆明市、保山市、普洱市、临沧市、楚雄彝族自治州、德宏傣族景颇族自治州、怒江傈僳族自治州、迪庆藏族自治州、拉萨市、昌都市、林芝市、山南市、渭南市、果洛藏族自治州、海西蒙古族藏族自治州、嘉峪关市、天水市、临夏回族自治州、甘南藏族自治州。通过该地级市所在省级政府其他地级市或相近省份地级市数据的平均值和最低值二次平均后得出数据的地级市有：石家庄市、邯郸市、承德市、廊坊市、衡水市、长治市、吕梁市、呼和浩特市、乌海市、包头市、赤峰市、鄂尔多斯市、通辽市、巴彦淖尔市、乌兰察布市、兴安盟、锡林郭勒盟、阿拉善盟、沈阳市、大连市、鞍山市、抚顺市、本溪市、丹东市、锦州市、营口市、阜新市、铁岭市、吉林市、四平市、松原市、齐齐哈尔市、鸡西市、双鸭山市、大庆市、伊春市、佳木斯市、七台河市、牡丹江市、黑河市、绥化市、大兴安岭地区、常州市、苏州市、南通市、连云港市、淮安市、盐城市、扬州市、镇江市、泰州市、宿迁市、宁波市、湖州市、台州市、芜湖市、淮南市、马鞍山市、安庆市、滁州市、阜阳市、泉州市、吉安市、开封市、洛阳市、平顶山市、鹤壁市、许昌市、漯河市、商丘市、周口市、武汉市、十堰市、黄冈市、随州市、常德市、东莞市、自贡市、三沙市、钦州市、贵港市、玉林市、北海市、内江市、南充市、达州市、凉山彝族自治州、贵阳市、遵义市、黔西南布依族苗族自治州、黔南布依族苗族自治州、红河哈尼族彝族自治州、文山壮族苗族自治州、西双版纳傣族自治州、那曲市、阿里地区、铜川市、延安市、汉中市、玉树藏族自治州、金昌市、西宁市、黄南藏族自治州、石嘴山市、固原市、中卫市、阿克苏地区、吐鲁番市、塔城地区、阿勒泰地区、喀什地区、和田地区、昌吉回族自治州、巴音郭楞蒙古自治州、克孜勒苏柯尔克孜自治州。

10. 全年空气质量优良率（%）的数据来自各地级市政府2020年统计

公报。其中，来自2019年统计公报的地级市有：承德市、长治市、朔州市、兴安盟、大连市、本溪市、辽阳市、朝阳市、长春市、吉林市、辽源市、通化市、松原市、白城市、哈尔滨市、鸡西市、台州市、淮南市、淮北市、安庆市、宿州市、六安市、漳州市、景德镇市、吉安市、上饶市、滨州市、菏泽市、漯河市、孝感市、荆州市、黄石市、邵阳市、肇庆市、揭阳市、百色市、来宾市、贵港市、攀枝花市、六盘水市、遵义市、昆明市、保山市、拉萨市、昌都市、林芝市、渭南市、果洛藏族自治州、金昌市、嘉峪关市、天水市、甘南藏族自治州。通过该地级市所在省级政府其他地级市或相近省份地级市数据的平均值和最低值二次平均后得出数据的地级市有：石家庄市、邯郸市、保定市、忻州市、吕梁市、呼和浩特市、乌海市、包头市、通辽市、巴彦淖尔市、铁岭市、延边朝鲜族自治州、齐齐哈尔市、鹤岗市、双鸭山市、黑河市、绥化市、大兴安岭地区、萍乡市、南阳市、周口市、荆门市、长沙市、湘潭市、岳阳市、张家界市、永州市、怀化市、广州市、梅州市、南宁市、柳州市、桂林市、梧州市、贺州市、河池市、崇左市、三沙市、玉林市、内江市、乐山市、南充市、雅安市、阿坝藏族羌族自治州、甘孜藏族自治州、毕节市、铜仁市、黔西南布依族苗族自治州、黔东南苗族侗族自治州、黔南布依族苗族自治州、丽江市、普洱市、临沧市、楚雄彝族自治州、红河哈尼族彝族自治州、文山壮族苗族自治州、西双版纳傣族自治州、大理白族自治州、德宏傣族景颇族自治州、怒江傈僳族自治州、迪庆藏族自治州、山南市、那曲市、阿里地区、咸阳市、玉树藏族自治州、海西蒙古族藏族自治州、白银市、酒泉市、庆阳市、定西市、临夏回族自治州、西宁市、石嘴山市、固原市、中卫市、哈密市、阿克苏地区、吐鲁番市、伊犁哈萨克自治州、阿勒泰地区、塔城地区、和田地区、昌吉回族自治州、克孜勒苏柯尔克孜自治州、巴音郭楞蒙古自治州。

11. 落实总体国家安全观是指各地级市政府对国家安全的宣传普及情况。参考各地级市政府网站，对于“国家安全教育日”宣传的较多，形式丰富的记3分；对于“国家安全教育日”宣传的较多，范围较窄的记2分；对于“国家安全教育日”的相关报道较少的记1分。

12. 社会保障和就业支出占地方一般公共预算支出比例（%）是指社会保障和就业支出/地方一般公共预算支出，数据来自各地级市政府2020年预算执行报告。其中，来自2019年预算执行报告的地级市有：福州市、吉安市、信阳市、周口市、岳阳市、潮州市、贵港市、玉林市、马鞍山市、南宁市、百色市、三亚市、海口市、嘉峪关市、平凉市、陇南市。通过该地级市所在省级政府其他地级市或相近省份地级市数据的平均值和最低值二次平均后得出数据的地级市有：唐山市、乌海市、延边朝鲜族自治州、绥化市、大兴安岭地区、连云港市、淮安市、盐城市、镇江市、泰州市、漯河市、商丘市、荆门市、湘潭市、衡阳市、常德市、张家界市、广州市、三沙市、南充市、巴中市、普洱市、临沧市、红河哈尼族彝族自治州、德宏傣族景颇族自治州、迪庆藏族自治州、那曲市、果洛藏族自治州、天水市、威武市、甘南藏族自治州、海东市、石嘴山市、吴忠市、中卫市。

13. 住房保障支出占地方一般公共预算支出比例（%）是指住房保障支出/地方一般公共预算支出，数据来自各地级市政府2020年预算执行报告。其中，来自2019年预算执行报告的地级市有：福州市、吉安市、信阳市、周口市、岳阳市、潮州市、贵港市、玉林市、马鞍山市、南宁市、百色市、三亚市、海口市、钦州市、嘉峪关市、陇南市、楚雄彝族自治州。通过该地级市所在省级政府其他地级市或相近省份地级市数据的平均值和最低值二次平均后得出数据的地级市有：唐山市、邢台市、廊坊市、乌海市、鄂尔多斯市、巴彦淖尔市、锡林郭勒盟、延边朝鲜族自治州、大庆市、七台河市、绥化市、大兴安岭地区、南通市、淮安市、盐城市、镇江市、泰州市、温州市、金华市、台州市、芜湖市、淮北市、萍乡市、临沂市、德州市、聊城市、鹤壁市、漯河市、商丘市、襄阳市、鄂州市、荆门市、咸宁市、株洲市、衡阳市、湘潭市、常德市、张家界市、益阳市、郴州市、怀化市、阳江市、肇庆市、中山市、珠海市、清远市、广州市、攀枝花市、三沙市、南充市、巴中市、曲靖市、普洱市、临沧市、红河哈尼族彝族自治州、德宏傣族景颇族自治州、怒江傈僳族自治州、日喀则市、迪庆藏族自治州、山南市、那曲市、宝鸡市、榆林市、果洛藏族自治州、海西蒙古族藏族自治州、兰州市、天水市、威武市、平凉市、甘南藏族自治州、黄南藏族自治州、石嘴山市、吴忠市、中卫市。

14. 社会保险基金支出占地方一般公共预算支出比例（%）是指社会保险基金支出/地方一般公共预算支出，数据来自各地级市政府 2020 年预算执行报告。其中，来自 2019 年预算执行报告的地级市有：吉安市、漯河市、商丘市、信阳市、周口市、岳阳市、常德市、潮州市、桂林市、贵港市、玉林市、达州市、马鞍山市、海口市、嘉峪关市。通过该地级市所在省级政府其他地级市或相近省份地级市数据的平均值和最低值二次平均后得出数据的地级市有：邢台市、保定市、张家口市、延边朝鲜族自治州、双鸭山市、大庆市、牡丹江市、黑河市、衢州市、宿州市、济南市、郑州市、开封市、洛阳市、濮阳市、荆州市、咸宁市、张家界市、江门市、佛山市、中山市、广州市、韶关市、惠州市、攀枝花市、三亚市、三沙市、儋州市、凉山彝族自治州、贵阳市、毕节市、红河哈尼族彝族自治州、西双版纳傣族自治州、德宏傣族景颇族自治州、怒江傈僳族自治州、日喀则市、迪庆藏族自治州、拉萨市、那曲市、渭南市、延安市、汉中市、果洛藏族自治州、海西蒙古族藏族自治州、金昌市、兰州市、白银市、平凉市、陇南市、海北藏族自治州、黄南藏族自治州、临夏回族自治州、和田地区、昌吉回族自治州。

15. 全年社会消费品零售总额增长率（%）的数据来自各地级市政府 2020 年统计公报。其中，来自 2019 年统计公报的地级市有：保定市、承德市、朔州市、忻州市、兴安盟、大连市、本溪市、阜新市、辽阳市、朝阳市、长春市、吉林市、辽源市、通化市、白城市、延边朝鲜族自治州、哈尔滨市、鸡西市、鹤岗市、双鸭山市、黑河市、台州市、淮南市、淮北市、安庆市、宿州市、六安市、泉州市、漳州市、景德镇市、萍乡市、吉安市、上饶市、菏泽市、平顶山市、焦作市、孝感市、漯河市、黄石市、荆州市、湘潭市、张家界市、湘西土家族苗族自治州、肇庆市、揭阳市、潮州市、自贡市、泸州市、德阳市、绵阳市、成都市、三亚市、钦州市、防城港市、玉林市、海口市、儋州市、攀枝花市、南充市、六盘水市、遵义市、保山市、临沧市、楚雄彝族自治州、文山壮族苗族自治州、西双版纳傣族自治州、德宏傣族景颇族自治州、怒江傈僳族自治州、迪庆藏族自治州、拉萨市、昌都市、林芝市、山南市、渭南市、果洛藏族自治州、玉树藏族自治州、海西蒙古族藏族自治州、嘉峪关市、金昌市、天水市、临夏回族自治州、西宁市、甘南藏族自治州。通过该地级市所在省级政府其他地级市或相近省份地级市数据的平均值和最低值二次平均后得出数据的地级市有：廊坊市、铁岭市、七台河市、淮安市、金华市、邵阳市、广州市、三沙市、那曲市、阿里地区、西安市、中卫市、阿克苏地区、吐鲁番市、阿勒泰地区、塔城地区、和田地区、昌吉回族自治州、克孜勒苏柯尔克孜自治州、巴音郭楞蒙古自治州。

16. 人均邮电业务量（元）指邮电业务总量/年末常住人口总数，数据来自各地级市政府 2020 年统计公报。其中，来自 2019 年统计公报的地级市有：保定市、承德市、朔州市、忻州市、兴安盟、大连市、本溪市、阜新市、辽阳市、朝阳市、长春市、吉林市、辽源市、通化市、松原市、白城市、延边朝鲜族自治州、哈尔滨市、鸡西市、鹤岗市、双鸭山市、台州市、淮南市、淮北市、安庆市、宿州市、六安市、漳州市、景德镇市、萍乡市、上饶市、威海市、菏泽市、平顶山市、安阳市、焦作市、孝感市、漯河市、黄石市、湘潭市、邵阳市、张家界市、娄底市、湘西土家族苗族自治州、肇庆市、揭阳市、南宁市、柳州市、桂林市、梧州市、百色市、贺州市、河池市、来宾市、崇左市、钦州市、贵港市、玉林市、攀枝花市、六盘水市、遵义市、黔西南布依族苗族自治州、黔东南苗族侗族自治州、昆明市、普洱市、临沧市、楚雄彝族自治州、文山壮族苗族自治州、西双版纳傣族自治州、德宏傣族景颇族自治州、怒江傈僳族自治州、迪庆藏族自治州、拉萨市、昌都市、山南市、渭南市、果洛藏族自治州、玉树藏族自治州、海西蒙古族藏族自治州、嘉峪关市、金昌市、天水市、临夏回族自治州、西宁市、甘南藏族自治州。通过该地级市所在省级政府其他地级市或相近省份地级市数据的平均值和最低值二次平均后得出数据的地级市有：廊坊市、衡水市、太原市、巴彦淖尔市、铁岭市、大庆市、黑河市、绥化市、淮安市、赣州市、吉安市、抚州市、济宁市、临沂市、聊城市、十堰市、鄂州市、荆州市、随州市、常德市、益阳市、江门市、惠州市、三沙市、儋州市、北海市、南充市、资阳市、甘孜藏族自治州、玉溪市、保山市、昭通市、红河哈尼族彝族自治州、林芝市、那曲市、阿里地区、铜川市、海东市、海北藏族自治州、石嘴山市、固原市、中卫市、阿克苏地区、吐鲁番市、伊犁哈萨克自治州、阿勒泰地区、塔城地区、和田地区、昌吉回族自治州、克孜勒苏柯尔克孜自治州、巴音郭楞蒙古自治州。

17. 移动电话普及率（部/百人）指移动电话用户/年末常住人口总数，数据来自各地级市政府 2020 年统计公报。其中，来自 2019 年统计公报的地级市有：保定市、承德市、朔州市、忻州市、兴安盟、大连市、阜新市、辽阳市、朝阳市、长春市、辽源市、通化市、松原市、白城市、延边朝鲜族自治州、鸡西市、鹤岗市、双鸭山市、衢州市、台州市、淮南市、淮北市、安庆市、宿州市、六安市、漳州市、景德镇市、萍乡市、吉安市、上饶市、威海市、菏泽市、平顶山市、焦作市、湘潭市、黄石市、邵阳市、张家界市、娄底市、湘西土家族苗族自治州、清远市、揭阳市、贺州市、河池市、崇左市、北海市、玉林市、攀枝花市、六盘水市、遵义市、黔西南布依族苗族自治州、黔东南苗族侗族自治州、昆明市、保山市、普洱市、临沧市、楚雄彝族自治州、西双版纳傣族自治州、德宏傣族景颇族自治州、怒江傈僳族自治州、迪庆藏族自治州、拉萨市、昌都市、山南市、果洛藏族自治州、玉树藏族自治州、海西蒙古族藏族自治州、嘉峪关市、金昌市、天水市、临夏回族自治州、西宁市、甘南藏族自治州。通过该地级市所在省级政府其他地级市或相近省份地级市数据的平均值和最低值二次平均后得出数据的地级市有：廊坊市、衡水市、太原市、通辽市、巴彦淖尔市、本溪市、铁岭市、哈尔滨市、齐齐哈尔市、吉林市、七台河市、牡丹江市、黑河市、绥化市、大兴安岭地区、苏州市、连云港市、淮安市、盐城市、蚌埠市、泉州市、济宁市、临沂市、聊城市、开封市、洛阳市、安阳市、漯河市、周口市、驻马店市、十堰市、襄阳市、鄂州市、孝感市、荆州市、黄冈市、随州市、株洲市、益阳市、肇庆市、广州市、汕尾市、潮州市、自贡市、三亚市、儋州市、三沙市、钦州市、贵港市、内江市、南充市、昭通市、红河哈尼族彝族自治州、大理白族自治州、日喀则市、林芝市、那曲市、阿里地区、渭南市、陇南市、石嘴山市、固原市、中卫市、阿克苏地区、吐鲁番市、阿勒泰地区、塔城地区、喀什地区、和田地区、昌吉回族自治州、克孜勒苏柯尔克孜自治州、巴音郭楞蒙古自治州。

18. 互联网普及率（%）的数据来自各地级市政府 2020 年统计公报。其中，来自 2019 年统计公报的地级市有：保定市、承德市、朔州市、忻州市、兴安盟、大连市、阜新市、辽阳市、朝阳市、长春市、辽源市、通化市、松原市、白城市、延边朝鲜族自治州、鸡西市、鹤岗市、大庆市、衢州市、台州市、淮南市、淮北市、安庆市、宿州市、六安市、漳州市、景德镇市、萍乡市、上饶市、威海市、菏泽市、平顶山市、焦作市、湘潭市、黄石市、张家界市、娄底市、湘西土家族苗族自治州、清远市、揭阳市、贺州市、北海市、防城港市、玉林市、攀枝花市、普洱市、临沧市、楚雄彝族自治州、西双版纳傣族自治州、怒江傈僳族自治州、迪庆藏族自治州、山南市、果洛藏族自治州、玉树藏族自治州、海西蒙古族藏族自治州、嘉峪关市、金昌市、天水市、临夏回族自治州、西宁市、甘南藏族自治州。通过该地级市所在省级政府其他地级市或相近省份地级市数据的平均值和最低值二次平均后得出数据的地级市有：廊坊市、衡水市、太原市、呼和浩特市、通辽市、巴彦淖尔市、本溪市、铁岭市、吉林市、哈尔滨市、齐齐哈尔市、七台河市、牡丹江市、黑河市、绥化市、大兴安岭地区、连云港市、淮安市、盐城市、蚌埠市、马鞍山市、枣庄市、济宁市、日照市、临沂市、聊城市、开封市、洛阳市、安阳市、漯河市、三门峡市、周口市、驻马店市、十堰市、襄阳市、鄂州市、孝感市、荆州市、黄冈市、随州市、恩施土家族苗族自治州、邵阳市、益阳市、肇庆市、江门市、中山市、广州市、汕尾市、潮州市、自贡市、三亚市、三沙市、儋州市、钦州市、贵港市、内江市、南充市、凉山彝族自治州、遵义市、黔西南布依族苗族自治州、保山市、昭通市、丽江市、红河哈尼族彝族自治州、大理白族自治州、德宏傣族景颇族自治州、拉萨市、日喀则市、昌都市、林芝市、那曲市、阿里地区、咸阳市、渭南市、延安市、汉中市、榆林市、陇南市、石嘴山市、固原市、中卫市、阿克苏地区、吐鲁番市、阿勒泰地区、塔城地区、喀什地区、和田地区、昌吉回族自治州、巴音郭楞蒙古自治州、克孜勒苏柯尔克孜自治州。

19. 乡村振兴政策源于各地级市政府网站，参考 2021 年政府工作报告中的关键词“乡村振兴”，4 个及以下的记 1 分，5 ~ 7 个的记 2 分，8 个及以上的记 3 分。

20. 乡村振兴效果主要根据有关“乡村振兴”实施的新闻报道的总数进行评分，参考各地级市政府网站，评分标准为 1 ~ 3 分。其中，省级政府乡村振兴效果指标得 1 分的是该地级市有关地方实施乡村振兴政策的效果不明显，覆盖范围较窄；得 2 分的是该地级市有关地方实施乡村振兴政策的效果较为明显，但是覆盖范围较窄；得 3 分的是该地级市有关地方实施乡村振兴政策的效果显著，覆盖范围广。

21. 权力清单（发布数量及时间）指政府发布的权力清单数量及时间，数据来自 2020 年地级市政务服务网、市政府机构编制委员会办公室网站。该指标评分标准为 1 ~ 3 分，主要根据权力清单公布的总数多少、公布时间早晚评分。其中，地级市政府权力清单指标得 1 分的是该市公布权力清单的部门少、各部门的权利清单数量少、公布时间晚；得 2 分的是该市公布权力清单的部门较多，但清单总数少、公布时间比较晚；得 3 分的是该市公布权力清单的总数或综合部门数量多且具体，公布时间早。

22. 常住人口增速（%）指 2020 年末常住人口增加数/2019 年末常住人口总数，数据来自各地级市政府 2020 年统计公报。其中，来自 2019 年统计公报的地级市有：石家庄市、唐山市、邯郸市、邢台市、朔州市、忻州市、乌兰察布市、兴安盟、大连市、本溪市、丹东市、阜新市、辽阳市、朝阳市、长春市、吉林市、四平市、辽源市、通化市、松原市、白城市、延边朝鲜族自治州、哈尔滨市、鸡西市、鹤岗市、双鸭山市、绥化市、台州市、安庆市、铜陵市、黄山市、滁州市、阜阳市、宿州市、六安市、池州市、宣城市、景德镇市、萍乡市、新余市、鹰潭市、赣州市、吉安市、宜春市、抚州市、上饶市、漯河市、信阳市、周口市、武汉市、黄石市、荆门市、荆州市、黄冈市、咸宁市、随州市、恩施土家族苗族自治州、长沙市、株洲市、湘潭市、衡阳市、肇庆市、揭阳市、南宁市、柳州市、梧州市、自贡市、攀枝花市、泸州市、德阳市、绵阳市、百色市、贺州市、河池市、来宾市、崇左市、海口市、儋州市、六盘水市、遵义市、安顺市、毕节市、铜仁市、黔西南布依族苗族自治州、黔东南苗族侗族自治州、黔南布依族苗族自治州、曲靖市、玉溪市、保山市、昭通市、丽江市、普洱市、临沧市、楚雄彝族自治州、红河哈尼族彝族自治州、文山壮族苗族自治州、西双版纳傣族自治州、大理白族自治州、德宏傣族景颇族自治州、怒江傈僳族自治州、迪庆藏族自治州、拉萨市、日喀则市、昌都市、林芝市、山南市、西安市、铜川市、宝鸡市、咸阳市、渭南市、延安市、汉中市、榆林市、玉树藏族自治州、海西蒙古族藏族自治州、安康市、商洛市、兰州市、酒泉市、庆阳市、甘南藏族自治州。通过该地级市所在省级政府其他地级市或相近省份地级市数据的平均值和最低值二次平均后得出数据的地级市有：保定市、张家口市、承德市、沧州市、廊坊市、太原市、大同市、阳泉市、长治市、吕梁市、呼和浩特市、乌海市、包头市、临汾市、赤峰市、鄂尔多斯市、呼伦贝尔市、通辽市、巴彦淖尔市、锡林郭勒盟、阿拉善盟、铁岭市、七台河市、牡丹江市、南通市、连云港市、盐城市、扬州市、镇江市、泰州市、宿迁市、杭州市、宁波市、温州市、嘉兴市、湖州市、绍兴市、金华市、蚌埠市、马鞍山市、驻马店市、邵阳市、岳阳市、常德市、张家界市、益阳市、湘西土家族苗族自治州、湛江市、茂名市、阳江市、云浮市、中山市、东莞市、广州市、深圳市、韶关市、汕尾市、梅州市、汕头市、桂林市、三沙市、钦州市、贵港市、玉林市、北海市、防城港市、眉山市、达州市、雅安市、宜宾市、广安市、巴中市、资阳市、阿坝藏族羌族自治州、甘孜藏族自治州、凉山彝族自治州、贵阳市、那曲市、阿里地区、果洛藏族自治州、银川市、嘉峪关市、金昌市、白银市、天水市、威武市、张掖市、平凉市、定西市、陇南市、临夏回族自治州、海北藏族自治州、黄南藏族自治州、海东市、石嘴山市、固原市、乌鲁木齐市、克拉玛依市、吐鲁番市、哈密市、阿克苏地区、伊犁哈萨克自治州、阿勒泰地区、塔城地区、喀什地区、和田地区、昌吉回族自治州、克孜勒苏柯尔克孜自治州、博尔塔拉蒙古自治州、巴音郭楞蒙古自治州。

23. 市场主体数［个/（人·千米^2）］数据来自各地级市政府 2020 年统计公报。其中，来自 2019 年统计公报的地级市有：朔州市、忻州市、商丘市。通过该地级市所在省级政府其他地级市或相近省份地级市数据的平均值和最低值二次平均后得出数据的地级市有：石家庄市、唐山市、秦皇岛市、邯郸市、邢台市、保定市、张家口市、承德市、沧州市、廊坊市、衡水市、太原市、大同市、阳泉市、长治市、吕梁市、呼和浩特市、乌海市、包头市、临汾市、赤峰市、鄂尔多斯市、呼伦贝尔市、通辽市、巴彦淖尔市、锡林郭勒盟、阿拉善盟、丹东市、朝阳市、长春市、铁岭市、葫芦岛市、辽源市、松原市、白城市、延边朝鲜族自治州、哈尔滨市、齐齐哈尔市、鸡西市、鹤岗市、双鸭山市、伊春市、七台河市、牡丹江市、黑河市、绥化市、大兴安岭地区、连云港市、淮安市、盐城市、扬州市、温州市、湖州市、衢州市、舟山市、芜湖市、蚌埠市、淮南市、马鞍山市、淮北市、铜陵市、宿州市、六安市、亳州市、池州市、宣城市、三明市、泉州市、景德镇市、萍乡市、九江市、鹰潭市、吉安市、宜春市、抚州市、上饶市、洛阳市、平顶山市、鹤壁市、漯河市、三门峡市、南阳市、信阳市、周口市、驻马店市、十堰市、鄂州市、孝感市、长沙市、株洲市、湘潭市、衡阳市、邵阳市、岳阳市、张家界市、益阳市、郴州市、永州市、怀化市、娄底市、湘西土家族苗族自治州、茂名市、云浮市、肇庆市、佛山市、珠海市、清远市、韶关市、河源市、揭阳市、汕尾市、潮州市、南宁市、柳州市、桂林市、自贡市、攀枝花市、泸州市、德阳市、绵阳市、百色市、贺州市、河池市、来宾市、崇左市、三沙市、儋州市、成都市、钦州市、贵港市、玉林市、北海市、防城港市、乐山市、南充市、眉山市、雅安市、凉山彝族自治州、安顺市、曲靖市、丽江市、普洱市、临沧市、楚雄彝族自治州、红河哈尼族彝族自治州、文山壮族苗族自治州、西双版纳傣族自治州、大理白族自治州、怒江傈僳族自治州、迪庆藏族自治州、昌都市、那曲市、阿里地区、渭南市、延安市、汉中市、海南藏族自治州、果洛藏族自治州、玉树藏族自治州、海西蒙古族藏族自治州、银川市、商洛市、兰州市、嘉峪关市、金昌市、白银市、天水市、威武市、张掖市、平凉市、庆阳市、定西市、陇南市、临夏回族自治州、甘南藏族自治州、西宁市、海东市、海北藏族自治州、石嘴山市、固原市、中卫市、克拉玛依市、吐鲁番市、哈密市、阿克苏地区、阿勒泰地区、塔城地区、喀什地区、和田地区、昌吉回族自治州、巴音郭楞蒙古自治州、克孜勒苏柯尔克孜自治州。

24. 外商投资增速（%）的数据来自各地级市政府 2020 年统计公报。其中，来自 2019 年统计公报的地级市有：保定市、承德市、兴安盟、大连市、朝阳市、辽源市、通化市、台州市、丽水市、淮南市、淮北市、安庆市、漳州市、景德镇市、萍乡市、吉安市、上饶市、菏泽市、焦作市、黄石市、孝感市、湘西土家族苗族自治州、肇庆市、揭阳市、来宾市、海口市、北海市、钦州市、贵港市、玉林市、巴中市、六盘水市、铜仁市、黔西南布依族苗族自治州、昆明市、保山市、临沧市、楚雄彝族自治州、西双版纳傣族自治州、迪庆藏族自治州、拉萨市、海西蒙古族藏族自治州。通过该地级市所在省级政府其他地级市或相近省份地级市数据的平均值和最低值二次平均后得出数据的地级市有：廊坊市、长治市、晋中市、运城市、朔州市、忻州市、呼和浩特市、包头市、临汾市、巴彦淖尔市、沈阳市、鞍山市、抚顺市、本溪市、丹东市、营口市、阜新市、盘锦市、辽阳市、长春市、铁岭市、吉林市、白山市、松原市、白城市、延边朝鲜族自治州、哈尔滨市、齐齐哈尔市、鸡西市、鹤岗市、双鸭山市、伊春市、佳木斯市、七台河市、黑河市、绥化市、大兴安岭地区、无锡市、徐州市、温州市、嘉兴市、平顶山市、安阳市 、许昌市、漯河市、三门峡市、南阳市、商丘市、周口市、驻马店市、武汉市、十堰市、宜昌市、鄂州市、荆州市、黄冈市、咸宁市、长沙市、株洲市、湘潭市、衡阳市、邵阳市、岳阳市、张家界市、佛山市、广州市、柳州市、桂林市、梧州市、自贡市、攀枝花市、泸州市、百色市、贺州市、河池市、崇左市、儋州市、三沙市、成都市、广元市、内江市、南充市、眉山市、广安市、资阳市、阿坝藏族羌族自治州、甘孜藏族自治州、凉山彝族自治州、遵义市、安顺市、黔东南苗族侗族自治州、黔南布依族苗族自治州、曲靖市、玉溪市、昭通市、普洱市、红河哈尼族彝族自治州、文山壮族苗族自治州、德宏傣族景颇族自治州、怒江傈僳族自治州、日喀则市、昌都市、林芝市、山南市、那曲市、阿里地区、铜川市、渭南市、汉中市、榆林市、果洛藏族自治州、玉树藏族自治州、安康市、商洛市、兰州市、嘉峪关市、金昌市、白银市、天水市、威武市、平凉市、庆阳市、陇南市、临夏回族自治州、西宁市、海北藏族自治州、海东市、黄南藏族自治州、甘南藏族自治州、石嘴山市、固原市、中卫市、乌鲁木齐市、克拉玛依市、吐鲁番市、哈密市、阿克苏地区、伊犁哈萨克自治州、阿勒泰地区、塔城地区、喀什地区、和田地区、昌吉回族自治州、博尔塔拉蒙古自治州、巴音郭楞蒙古自治州。

25. 公司设立办结时限（天）的数据来自各地级市政府政务服务网—法人办事—公司登记—内资企业登记—企业设立时限—承诺办结时限。其中，通过该地级市所在省级政府其他地级市或相近省份地级市数据的平均值和最低值二次平均后得出数据的地级市有：石家庄市、唐山市、秦皇岛市、邯郸市、邢台市、衡水市、太原市、大同市、阳泉市、长治市、锡林郭勒盟、阿拉善盟、白城市、延边朝鲜族自治州、哈尔滨市、鸡西市、七台河市、牡丹江市、海口市、三沙市、三亚市、儋州市、德宏傣族景颇族自治州、陇南市、临夏回族自治州、克拉玛依市、和田地区、昌吉回族自治州。

26. 公司注销办结时限（天）的数据来自各地级市政府政务服务网—法人办事—公司登记—内资企业登记—企业注销时限—承诺办结时限。其中，通过该地级市所在省级政府其他地级市或相近省份地级市数据的平均值和最低值二次平均后得出数据的地级市有：石家庄市、唐山市、秦皇岛市、邯郸市、邢台市、衡水市、太原市、大同市、阳泉市、长治市、锡林郭勒盟、阿拉善盟、白城市、哈尔滨市、鸡西市、七台河市、牡丹江市、岳阳市、益阳市、肇庆市、海口市、三沙市、三亚市、儋州市、德宏傣族景颇族自治州、陇南市、临夏回族自治州、克拉玛依市、和田地区、昌吉回族自治州。

27. 地方一般公共预算支出［元/（人·千米^2）］的数据来自各地级市政府2020年预算执行报告。其中，来自2019年预算执行报告的地级市有：赣州市、吉安市、漯河市、商丘市、信阳市、周口市、岳阳市、常德市、潮州市、贵港市、玉林市、马鞍山市、百色市、海口市、嘉峪关市、陇南市、怒江傈僳族自治州、日喀则市、果洛藏族自治州、玉树藏族自治州。通过该地级市所在省级政府其他地级市或相近省份地级市数据的平均值和最低值二次平均后得出数据的地级市有：邢台市、乌海市、延边朝鲜族自治州、淮南市、张家界市、广州市、三沙市、红河哈尼族彝族自治州、德宏傣族景颇族自治州、那曲市、阿里地区、海西蒙古族藏族自治州、甘南藏族自治州。

28. 非税收入占地方一般公共预算收入比例（%）是指非税收入/地方一般公共预算收入，数据来自各地级市政府 2020 年预算执行报告。其中，来自 2019 年预算执行报告的地级市有：南宁市、百色市、海口市、达州市、嘉峪关市、平凉市、陇南市、福州市、吉安市、漯河市、常德市、潮州市、玉林市、怒江傈僳族自治州、日喀则市。通过该地级市所在省级政府其他地级市或相近省份地级市数据的平均值和最低值二次平均后得出数据的地级市有：唐山市、邢台市、保定市、廊坊市、延边朝鲜族自治州、黑河市、绥化市、大兴安岭地区、南通市、连云港市、淮安市、盐城市、镇江市、泰州市、宿迁市、丽水市、合肥市、芜湖市、蚌埠市、淮南市、淮北市、马鞍山市、宿州市、宁德市、三门峡市、商丘市、信阳市、周口市、武汉市、荆门市、荆州市、邵阳市、岳阳市、张家界市、怀化市、娄底市、佛山市、广州市、成都市、三沙市、贵港市、玉林市、雅安市、普洱市、楚雄彝族自治州、红河哈尼族彝族自治州、德宏傣族景颇族自治州、拉萨市、那曲市、阿里地区、宝鸡市、银川市、海南藏族自治州、果洛藏族自治州、海西蒙古族藏族自治州、白银市、天水市、阿勒泰地区。

29. 新增公务员人数［名/（人·千米^2）］的相关计算数据来自 2021 年国家公务员考试职位表、公务员考试网。其中，通过该地级市所在省级政府其他地级市或相近省份地级市数据的平均值和最低值二次平均后得出数据的地级市有：保定市、张家口市、承德市、沧州市、廊坊市、呼和浩特市、乌海市、包头市。

30. 农村居民人均可支配收入（元）的数据来自各地级市政府 2020 年统计公报。其中，来自 2019 年统计公报的地级市有：保定市、承德市、朔州市、忻州市、兴安盟、大连市、本溪市、阜新市、辽阳市、朝阳市、长春市、吉林市、辽源市、通化市、松原市、白城市、延边朝鲜族自治州、哈尔滨市、鹤岗市、双鸭山市、黑河市、大兴安岭地区、衢州市、舟山市、台州市、淮南市、淮北市、安庆市、宿州市、六安市、漳州市、景德镇市、萍乡市、吉安市、上饶市、菏泽市、平顶山市、焦作市、漯河市、孝感市、荆州市、湘潭市、邵阳市、张家界市、湘西土家族苗族自治州、肇庆市、揭阳市、桂林市、柳州市、攀枝花市、六盘水市、遵义市、黔南布依族苗族自治州、保山市、临沧市、楚雄彝族自治州、西双版纳傣族自治州、德宏傣族景颇族自治州、怒江傈僳族自治州、迪庆藏族自治州、拉萨市、昌都市、林芝市、山南市、渭南市、果洛藏族自治州、玉树藏族自治州、海西蒙古族藏族自治州、嘉峪关市、金昌市、天水市、临夏回族自治州、西宁市、甘南藏族自治州。通过该地级市所在省级政府其他地级市或相近省份地级市数据的平均值和最低值二次平均后得出数据的地级市有：廊坊市、铁岭市、三沙市、红河哈尼族彝族自治州、中卫市、克拉玛依市、阿克苏地区、吐鲁番市、塔城地区、阿勒泰地区、和田地区、昌吉回族自治州、巴音郭楞蒙古自治州。

31. 城镇居民人均可支配收入（元）的数据来自各地级市政府 2020 年统计公报。其中，来自 2019 年统计公报的地级市有：保定市、承德市、朔州市、忻州市、兴安盟、大连市、本溪市、阜新市、辽阳市、朝阳市、长春市、吉林市、辽源市、通化市、松原市、白城市、延边朝鲜族自治州、哈尔滨市、鹤岗市、双鸭山市、黑河市、大兴安岭地区、衢州市、舟山市、台州市、淮南市、淮北市、安庆市、宿州市、六安市、漳州市、景德镇市、萍乡市、吉安市、上饶市、菏泽市、平顶山市、焦作市、漯河市、黄石市、孝感市、荆州市、湘潭市、邵阳市、张家界市、湘西土家族苗族自治州、肇庆市、揭阳市、柳州市、桂林市、攀枝花市、六盘水市、遵义市、黔东南苗族侗族自治州、保山市、临沧市、楚雄彝族自治州、西双版纳傣族自治州、德宏傣族景颇族自治州、怒江傈僳族自治州、迪庆藏族自治州、拉萨市、昌都市、林芝市、山南市、渭南市、果洛藏族自治州、玉树藏族自治州、海西蒙古族藏族自治州、嘉峪关市、金昌市、天水市、临夏回族自治州、西宁市、甘南藏族自治州。通过该地级市所在省级政府其他地级市或相近省份地级市数据的平均值和最低值二次平均后得出数据的地级市有：廊坊市、铁岭市、三沙市、红河哈尼族彝族自治州、那曲市、阿里地区、中卫市、阿克苏地区、吐鲁番市、塔城地区、阿勒泰地区、和田地区、昌吉回族自治州、巴音郭楞蒙古自治州。

32. 城镇登记失业率（%）的数据来自各地级市政府 2020 年统计公报。其中，来自 2019 年统计公报的地级市有：保定市、承德市、朔州市、忻州市、兴安盟、大连市、本溪市、阜新市、辽阳市、朝阳市、长春市、吉林市、辽源市、通化市、白城市、延边朝鲜族自治州、哈尔滨市、鸡西市、鹤岗市、双鸭山市、牡丹江市、衢州市、台州市、合肥市、淮南市、淮北市、安庆市、宿州市、漳州市、萍乡市、吉安市、上饶市、菏泽市、焦作市、黄石市、孝感市、张家界市、湘西土家族苗族自治州、肇庆市、揭阳市、柳州市、桂林市、梧州市、百色市、贺州市、河池市、来宾市、崇左市、贵港市、玉林市、攀枝花市、乐山市、六盘水市、遵义市、黔西南布依族苗族自治州、保山市、临沧市、楚雄彝族自治州、文山壮族苗族自治州、西双版纳傣族自治州、德宏傣族景颇族自治州、拉萨市、日喀则市、昌都市、林芝市、山南市、渭南市、果洛藏族自治州、海西蒙古族藏族自治州、嘉峪关市、金昌市、天水市、临夏回族自治州、西宁市、甘南藏族自治州。通过该地级市所在省级政府其他地级市或相近省份地级市数据的平均值和最低值二次平均后得出数据的地级市有：沧州市、廊坊市、巴彦淖尔市、铁岭市、松原市、齐齐哈尔市、大庆市、黑河市、大兴安岭地区、盐城市、六安市、景德镇市、平顶山市、安阳市、濮阳市、漯河市、十堰市、荆州市、随州市、株洲市、湘潭市、邵阳市、常德市、永州市、三沙市、北海市、遂宁市、内江市、雅安市、甘孜藏族自治州、黔东南苗族侗族自治州、黔南布依族苗族自治州、昆明市、昭通市、红河哈尼族彝族自治州、大理白族自治州、怒江傈僳族自治州、迪庆藏族自治州、那曲市、阿里地区、玉树藏族自治州、白银市、陇南市、石嘴山市、固原市、中卫市、阿克苏地区、吐鲁番市、伊犁哈萨克自治州、阿勒泰地区、塔城地区、和田地区、昌吉回族自治州、巴音郭楞蒙古自治州。

33. 月最低工资标准（元）的数据来自 2021 年各地级市政府人力资源和社会保障厅最低工资标准的通知。

34. 领导信息公开统一采用 2021 年地级市政府网站信息公开栏目公布的政府办公厅或相关部门电话、电子邮箱。参考地级市政府信息公开栏目信息，政府主要领导信息指市长或副市长个人信息；地级市政府电话数据来源于地级市政府网站，参考地级市政府信息公开栏目信息、政府办公厅电话、电子邮箱等。该指标评分标准是：领导个人信息等于或多于 5 项的为 3 分，领导个人信息等于或少于 4 项的为 2 分，领导个人信息没有公开的为 1 分。

35. 政府新媒体公开指各地市级政府网站上是否有微信公众号、微博等新媒体信息。其来源于 2020 年地级市政府信息公开年报。该指标评分标准是：有微信公众号、微博等官方新媒体的为 3 分，只有微信公众号或微博的为 2 分，都没有的则为 1 分。

36. 三公经费公开数据来自 2020 年各地级市政府网站、市财政局网站、市级政府预算情况，统一采用的是 2020 年财政预算执行情况和 2021 年财政预算草案的报告。其中，政府部门三公经费公开比较全面的市级政府为 3 分，只公开一些政府部门三公经费的市级政府为 2 分，没有公开三公经费的市级政府为 1 分。

37. 工作报告公开数据来自各地级市政府网站或者官方媒体，参考 2021 年各地级市人代会审议的政府工作报告。其中，公开 2021 年政府工作情况的为 3 分，只公开 2020 年政府工作情况的为 2 分，只公开 2019 年及以前政府工作情况的为 1 分。

38. 预算报告公开数据来自各地级市政府网站，参考 2021 年预算草案报告。其中，有 2021 年预算情况的为 3 分，只有 2020 年预算情况的为 2 分，只有 2019 年及以前预算情况的为 1 分。

39. 计划报告公开数据来自各地级市政府网站，参考 2021 年计划报告。其中，公开2021年计划情况的为3分，只公开2020年计划情况的为2分，只公开2019年及以前计划情况的为1分。

40. 统计公报公开数据来自各地级市政府网站或者统计信息网，参考2020年统计公报。其中，有2020年统计公报的为3分，只有2019年统计公报的为2分，只有2018年及以前统计公报的为1分。

41. 公务员考试职位表公开信息来自2021年4月30日前各地级市政府人事考试网公布的相关公务员招考信息。参考2021年公务员招生简章。公开较好的记为3分，一般的记为2分，较差记的为1分。

42. “十四五”规划公开数据来源于各地级市政府网站，参考各地“十四五”规划纲要文件。其中，完全公开的记2分，尚未公开的记1分。

43. 政府办事时效信息来自各地级市政府网站。参考市长邮箱里的邮件信息，查询时间截至2021年6月30日。该指标处理标准为政府收到最新邮件时间与政府回复或反馈该邮件时间之间的时间差。如果收到邮件与反馈邮件处理意见的日期之间的时间差为1~5天属于较好、6~10天属于一般、10天以上属于差。其中，最近邮件收到日期与反馈日期均公布的地级市，采用其最近3封的处理时间取平均值；仅公布反馈日期的地级市，参考其最近3封的反馈时间取平均值；既无收到日期又无反馈日期的地级市、无市长信箱栏目的地级市、不开放邮件阅读的地级市，因为它们未能及时公布对公众诉求处理速度的信息，则该项指标得分在全国地级市排名中并列为最后一名。且在此基础上考察对中央政策和上级精神贯彻的时效性，是否贯彻落实十九届五中全会精神和2021年两会精神。公开较好的记为3分，一般的记为2分，较差的记为1分。

44. 政府（政务）信息公开时效指政府公布的信息公开年报的效率，数据来自2020年地级市人民政府网站。该指标评分标准为1~3分，主要根据信息公开年报公布的总数多少、公布时间早晚评分。其中，地级市政府信息公开年报指标得1分的是该市公布信息公开年报的部门少、公布时间晚；得2分的是该市公布信息公开年报的部门较多，公布时间比较晚；

得3分的是该市公布信息公开年报部门数量多且具体，公布时间早。

注：本书有关地级市政府效率测度指标信息收集、查询截止时间为2021年6月30日。

附录2.3 2021年中国县级政府效率测度指标数据来源及处理说明

1. 科技支出占地方一般公共预算支出比例（%）指科学技术支出/地方一般公共预算支出，科技支出的数据来自县级政府的2020年财政预算执行情况和2021年财政预算报告。其中，桑植县、安化县、桂阳县、桂东县、安仁县、祁阳县、江华瑶族自治县、中方县、广宁县、封开县、台山市、开平市、鹤山市、中山市、英德市、佛冈县、绥中县、建昌县、兴城市、农安县等县的数据来源于县级政府的2019年财政预算执行情况与2020年财政预算报告；榆树市、蛟河市、磐石市、梨树县、伊通满族自治县、双辽市、东辽县、通化县、依兰县、通河县、延吉市、临江市、乾安县、扶余市、饶河县、海安市、金湖市、滨海县、平阳县、长兴县、当涂县、枞阳县等县的数据来源于县级政府2020年财政预算报告；衡东县、邵阳县、洞口县、紫金县、博罗县、永吉县、桦甸市、龙井市、安图县、图们市等县的数据来源于县级政府的2019年财政决算报告；此外，以下各县级政府科技支出数据是通过对该县所在地级市政府的所有县级政府数据的平均值和最低值二次平均得到的：德惠市、舒兰市、东丰县、辉南县、尚志市、五常市、龙江县、泰来县、富裕县、克山县、拜泉县、讷河市、鸡东县、虎林市、密山市、萝北县、资兴市、临武县、双峰县、永顺县、乐昌市、南雄市、仁化县、东源县等。

2. 文化体育与传媒支出占地方一般公共预算支出比例（%）指文化体育与传媒支出/地方一般公共预算支出，文化体育与传媒支出的数据来自县级政府2020年财政预算执行情况和2021年财政预算报告。其中，东至县、上栗县、芦溪县、共青城市、桑植县、安化县、桂阳县、桂东县、安仁县、中方县、奉新县、昌乐县、东平县、莒县、沂南县、沂水县、费县、庆云县、齐河县、临清市、中牟县、新密市、通许县、尉氏县、兰考县等县的数据来源于2019年财政预算执行情况和2020年财政预算的报告；黟县、祁门县、定远县、临泉县、砀山县、萧县、泗县、舒城县、霍山县、郎溪县、泾县、绩溪县、旌德县、宁国市、广德市、罗源县、尤溪县、将乐县、泰宁县、建宁县、诏安县等县的数据来源于县级政府2020年财政预算报告；衡东县、洞口县、临武县、紫金县、博罗县、永吉县、桦甸市、分宜县、吉水县、瑞丽市、勐腊县、墨江哈尼族自治县、景东彝族自治县等县的数据来源于2019年财政决算报告；此外，以下各县级政府文化体育与传媒支出数据是通过对该县所在地级市政府的所有县级政府数据的平均值和最低值二次平均得到的：蛟河市、舒兰市、东丰县、东辽县、辉南县、图们市、尚志市、五常市、龙江县、泰来县、富裕县、克山县、拜泉县、讷河市、鸡东县、虎林市、密山市、萝北县、本溪满族自治县、宽甸满族自治县、凤城市、黑山县、义县、凌海市、北镇市、盖州市、大石桥市、阜新蒙古族自治县等。

3. 教育支出占地方一般公共预算支出比例（%）指教育支出/地方一般公共预算支出，教育支出的数据来自县级政府2020年财政预算执行情况和2021年财政预算报告。其中，桂阳县、桂东县、安仁县、铅山县、郏县、宝丰县、叶县、鲁山县、舞钢市、安阳县、内黄县、马尔康市、茂县、松潘县、若尔盖县、泸定县、丹巴县、雅江县、美姑县、赫章县、德江县、施秉县等县的数据来源于2019年财政预算执行情况和2020年财政预算的报告；黟县、祁门县、定远县、临泉县、砀山县、萧县、泗县、舒城县、霍山县、郎溪县、泾县、绩溪县、旌德县，宁国市，广德市、尤溪县、将乐县、泰宁县、建宁县、诏安市、长泰县、东山县、南靖县、顺昌县、长汀县、上杭县、古田县、屏南县等县的数据来源于2020年财政预算报告；衡东县、洞口县、紫金县、博罗县、永吉县、桦甸市、龙井市、图们市、大竹县、炉霍县、石渠县、盐源县、会理县、金阳县、昭觉县、六枝特区、贞丰县、晴隆县等县的数据来源于2019年财政决算报告；此外，以下各县级政府教育支出数据是通过对该县所在地级市政府的所有县级政府数据的平均值和最低值二次平均得到的：德惠市、舒兰市、东丰县、辉南县、尚志市、五常市、龙江县、泰来县、富裕县、克山县、讷河市、鸡东县、虎林市、萝北县、本溪满族自治县、宽甸满族自治县、凤城市、义县、凌海市、北镇市、盖州市、辽阳县等。

4. 医疗卫生支出占地方一般公共预算支出比例（%）指医疗卫生支出/地方一般公共预算支出，医疗卫生支出数据来自县级政府2020年财政预算执行情况和2021年财政预算报告。其中，桑植县、安化县、桂东县、安仁县、中方县、东至县、上栗县、芦溪县、共青城市、铅山县、宝丰县、叶县、鲁山县、舞钢市、安阳县、内黄县等县的数据来源于县级政府的2019年财政预算执行情况与2020年财政预算报告；榆树市、蛟河市、磐石市、梨树县、伊通满族自治县、双辽市、东辽县、通化县、依兰县、通河县、延吉市、临江市、乾安县、扶余市、通榆县、大安市等县的数据来源于县级政府的2020年财政预算报告；同江市、林口县、永吉县、桦甸市、龙井市、图们市、分宜县、吉水县、荥阳市、新郑市、杞县等县的数据来源于2019年财政决算报告；此外，以下各县级政府医疗卫生支出数据是通过对该县所在地级市政府的所有县级政府数据的平均值和最低值二次平均得到的：德惠市、舒兰市、东丰县、辉南县、尚志市、五常市、龙江县、泰来县、依安县、富裕县、克山县、拜泉县、甘南县、讷河市、鸡东县、虎林市、密山市、萝北县、克东县等。

5. 在校生人数占总人口的比例（%）指各级各类在校生人数/常住人口数，在校生人数的数据来自县级政府2020年国民经济和社会发展统计公报。其中，绥滨县、汝州市、安阳县、滑县、内黄县的数据来源于2021年县级政府工作报告；辉南县、汪清县、安图县、巴彦县、图们市、和龙市、集安市、抚松县、长白朝鲜族自治县、洮南市、东港市、凤城市、北镇市、盖州市、铁岭县、凌源市、调兵山市等县的数据来自县级政府2019

年国民经济和社会发展统计公报；广宁县、怀集县、封开县、德庆县等县的数据来自所在省的2020年统计年鉴；此外，以下各县级政府在校生人数数据通过对该县所在地级市政府的所有县级政府数据的平均值和最低值二次平均得到：泸定县、丹巴县、九龙县、雅江县、道孚县、炉霍县、甘孜县、新龙县、石渠县、色达县、理塘县、巴塘县、乡城县、稻城县、得荣县、木里藏族自治县、盐源县、德昌县、会理县、会东县、普格县、布拖县、昭觉县、开阳县、水城区等。

6. 全年专利申请量（项/万人）的数据来自县级政府2020年国民经济和社会发展统计公报及2021年政府工作报告。其中，常熟市、启东市、如皋市、仪征市、丹阳市、沭阳县、建德市、平阳县、苍南县、三门县、景宁畲族自治县、庐江县、无为市、凤台县、寿县、当涂县、含山县、和县、濉溪县、怀宁县、太湖县、宿松县、岳西县等县数据来源于2019年国民经济和社会发展统计公报；奉新县、黎川县、崇仁县、高唐县、建瓯市、瓮安县等县的数据来自2021年县级政府工作报告；此外，以下各县级政府专利申请量数据是通过对该县所在地级市政府的所有县级政府数据的平均值和最低值二次平均得到的：绥滨县、集贤县、友谊县、宝清县、饶河县、肇州县、肇源县、杜尔伯特蒙古族自治县、林甸县、嘉荫县、汤旺县、丰林县、大箐山县、南岔县、铁力市、桦南县、汤原县、同江市、富锦市、抚远市、勃利县等。

7. 每万人口卫生机构（个）指卫生机构数量/常住人口数，卫生机构数量的数据来自县级政府2020年国民经济和社会发展统计公报。其中，辉南县、汪清县、安图县、巴彦县、图们市、和龙市、集安市、抚松县、长白朝鲜族自治县、洮南市、东港市、凤城市、北镇市、盖州市、灯塔市等县的数据来自2019年国民经济和社会发展统计公报；绥滨县、友谊县、南靖县、龙海市、浦城县、光泽县、松溪县、邵武市、永新县的数据来自2021年县级政府工作报告；此外，以下各县级政府卫生机构数据是通过对该县所在地级市政府的所有县级政府数据的平均值和最低值二次平均得到的：开江县、渠县、石棉县、天全县、芦山县、宝兴县、通江县、乐至县、汶川县、茂县、松潘县、金川县、小金县、黑水县、若尔盖县、康定市、泸定县、丹巴县、九龙县、雅江县、道孚县等。

8. 每千人口卫生机构床位（张）指卫生机构床位/常住人口数，卫生机构床位的数据来自2020年国民经济和社会发展统计公报。其中，桦川县、汤原县、同江市、抚远市、嫩江市、安达市、呼玛县、常熟市、张家港市、如皋市、仪征市、丹阳市、句容市、建德市、苍南县、寿县、含山县、和县等县的数据来自2019年国民经济和社会发展统计公报；井陉县、正定县、高邑县、深泽县、赞皇县、无极县、平山县、赵县、晋州市、新乐市、乐亭县、迁西县、玉田县、遵化市、青龙满族自治县、昌黎县、卢龙县、临漳县、成安县、大名县、磁县、邱县、鸡泽县、广平县、馆陶县、魏县、曲周县、武安市、临城县、内丘县、柏乡县、隆尧县等县的数据来自所在省的2020年统计年鉴；此外，以下各县级政府卫生机构床位数据通过对该县所在地级市政府的所有县级政府数据的平均值和最低值二次平均得到：集贤县、宝清县、肇州县、肇源县、杜尔伯特蒙古族自治县、林甸县、嘉荫县、汤旺县、丰林县、大箐山县、南岔县、铁力市等。

9. 每千人口卫生技术人员（人）指卫生技术人员数/常住人口数，卫生技术人员的数据来自县级政府2020年国民经济和社会发展统计公报。其中，桦川县、汤原县、同江市、抚远市、嫩江市、呼玛县、常熟市、张家港市、如皋市、仪征市、丹阳市、句容市、建德市、苍南县、景宁畲族自治县、庐江县、无为市、凤台县、辉南县、汪清县、安图县、巴彦县、图们市、和龙市、集安市、抚松县、长白朝鲜族自治县、洮南市、东港市、凤城市、北镇市、盖州市等县的数据来自2019年国民经济和社会发展统计公报；饶河县、北安市、兰西县、明水县、绥滨县、友谊县、寿县、含山县、和县、濉溪县、怀宁县、太湖县、宿松县、望江县、岳西县等县的数据来自2021年政府工作报告；此外，以下各县级政府卫生技术员数据通过对该县所在地级市政府的所有县级政府数据的平均值和最低值二次平均得到：集贤县、宝清县、肇州县、肇源县、杜尔伯特蒙古族自治县、林甸县、嘉荫县、汤旺县、丰林县、大箐山县、南岔县、铁力市、桦南县、林口县、穆棱市、五大连池市、望奎县、青冈县、庆安县等。

10. 社会保障和就业支出占地方一般公共预算支出比例（%）指社会保障与就业支出/地方一般公共预算支出。社会保障与就业支出指标数据来源于2020年财政预算执行情况和2021年财政预算的报告。其中，桑植县、南县、安化县、桂阳县、桂东县、安仁县、中方县等数据来源于县级政府的2019年财政预算执行情况与2020年县级政府预算报告；耒阳市、邵阳县、新宁县、城步苗族自治县、汨罗市、临湘市、岳阳县、平江县、临澧县、慈利县、双牌县、宁远县、通道侗族自治县、涟源市、新化县、吉首市、泸溪县、保靖县、龙山县、雷州市、化州市、阳春市、罗定市、四会市、广宁县、封开县、台山市等县的数据来源于县级政府的2020年财政预算报告；衡东县、洞口县、紫金县、博罗县等县的数据来自县级政府2019年财政决算报告；此外，以下各县级政府社会保障和就业支出数据通过对该县所在地级市政府的所有县级政府数据的平均值和最低值二次平均得到：集贤县、友谊县、肇州县、肇源县、林甸县、嘉荫县、铁力市、望奎县、绥棱县、肇东市、海伦市、塔河县、江阴市、宜兴市、睢宁县、常熟市、昆山市、张家港市等。

11. 住房保障支出占地方一般公共预算支出比例（%）指住房保障支出/地方一般公共预算支出，住房保障支出指标数据来源于2020年财政预算执行情况和2021年财政预算的报告。其中，桑植县、安化县、桂阳县、临武县、桂东县、安仁县、中方县等县的数据来源于县级政府的2019年财政预算执行情况与2020年县级政府预算报告；汉寿县、石门县、祁阳县的数据来自2020年国民经济和社会发展统计公报；饶河县、靖江市、长兴县、怀宁县、太湖县、歙县、休宁县等县的数据来自县级政府的2020年财政预算报告；东至县、上栗县、芦溪县、共青城市等县的数据来自县级政府的2019年财政决算报告；此外，以下各县级政府住房保障支出数据通过对该县所在地级市政府的所有县级政府数据的平均值和最低值二次平均得到：蒙城县、利辛县、吉水县、龙陵县、彝良县、宁洱哈尼族彝族自治县、武定县等。

12. 社会保险基金支出占地方一般公共预算支出比例（%）指社会保险基金支出/地方一般公共预算支出，社会保险基金支出的数据来自县级政府2020年财政预算执行情况和2021年财政预算的报告。其中，东至县、上栗县、芦溪县、共青城市、桑植县、桂阳县、桂东县、安仁县、中方县等县的数据来自2019年财政预算执行情况和2020年财政预算的报告；黟县、祁门县、定远县、临泉县、太和县、砀山县、萧县、泗县、舒城县、郎溪县、宝清县、望奎县、肇东市、扬中市、建德市、长兴县等县的数据来自县级政府的2020年财政预算报告；分宜县、吉水县、衡东县、洞口县、紫金县、博罗县、乐昌市等县的数据来自县级政府的2019年财政决算报告；此外，以下各县级政府社会保险基金支出数据是通过对该县所在地级市政府的所有县级政府数据的平均值和最低值二次平均得到的：当涂县、和县、濉溪县、枞阳县、怀宁县、太湖县、宿松县、望江县、岳西县、桐城市、潜山市、歙县、休宁县、独山县、长顺县、惠水县、三都水族自治县等。

13. 节能环保支出占地方一般公共预算支出比例（%）指节能环保支出/地方一般公共预算支出，节能环保支出指标数据来源于县级政府2020年财政预算执行情况和2021年财政预算的报告。其中，桑植县、南县、安化县、桂阳县、桂东县、安仁县、江华瑶族自治县、中方县等县的数据来源于县级政府的2019年财政预算执行情况与2020年县级政府财政预算的报告；耒阳市、衡山县、邵阳县、新宁县、城步苗族自治县、汨罗市、临湘市、岳阳县、平江县、临澧县、慈利县、双牌县、宁远县、溆浦县、通道侗族自治县、涟源市、新化县、吉首市、泸溪县、保靖县、龙山县、雷州市、遂溪县、徐闻县、化州市、阳春市等县的数据来自县级政府的2020年财政预算报告；宾川县、瑞丽市、勐腊县、宁洱哈尼族彝族自治县、墨江哈尼族自治县、景东彝族自治县等县的数据来自 2019 年财政决算报告；此外，以下各县级政府节能环保支出数据通过对该县所在地级市政府的所有县级政府数据的平均值和最低值二次平均得到：集贤县、友谊县、宝清县、肇州县、肇源县、林甸县、嘉荫县、穆棱市、望奎县、绥棱县、安达市、肇东市、海伦市等。

14. 人均邮电业务量（元）指全年邮电业务总量/常住人口数，全年邮电业务总量数据来自县级政府 2020 年国民经济和社会发展统计公报。其中，桦川县、汤原县、同江市、抚远市、呼玛县、常熟市、张家港市、仪征市、丹阳市、句容市、沭阳县、建德市、平阳县、苍南县、景宁畲族自治县、无为市、庐江县、凤台县等县的数据来自 2019 年国民经济和社会发展统计公报；绥滨县、友谊县、寿县、当涂县、含山县、怀宁县、太湖县、宿松县、望江县等县的数据来自 2021 年县级政府工作报告；此外，以下各县级政府全年邮电业务总量数据通过对该县所在地级市政府的所有县级政府数据的平均值和最低值二次平均得到：集贤县、宝清县、饶河县、肇州县、肇源县、杜尔伯特蒙古族自治县、林甸县、嘉荫县、汤旺县、丰林县、大箐山县、南岔县、铁力市、桦南县、林口县、绥芬河市等。

15. 移动电话普及率（部/人）指移动电话用户/常住人口数，移动电话用户的数据来源于 2020 年国民经济和社会发展统计公报。其中，福泉市、贵定县、独山县、罗甸县、长顺县、惠水县、三都水族自治县、富民县等县的数据来自 2019 年国民经济和社会发展统计公报；此外，以下各县级政府移动电话用户数据通过对该县所在地级市政府的所有县级政府数据的平均值和最低值二次平均得到：集贤县、宝清县、饶河县、肇州县、肇源县、杜尔伯特蒙古族自治县、林甸县、嘉荫县、汤旺县、丰林县、大箐山县、南岔县、铁力市、桦南县等。

16. 互联网普及率（%）指互联网用户/常住人口数，互联网用户的数据来自县级政府 2020 年国民经济和社会发展统计公报。其中，来安县、凤阳县、天长市、明光市、临泉县、阜南县、砀山县、萧县、灵璧县、泗县、金寨县、涡阳县、利辛县、青阳县、泾县等县的数据来自县级政府2019年国民经济和社会发展统计公报；龙海市、顺昌县、光泽县、松溪县等县的数据来自2021年政府工作报告；此外，以下各县级政府互联网用户数据通过对该县所在地级市政府的所有县级政府数据的平均值和最低值二次平均得到：榆树市、德惠市、公主岭市、蛟河市、桦甸市、舒兰市、磐石市、梨树县、伊通满族自治县、双辽市、东丰县、东辽县、通化县、辉南县、敦化市等。

17. 全年社会消费品零售总额增长率（%）的数据来自县级政府2020年国民经济和社会发展统计公报及2021年政府工作报告。其中，来安县、定远县、凤阳县、天长市、明光市、临泉县、阜南县、砀山县、萧县、灵璧县、霍邱县、舒城县、金寨县、霍山县、利辛县、东至县、石台县、青阳县等县的数据来自县级政府2019年国民经济和社会发展统计公报；此外，以下各县级政府全年社会消费品零售总额增长率数据通过对该县所在地级市政府的所有县级政府数据的平均值和最低值二次平均得到：东丰县、东辽县、通化县、大安市、靖宇县、临江市、本溪满族自治县、桓仁满族自治县、宽甸满族自治县、黑山县、义县、凌海市、阜新蒙古族自治县、辽阳县等。

18. 权力清单（发布数量及时间）指县级政府发布的权力清单数量及时间，数据来自2021年县级政务服务网、市政府机构编制委员会办公室网站。该指标评分标准为1～3分，主要根据权力清单公布的总数和时间评分。其中，县级政府权力清单指标得1分的是该县公布权力清单的部门少、各部门的权利清单数量少、公布时间晚；得2分的是该县公布权力清单的部门较多，清单总数少、公布时间比较晚；得3分的是该县公布权力清单的总数或综合部门数量多且具体，公布时间早。

19. 实际利用外资［元/（人·千米^2）］的数据来自县级政府2020年国民经济和社会发展统计公报与2021年政府工作报告。其中，丰城市、高安市、奉新县、万载县、宜丰县、南城县、崇仁县、金溪县、资溪县、广昌县、德兴市、玉山县、弋阳县、万年县、婺源县、横峰县、商河县、胶州市、铅山县等县的数据来自2019年国民经济和社会发展统计公报；珙县、耒阳市等县的数据来自2020年政府工作报告；祁阳县、广宁县、怀集县、封开县、德庆县、阳山县、连山壮族瑶族自治县等县的数据来自2020年县级政府统计年鉴；此外，以下各县级政府实际利用外资数据通过对该县所在地级市政府的所有县级政府数据的平均值和最低值二次平均得到：石门县、南县、安化县、桂东县、双牌县、辰溪县、溆浦县、会同县、麻阳苗族自治县、芷江侗族自治县、靖州苗族侗族自治县、通道侗族自治县等。

20. 地方一般公共预算支出［元/（人·千米^2）］的数据来自县级政府2020年预算执行情况和2021年预算草案的报告。其中，东至县、上栗县、芦溪县、共青城市、桂阳县、桂东县、中方县、涟源市、新化县、泸溪县等县的数据来自县级政府2019年预算执行情况和2020年预算草案的报告；汉寿县、石门县、南县、桃江县、临武县、安仁县、东莞市、乐昌市、仁化县的数据来自2020年国民经济和社会发展统计公报；耒阳市、衡山县、邵阳县、绥宁县、新宁县、城步苗族自治县、汨罗市、临湘市、岳阳县、临澧县、慈利县、东安县、双牌县、宁远县、新化县、保靖县、雷州市等县的数据来自县级政府的2020年财政预算报告；福泉市、宜良县、瑞丽市、勐腊县、景东彝族自治县等县的数据来自2019年县级政府决算报告的县级政府；此外，以下各县级政府地方一般公共预算支出数据通过对该县所在地级市政府的所有县级政府数据的平均值和最低值二次平均得到：讷河市、虎林市、密山市、萝北县、克东县、本溪满族自治县等。

21. 非税收入占地方一般公共预算收入比例（%）指非税收入/地方一般公共预算收入，非税收入是逆指标，本书已将其转化为正指标。非税收入的数据来自县级政府2020年财政预算执行情况和2021年财政预算的报告。其中，耒阳市、衡山县、衡东县、邵阳县、洞口县、新宁县、城步苗族自治县、汨罗市、临湘市、岳阳县、平江县、临澧县、慈利县、南县、桂东县、双牌县、中方县等县的数据来自2019年财政预算执行情况和2020年财政预算报告；汉寿县、石门县、桂阳县、宜章县、永兴县、安化县、安仁县、祁阳县、广宁县、封开县、台山市、开平市、鹤山市、中山市、英德市、佛冈县、连山壮族瑶族自治县的数据来自2020年国民经济和社会发展统计公报；宜良县、瑞丽市、镇雄县、勐腊县等县的数据来自县级政府2019年财政决算报告；此外，以下各县级政府非税收入数据通过对该县所在地级市政府的所有县级政府数据的平均值和最低值二次平均得到：本溪满族自治县、宽甸满族自治县、东港市、凤城市、义县、北镇市、盖州市、大石桥市等。

22. 新增公务员人数［名/（人·千米^2）］的相关数据来自2021年国家公务员考试职位表、各省公务员考试网的考试职位表。其中，以下各县级政府新增公务员人数数据通过对该县所在地级市政府的所有县级政府数据的平均值和最低值二次平均得到：馆陶县、内丘县、右玉县、和顺县、左权县、昔阳县、寿阳县、临猗县、平陆县等。

23. 农村居民人均可支配收入（元）的数据来自县级政府2020年国民经济和社会发展统计公报与2021年政府工作报告。其中，隆回县、双牌县、道县、江永县、蓝山县、新田县、古丈县、雷州市、徐闻县、高州市、四会市、恩平市、南雄市、始兴县、博罗县、惠东县等县的数据来自县级政府2019年国民经济和社会发展统计公报；连城县、霞浦县、松潘县、九寨沟县、康定市、丹巴县、九龙县、雅江县、道孚县、炉霍县、巴塘县、普安县、贞丰县等县的数据来自县级政府2020年政府工作报告；此外，以下各县级政府农村居民人均可支配收入数据通过对该县所在地级市政府的所有县级政府数据的平均值和最低值二次平均得到：闽清县、平潭县、建宁县、惠安县、莲花县、上栗县、会昌县等。

24. 城镇居民人均可支配收入（元）的数据来自县级政府2020年国民经济和社会发展统计公报与2021年政府工作报告。其中，兴国县、寻乌县、石城县、吉安县、吉水县、峡江县、泰和县、遂川县、万安县、安福县、隆回县、双牌县、道县、江永县、蓝山县、新田县、古丈县、雷州市、徐闻县、高州市、四会市、恩平市、南雄市、始兴县、博罗县、惠东县等县的数据来自2019年国民经济和社会发展统计公报；松潘县、九寨沟县、康定市、丹巴县、九龙县、雅江县、道孚县、炉霍县、巴塘县、普安县、贞丰县等县的数据来自县级政府2020年政府工作报告；此外，以下各县级政府城镇居民人均可支配收入数据通过对该县所在地级市政府的所有县级政府数据的平均值和最低值二次平均得到：调兵山市、开原市、朝阳县、建平县、喀喇沁左翼蒙古族自治县、北票市、凌源市、绥中县、建昌县、兴城市、农安县等。

25. 城镇登记失业率（%）的数据来自县级政府2019年国民经济和社会发展统计公报和2020年政府工作报告，该指标是逆指标，本书已将其转化为正指标。其中，来安县、定远县、凤阳县、天长市、临泉县、阜南县、砀山县、霍邱县、涡阳县、利辛县、石台县、青阳县、泾县、福清市、仙游县、泰宁县、建宁县、晋江市、长泰县、东山县、南靖县、华安县、政和县、长汀县、上杭县、屏南县等县的数据来自县级政府2019年国民经济和社会发展统计公报；闽侯县、连城县、霞浦县、普安县、黎平县等县的数据来自县级政府2020年政府工作报告；此外，以下各县级政府城镇登记失业率数据通过对该县所在地级市政府的所有县级政府数据的平均值和最低值二次平均得到：萧县、灵璧县、舒城县、罗源县、闽清县、永泰县、平潭县、明溪县、惠安县、德化县等。

26. 月最低工资标准（元）的数据来自2021年政府网站关于调整最低工资标准的通知以及2021年省级最低工资标准。其中，黟县、祁门县、来安县、全椒县、定远县、凤阳县、天长市、明光市、临泉县、太和县、阜南县、颍上县、界首市、砀山县、萧县、灵璧县、泗县、霍邱县、舒城县、金寨县、霍山县、涡阳县、蒙城县、利辛县、东至县、石台县、青阳县、郎溪县等县的数据来自县级政府人力资源和社会保障局关于调整最低工资标准的最新通知。

27. 领导信息公开数据来源于2021年各县级政府网站。参考县级政府信息公开栏目信息，政府主要领导指县长或副县长个人信息；县级政府电话数据来源于县级政府网站，参考县级政府信息公开栏目信息：县级政府办公室电话。该指标评分标准是：领导个人信息等于或多于5项的为3分，领导个人信息等于或少于4项的为2分，领导个人信息没有公开的为1分。

28. 三公经费公开数据来自各县级政府网站，主要看其是否公开了2020年三公经费。其中，公开比较全面的政府部门三公经费的县级政府为3分，只公开一些政府部门三公经费的县级政府为2分，没有公开三公经费的县级政府为1分。

29. 工作报告公开数据来源于2020年县级政府网站，参考2021年各县级政府人代会的政府工作报告。其中，公开2021年政府工作报告的为3分，只公开2020年政府工作报告的为2分，只公开2019年及以前政府工作报告的为1分。

30. 预算报告公开数据来自各县级政府网站，参考2021年预算报告。其中，公开2021年预算报告的为3分，只公开2020年预算报告的为2分，只公开2019年及以前预算报告的为1分。

31. 计划报告公开数据来源于各县级政府网站，参考2021年计划报告。其中，公开2021年计划报告的为3分，只公开2020年计划报告的为2分，只公开2019年及以前计划报告的为1分。

32. 统计公报公开数据来源于各地级市政府网站，参考2020年统计公报。其中，公开2020年统计公报的为3分，只公开2019年统计公报的为2分，只公开2018年及以前统计公报的为1分。

33. 公务员考试职位表公开数据来源于2021年省级政府或市级政府（县级政府）人事考试网。其中，公务员考试职务公开表公布时间在2021年4月以前的为3分，公布时间在2020年4月至6月的为2分，公布时间在2020年7月以后或未公布的为1分。

34. “十四五”规划公开数据来自各县政府网站，参考各地“十四五”

规划纲要文件。其中，完全公开“十四五”规划纲要文件的记2分，尚未公开“十四五”规划纲要文件的记1分。

35. 政府办事时效数据来自2020年各县级政府网站，参考县级政府主要领导（或县级政府）邮箱里的信件收到及处理反馈时间信息。其中，信件处理反馈时间为1～5天的记3分，处理反馈时间为6～10天的记2分，处理反馈时间为10天以上的记1分。

36. 政府信息公开时效数据来自2020年县级人民政府网站，主要根据信息公开年报公布的总数和时间评分。其中，该县公布信息公开年报部门数量多且具体、公布时间早，得3分；该县公布信息公开年报的部门较多、公布时间比较晚，得2分；该县公布信息公开年报的部门少、公布时间晚，得1分。

37. 农林牧渔总产值［元/（人·千米^2）］的数据来自县级政府2020年国民经济和社会发展统计公报。其中，来安县、定远县、凤阳县、临泉县、阜南县、萧县、霍邱县、金寨县、霍山县、石台县、青阳县、泾县、闽侯县、连江县、罗源县、福清市、清流县、德化县、邵东市、新宁县、桑植县、东安县、道县、蓝山县、新田县、古丈县、四会市、恩平市、南雄市、始兴县等县数据来源于2019年国民经济和社会发展统计公报；井陉县、正定县、高邑县、深泽县、赞皇县、无极县、平山县、元氏县、赵县、辛集市、晋州市、新乐市、乐亭县、迁西县、玉田县、遵化市、滦州市、青龙满族自治县、昌黎县、卢龙县、临漳县等县的数据来自所在省的2020年统计年鉴；此外，以下各县级政府农林牧渔总产值数据通过对该县所在地级市政府的所有县级政府数据的平均值和最低值二次平均得到：天长市、明光市、太和县、砀山县、灵璧县、泗县、涡阳县、蒙城县、利辛县、东至县、旌德县、闽清县、平潭县等。

38. 粮食总产量［公斤/（人·千米^2）］的数据来自县级政府2020年国民经济和社会发展统计公报。其中，耒阳市、隆回县、新宁县、桑植县、东安县、江永县、蓝山县、新田县、古丈县、雷州市、高州市、四会市、恩平市、南雄市、始兴县、惠东县等县的数据来自2019年国民经济和社会发展统计公报；丹巴县、九龙县、雅江县、道孚县、炉霍县、甘孜县、新龙县、白玉县、色达县、理塘县、巴塘县、乡城县、稻城县等县的数据来自所在省的2020年统计年鉴；此外，以下各县级政府粮食总产量的数据通过对该县所在地级市政府的所有县级政府数据的平均值和最低值二次平均得到：双牌县、吴川市、徐闻县、化州市、阳山县、连山壮族瑶族自治县、紫金县、龙川县、连平县、东源县等。

39. 设施农业占地（水面）面积（公顷）的数据来自《中国县域统计年鉴2020》。此外，以下各县级政府设施农业占地（水面）面积数据通过对该县所在地级市政府的所有县级政府数据的平均值和最低值二次平均得到：正定县、辛集市、临城县、威县、南宫市、涞水县、定兴县、高阳县、孟村回族自治县、固安县、永清县、香河县、大城县、文安县、大厂回族自治县、霸州市、三河市等。

40. 农村改厕个数［个/（人·千米^2）］的数据来源于县级2020年国民经济发展统计公报和2021年政府工作报告。其中，耒阳市、桃江县、双牌县、徐闻县、建宁县、上杭县、连城县、福安市等县的数据来源于2020年县级政府工作报告；此外，以下各县级政府农村改厕个数的数据通过对该县所在地级市政府的所有县级政府数据的平均值和最低值二次平均得到：定远县、凤阳县、临泉县、太和县、阜南县、界首市、砀山县、萧县、灵璧县、泗县、霍邱县、舒城县、郎溪县、绩溪县、旌德县、闽侯县、连江县等。

41. 农村公路交通的数据来源于各县级政府网站，参考政府官网是否出台与农村公路交通有关的管理办法、措施，或是否公布资金支持农村公路交通建设信息。有证据表明县级政府出台了相关办法、措施建设农村公路，且公布了具体资金投入情况的为3分；有相关办法、措施而无资金投入情况，或有资金投入情况无相关办法、措施的为2分；两者信息公布都少或年份过早的为1分。

42. 美丽乡村建设是指农村居民的生活环境状况，即居民居住条件是否日渐改善，适合长期居住。本指标的评价标准包括两方面：一是该县有很多美丽乡村建设政策性文件，政府已采取系列措施努力改善该县居民的生活环境；二是该县政府官网有报道表明其有美丽乡村建设项目计划。以上两个方面都满足打3分，满足其中一方面打2分，两方面报道都较少打1分。

43. 乡村振兴政策及机制依据县级政府部门具体落实、报道县级政府乡村振兴相关政策数量进行评价。在县政府网站以“乡村振兴”为关键词进行搜索，统计发布时间为2020年3月1日至2021年6月30日相关新闻页数（10条/页），1～10页为1分，11～20页为2分，20页以上为3分。

44. 村民自治通过县级政府部门具体落实、报道村民自治典型案例个数以及相关政策文件数量进行评价。在县政府官网以“村民委员会”为关键词进行搜索，统计发布时间为2020年3月1日至2021年6月30日相关新闻页数（10条/页），1～3页为1分，4～6页为2分，7页及以上为3分。

注：本书有关县级政府效率测度指标信息收集、查询截止时间为2021年6月30日。

附录3　2021年中国地方政府效率测度样本

附录3.1　2020年中国省级政府效率测度样本名单（31个）

1. 华东地区（7个）

上海市、江苏省、浙江省、安徽省、福建省、江西省、山东省；

2. 中南地区（6个）

河南省、湖北省、湖南省、广东省、广西壮族自治区、海南省；

3. 西南地区（5个）

重庆市、四川省、贵州省、云南省、西藏自治区；

4. 西北地区（5 个）

陕西省、甘肃省、青海省、宁夏回族自治区、新疆维吾尔自治区；

5. 华北地区（5 个）

北京市、天津市、河北省、山西省、内蒙古自治区；

6. 东北地区（3 个）

辽宁省、吉林省、黑龙江省。

附录 3.2　2021 年中国地级市政府效率测度样本名单（333 个）

1. 华东地区 76 个地级市

（1）安徽省 16 个地级市

合肥市、芜湖市、蚌埠市、淮南市、马鞍山市、淮北市、铜陵市、安庆市、黄山市、滁州市、阜阳市、宿州市、六安市、亳州市、池州市、宣城市。

（2）福建省 9 个地级市

福州市、厦门市、莆田市、三明市、泉州市、漳州市、南平市、龙岩市、宁德市。

（3）江苏省 13 个地级市

南京市、无锡市、徐州市、常州市、苏州市、南通市、连云港市、淮安市、盐城市、扬州市、镇江市、泰州市、宿迁市。

（4）江西省 11 个地级市

南昌市、景德镇市、萍乡市、九江市、新余市、鹰潭市、赣州市、吉安市、宜春市、抚州市、上饶市。

（5）山东省 16 个地级市

济南市、青岛市、淄博市、枣庄市、东营市、烟台市、潍坊市、济宁市、泰安市、威海市、日照市、临沂市、德州市、聊城市、滨州市、菏泽市。

（6）浙江省 11 个地级市

杭州市、宁波市、温州市、嘉兴市、湖州市、绍兴市、金华市、衢州市、舟山市、台州市、丽水市。

2. 中南地区 83 个地级市

（1）广东省 21 个地级市

广州市、深圳市、佛山市、中山市、珠海市、湛江市、茂名市、阳江市、云浮市、肇庆市、江门市、清远市、东莞市、韶关市、河源市、惠州市、汕尾市、梅州市、揭阳市、汕头市、潮州市。

（2）广西壮族自治区 14 个地级市

南宁市、北海市、钦州市、防城港市、崇左市、梧州市、玉林市、贵港市、来宾市、柳州市、百色市、河池市、桂林市、贺州市。

（3）海南省 4 个地级市

海口市、三亚市、三沙市、儋州市。

（4）河南省 17 个地级市

郑州市、开封市、洛阳市、平顶山市、安阳市、鹤壁市、新乡市、焦作市、濮阳市、许昌市、漯河市、三门峡市、南阳市、商丘市、信阳市、周口市、驻马店市。

（5）湖北省 13 个地级市

武汉市、黄石市、十堰市、宜昌市、襄阳市、鄂州市、荆门市、孝感市、荆州市、黄冈市、咸宁市、随州市、恩施土家族苗族自治州。

（6）湖南省 14 个地级市

长沙市、株洲市、湘潭市、衡阳市、邵阳市、岳阳市、常德市、张家界市、益阳市、郴州市、永州市、怀化市、娄底市、湘西土家族苗族自治州。

3. 西南地区 53 个地级市

（1）贵州省 9 个地级市

贵阳市、六盘水市、遵义市、安顺市、毕节市、铜仁市、黔西南布依族苗族自治州、黔东南苗族侗族自治州、黔南布依族苗族自治州。

（2）四川省 21 个地级市

成都市、自贡市、攀枝花市、泸州市、德阳市、绵阳市、广元市、遂宁市、内江市、乐山市、南充市、眉山市、宜宾市、广安市、达州市、雅安市、巴中市、资阳市、阿坝藏族羌族自治州、甘孜藏族自治州、凉山彝族自治州。

（3）西藏自治区 7 个地级市

拉萨市、日喀则市、昌都市、林芝市、山南市、那曲市、阿里地区。

（4）云南省 16 个地级市

昆明市、曲靖市、玉溪市、保山市、昭通市、丽江市、普洱市、临沧市、楚雄彝族自治州、红河哈尼族彝族自治州、文山壮族苗族自治州、西双版纳傣族自治州、大理白族自治州、德宏傣族景颇族自治州、怒江傈僳族自治州、迪庆藏族自治州。

4. 西北地区 51 个地级市

（1）甘肃省 14 个地级市

兰州市、嘉峪关市、金昌市、白银市、天水市、酒泉市、张掖市、武威市、定西市、陇南市、平凉市、庆阳市、临夏回族自治州、甘南藏族自治州。

（2）宁夏回族自治区 5 个地级市

银川市、石嘴山市、吴忠市、固原市、中卫市。

（3）青海省 8 个地级市

西宁市、海东市、海北藏族自治州、黄南藏族自治州、海南藏族自治州、果洛藏族自治州、玉树藏族自治州、海西蒙古族藏族自治州

（4）陕西省 10 个地级市

西安市、铜川市、宝鸡市、咸阳市、渭南市、汉中市、安康市、商洛市、延安市、榆林市。

（5）新疆维吾尔自治区 14 个地级市

乌鲁木齐市、克拉玛依市、吐鲁番市、哈密市、阿克苏地区、喀什地区、和田地区、昌吉回族自治州、博尔塔拉蒙古自治州、巴音郭楞蒙古自治州、克孜勒苏柯尔克孜自治州、伊犁哈萨克自治州、塔城地区、阿勒泰地区。

5. 华北地区 34 个地级市

（1）河北省 11 个地级市

石家庄市、唐山市、秦皇岛市、邯郸市、邢台市、保定市、张家口市、承德市、沧州市、廊坊市、衡水市。

（2）内蒙古自治区 12 个地级市

呼和浩特市、包头市、乌海市、赤峰市、通辽市、鄂尔多斯市、呼伦贝尔市、巴彦淖尔市、乌兰察布市、兴安盟、锡林郭勒盟、阿拉善盟。

（3）山西省 11 个地级市

太原市、大同市、朔州市、忻州市、阳泉市、吕梁市、晋中市、长治市、晋城市、临汾市、运城市。

6. 东北地区 36 个地级市

（1）黑龙江省 13 个地级市

哈尔滨市、齐齐哈尔市、牡丹江市、佳木斯市、大庆市、鸡西市、双鸭山市、伊春市、七台河市、鹤岗市、黑河市、绥化市、大兴安岭地区。

（2）吉林省 9 个地级市

长春市、吉林市、四平市、辽源市、通化市、白山市、松原市、白城市、延边朝鲜族自治州。

（3）辽宁省 14 个地级市

沈阳市、大连市、鞍山市、抚顺市、本溪市、丹东市、锦州市、营口市、阜新市、辽阳市、盘锦市、铁岭市、朝阳市、葫芦岛市。

附录 3.3　2021 年中国县级政府效率测度样本名单（1871 个）

1. 华东地区 359 个县级政府

（1）江苏省 40 个县级政府

无锡市：江阴市、宜兴市。

徐州市：丰县、沛县、睢宁县、新沂市、邳州市。

常州市：溧阳市。

苏州市：常熟市、张家港市、昆山市、太仓市。

南通市：如东县、启东市、如皋市、海安市。

连云港市：东海县、灌云县、灌南县。

淮安市：涟水县、盱眙县、金湖县。

盐城市：响水县、滨海县、阜宁县、射阳县、建湖县、东台市。

扬州市：宝应县、仪征市、高邮市。

镇江市：丹阳市、扬中市、句容市。

泰州市：兴化市、靖江市、泰兴市。

宿迁市：沭阳县、泗阳县、泗洪县。

（2）浙江省 53 个县级政府

杭州市：桐庐县、淳安县、建德市。

宁波市：象山县、宁海县、余姚市、慈溪市。

温州市：永嘉县、平阳县、苍南县、文成县、泰顺县、瑞安市、乐清市、龙港市。

嘉兴市：嘉善县、海盐县、海宁市、平湖市、桐乡市。

湖州市：德清县、长兴县、安吉县。

绍兴市：新昌县、诸暨市、嵊州市。

金华市：武义县、浦江县、磐安县、兰溪市、义乌市、东阳市、永康市。

衢州市：常山县、开化县、龙游县、江山市。

舟山市：岱山县、嵊泗县。

台州市：三门县、天台县、仙居县、温岭市、临海市、玉环市。

丽水市：青田县、缙云县、遂昌县、松阳县、云和县、庆元县、景宁畲族自治县、龙泉市。

（3）安徽省 59 个县级政府

合肥市：长丰县、肥东县、肥西县、庐江县、巢湖市。

芜湖市：南陵县、无为市。

蚌埠市：怀远县、五河县、固镇县。

淮南市：凤台县、寿县。

马鞍山市：当涂县、含山县、和县。

淮北市：濉溪县。

铜陵市：枞阳县。

安庆市：怀宁县、太湖县、宿松县、望江县、岳西县、桐城市、潜山市。

黄山市：歙县、休宁县、黟县、祁门县。

滁州市：来安县、全椒县、定远县、凤阳县、天长市、明光市。

阜阳市：临泉县、太和县、阜南县、颍上县、界首市。

宿州市：砀山县、萧县、灵璧县、泗县。

六安市：霍邱县、舒城县、金寨县、霍山县。

亳州市：涡阳县、蒙城县、利辛县。

池州市：东至县、石台县、青阳县。

宣城市：郎溪县、泾县、绩溪县、旌德县、宁国市、广德市。

（4）福建省56个县级政府

福州市：闽侯县、连江县、罗源县、闽清县、永泰县、平潭县、福清市。

莆田市：仙游县。

三明市：明溪县、清流县、宁化县、大田县、尤溪县、沙县、将乐县、泰宁县、建宁县、永安市。

泉州市：惠安县、安溪县、永春县、德化县、石狮市、晋江市、南安市、金门县。

漳州市：云霄县、漳浦县、诏安县、长泰县、东山县、南靖县、平和县、华安县、龙海市。

南平市：顺昌县、浦城县、光泽县、松溪县、政和县、邵武市、武夷山市、建瓯市。

龙岩市：长汀县、上杭县、武平县、连城县、漳平市。

宁德市：霞浦县、古田县、屏南县、寿宁县、周宁县、柘荣县、福安市、福鼎市。

（5）江西省73个县级政府

南昌市：南昌县、安义县、进贤县。

景德镇市：乐平市、浮梁县。

萍乡市：莲花县、上栗县、泸溪县。

九江市：瑞昌市、共青城市、庐山市、武宁县、修水县、永修县、德安县、都昌县、湖口县、彭泽县。

新余市：分宜县。

鹰潭市：贵溪市。

赣州市：瑞金市、龙南市、信丰县、大余县、上犹县、崇义县、安远县、定南县、全南县、宁都县、于都县、兴国县、会昌县、寻乌县、石城县。

吉安市：井冈山市、吉安县、吉水县、峡江县、新干县、永丰县、泰和县、遂川县、万安县、安福县、永新县。

宜春市：丰城市、樟树市、高安市、奉新县、万载县、上高县、宜丰县、靖安县、铜鼓县。

抚州市：南城县、黎川县、南丰县、崇仁县、乐安县、宜黄县、金溪县、资溪县、广昌县。

上饶市：德兴市、玉山县、铅山县、横峰县、弋阳县、余干县、鄱阳县、万年县、婺源县。

（6）山东省78个县级政府

济南市：平阴县、商河县。

青岛市：胶州市、平度市、莱西市。

淄博市：桓台县、高青县、沂源县。

枣庄市：滕州市。

东营市：利津县、广饶县。

烟台市：龙口市、莱阳市、莱州市、招远市、栖霞市、海阳市。

潍坊市：青州市、诸城市、寿光市、安丘市、高密市、昌邑市、临朐县、昌乐县。

济宁市：曲阜市、邹城市、微山县、鱼台县、金乡县、嘉祥县、汶上县、泗水县、梁山县。

泰安市：新泰市、肥城市、宁阳县、东平县。

威海市：荣成市、乳山市。

日照市：五莲县、莒县。

临沂市：沂南县、郯城县、沂水县、兰陵县、费县、平邑县、莒南县、蒙阴县、临沭县。

德州市：乐陵市、禹城市、宁津县、庆云县、临邑县、齐河县、平原县、夏津县、武城县。

聊城市：临清市、阳谷县、莘县、东阿县、冠县、高唐县。

滨州市：邹平市、惠民县、阳信县、无棣县、博兴县。

菏泽市：单县、成武县、巨野县、郓城县、鄄城县、曹县、东明县。

2. 中南地区 396 个县级政府

（1）河南省 105 个县级政府

郑州市：中牟县、巩义市、荥阳市、新密市、新郑市、登封市。

开封市：杞县、通许县、尉氏县、兰考县。

洛阳市：孟津县、新安县、栾川县、嵩县、汝阳县、宜阳县、洛宁县、伊川县、偃师市。

平顶山市：宝丰县、叶县、鲁山县、郏县、舞钢市、汝州市。

安阳市：安阳县、汤阴县、滑县、内黄县、林州市。

鹤壁市：浚县、淇县。

新乡市：新乡县、获嘉县、原阳县、延津县、封丘县、卫辉市、辉县市、长垣市。

焦作市：修武县、博爱县、武陟县、温县、沁阳市、孟州市。

濮阳市：清丰县、南乐县、范县、台前县、濮阳县。

许昌市：鄢陵县、襄城县、禹州市、长葛市。

漯河市：舞阳县、临颍县。

三门峡市：渑池县、卢氏县、义马市、灵宝市。

南阳市：南召县、方城县、西峡县、镇平县、内乡县、淅川县、社旗县、唐河县、新野县、桐柏县、邓州市。

商丘市：民权县、睢县、宁陵县、柘城县、虞城县、夏邑县、永城市。

信阳市：罗山县、光山县、新县、商城县、固始县、潢川县、淮滨县、息县。

周口市：扶沟县、西华县、商水县、沈丘县、郸城县、太康县、鹿邑县、项城市。

驻马店市：西平县、上蔡县、平舆县、正阳县、确山县、泌阳县、汝南县、遂平县、新蔡县。

省直辖县级行政单位：济源市。

（2）湖北省63个县级政府

黄石市：阳新县、大冶市。

十堰市：郧西县、竹山县、竹溪县、房县、丹江口市。

宜昌市：远安县、兴山县、秭归县、长阳土家族自治县、五峰土家族自治县、宜都市、当阳市、枝江市。

襄阳市：南漳县、谷城县、保康县、老河口市、枣阳市、宜城市。

荆门市：沙洋县、钟祥市、京山市。

孝感市：孝昌县、大悟县、云梦县、应城市、安陆市、汉川市。

荆州市：公安县、监利县、江陵县、石首市、洪湖市、松滋市。

黄冈市：团风县、红安县、罗田县、英山县、浠水县、蕲春县、黄梅县、麻城市、武穴市。

咸宁市：嘉鱼县、通城县、崇阳县、通山县、赤壁市。

随州市：随县、广水市。

恩施土家族苗族自治州：恩施市、利川市、建始县、巴东县、宣恩县、咸丰县、来凤县、鹤峰县。

省直辖县级行政单位：潜江市、仙桃市、天门市。

（3）湖南省 86 个县级政府

长沙市：长沙县、浏阳市、宁乡市。

株洲市：醴陵市、攸县、茶陵县、炎陵县。

湘潭市：湘乡市、韶山市、湘潭县。

衡阳市：耒阳市、常宁市、衡阳县、衡南县、衡山县、衡东县、祁东县。

邵阳市：武冈市、邵东市、新邵县、邵东市、隆回县、洞口县、绥宁县、新宁县、城步苗族自治县。

岳阳市：汨罗市、临湘市、岳阳县、华容县、湘阴县、平江县。

常德市：津市市、安乡县、汉寿县、澧县、临澧县、桃源县、石门县。

张家界市：慈利县、桑植县。

益阳市：沅江市、南县、桃江县、安化县。

郴州市：资兴市、桂阳县、宜章县、永兴县、嘉禾县、临武县、汝城县、桂东县、安仁县。

永州市：祁阳县、东安县、双牌县、道县、江永县、宁远县、蓝山县、新田县、江华瑶族自治县。

怀化市：洪江市、中方县、沅陵县、辰溪县、溆浦县、会同县、麻阳苗族自治县、新晃侗族自治县、芷江侗族自治县、靖州苗族侗族自治县、通道侗族自治县。

娄底市：冷水江市、涟源市、双峰县、新化县。

湘西土家族苗族自治州：吉首市、泸溪县、凤凰县、花垣县、保靖县、古丈县、永顺县、龙山县。

（4）广东省57个县级政府

湛江市：廉江市、雷州市、吴川市、遂溪县、徐闻县。

茂名市：高州市、化州市、信宜市。

阳江市：阳春市、阳西县。

云浮市：罗定市、新兴县、郁南县。

肇庆市：四会市、广宁县、怀集县、封开县、德庆县。

江门市：台山市、开平市、鹤山市、恩平市。

清远市：英德市、连州市、佛冈县、阳山县、连山壮族瑶族自治县、连南瑶族自治县。

韶关市：乐昌市、南雄市、始兴县、仁化县、翁源县、新丰县、乳源瑶族自治县。

河源市：紫金县、龙川县、连平县、和平县、东源县。

惠州市：博罗县、惠东县、龙门县。

汕尾市：陆丰市、海丰县、陆河县。

梅州市：兴宁市、大埔县、丰顺县、五华县、平远县、蕉岭县。

揭阳市：普宁市、揭西县、惠来县。

汕头市：南澳县。

潮州市：饶平县。

（5）广西壮族自治区70个县级政府

南宁市：隆安县、马山县、上林县、宾阳县、横县。

柳州市：柳城县、鹿寨县、融安县、融水苗族自治县、三江侗族自治县。

桂林市：阳朔县、灵川县、全州县、兴安县、永福县、灌阳县、龙胜各族自治县、资源县、平乐县、荔浦市、恭城瑶族自治县。

梧州市：苍梧县、藤县、蒙山县、岑溪市。

北海市：合浦县。

防城港市：上思县、东兴市。

钦州市：灵山县、浦北县。

贵港市：平南县、桂平市。

玉林市：容县、陆川县、博白县、兴业县、北流市。

百色市：田东县、德保县、那坡县、凌云县、乐业县、田林县、西林县、隆林各族自治县、靖西市、平果市。

贺州市：昭平县、钟山县、富川瑶族自治县。

河池市：南丹县、天峨县、凤山县、东兰县、罗城仫佬族自治县、环江毛南族自治县、巴马瑶族自治县、都安瑶族自治县、大化瑶族自治县。

来宾市：忻城县、象州县、武宣县、金秀瑶族自治县、合山市。

崇左市：扶绥县、宁明县、龙州县、大新县、天等县、凭祥市。

（6）海南省 15 个县级政府

省直辖县级政府：定安县、屯昌县、澄迈县、临高县、白沙黎族自治县、昌江黎族自治县、乐东黎族自治县、陵水黎族自治县、保亭黎族苗族自治县、琼中黎族苗族自治县、五指山市、琼海市、文昌市、万宁市、东方市。

3. 西南地区 391 个县级政府

（1）四川省 128 个县级政府

成都市：金堂县、大邑县、蒲江县、都江堰市、彭州市、邛崃市、崇州市、简阳市。

自贡市：荣县、富顺县。

攀枝花市：米易县、盐边县。

泸州市：泸县、合江县、叙永县、古蔺县。

德阳市：中江县、广汉市、什邡市、绵竹市。

绵阳市：三台县、盐亭县、梓潼县、北川羌族自治县、平武县、江油市。

广元市：旺苍县、青川县、剑阁县、苍溪县。

遂宁市：蓬溪县、大英县、射洪市。

内江市：威远县、资中县、隆昌市。

乐山市：犍为县、井研县、夹江县、沐川县、峨边彝族自治县、马边彝族自治县、峨眉山市。

南充市：南部县、营山县、蓬安县、仪陇县、西充县、阆中市。

眉山市：仁寿县、洪雅县、丹棱县、青神县。

宜宾市：江安县、长宁县、高县、珙县、筠连县、兴文县、屏山县。

广安市：岳池县、武胜县、邻水县、华蓥市。

达州市：宣汉县、开江县、大竹县、渠县、万源市。

雅安市：荥经县、汉源县、石棉县、天全县、芦山县、宝兴县。

巴中市：通江县、南江县、平昌县。

资阳市：安岳县、乐至县。

阿坝藏族羌族自治州：马尔康市、汶川县、理县、茂县、松潘县、九寨沟县、金川县、小金县、黑水县、壤塘县、阿坝县、若尔盖县、红原县。

甘孜藏族自治州：康定市、泸定县、丹巴县、九龙县、雅江县、道孚县、炉霍县、甘孜县、新龙县、德格县、白玉县、石渠县、色达县、理塘县、巴塘县、乡城县、稻城县、得荣县。

凉山彝族自治州：西昌市、木里藏族自治县、盐源县、德昌县、会理县、会东县、宁南县、普格县、布拖县、金阳县、昭觉县、喜德县、冕宁县、越西县、甘洛县、美姑县、雷波县。

（2）贵州省 73 个县级政府

贵阳市：开阳县、息烽县、修文县、清镇市。

六盘水市：六枝特区、水城县、盘州市。

遵义市：桐梓县、绥阳县、正安县、道真仡佬族苗族自治县、务川仡佬族苗族自治县、凤冈县、湄潭县、余庆县、习水县、赤水市、仁怀市。

安顺市：普定县、镇宁布依族苗族自治县、关岭布依族苗族自治县、紫云苗族布依族自治县。

毕节市：大方县、黔西县、金沙县、织金县、纳雍县、威宁彝族回族苗族自治县、赫章县。

铜仁市：江口县、玉屏侗族自治县、石阡县、思南县、印江土家族苗族自治县、德江县、沿河土家族自治县、松桃苗族自治县。

黔西南布依族苗族自治州：兴义市、兴仁市、普安县、晴隆县、贞丰县、望谟县、册亨县、安龙县。

黔东南苗族侗族自治州：凯里市、黄平县、施秉县、三穗县、镇远县、岑巩县、天柱县、锦屏县、剑河县、台江县、黎平县、榕江县、从江县、雷山县、麻江县、丹寨县。

黔南布依族苗族自治州：都匀市、福泉市、荔波县、贵定县、瓮安县、独山县、平塘县、罗甸县、长顺县、龙里县、惠水县、三都水族自治县。

（3）云南省 112 个县级政府

昆明市：富民县、宜良县、石林彝族自治县、嵩明县、禄劝彝族苗族自治县、寻甸回族彝族自治县、安宁市。

曲靖市：师宗县、罗平县、富源县、会泽县、宣威市、陆良县。

玉溪市：通海县、华宁县、易门县、峨山彝族自治县、新平彝族傣族自治县、元江哈尼族彝族傣族自治县、澄江市。

保山市：施甸县、龙陵县、昌宁县、腾冲市。

昭通市：鲁甸县、巧家县、盐津县、大关县、永善县、绥江县、镇雄县、彝良县、威信县、水富市。

丽江市：玉龙纳西族自治县、永胜县、华坪县、宁蒗彝族自治县。

普洱市：宁洱哈尼族彝族自治县、墨江哈尼族自治县、景东彝族自治县、景谷傣族彝族自治县、镇沅彝族哈尼族拉祜族自治县、江城哈尼族彝族自治县、孟连傣族拉祜族佤族自治县、澜沧拉祜族自治县、西盟佤族自治县。

临沧市：凤庆县、云县、永德县、镇康县、双江拉祜族佤族布朗族傣族自治县、耿马傣族佤族自治县、沧源佤族自治县。

楚雄彝族自治州：楚雄市、双柏县、牟定县、南华县、姚安县、大姚县、永仁县、元谋县、武定县、禄丰县。

红河哈尼族彝族自治州：个旧市、开远市、蒙自市、弥勒市、屏边苗族自治县、建水县、石屏县、泸西县、元阳县、红河县、金平苗族瑶族傣族自治县、绿春县、河口瑶族自治县。

文山壮族苗族自治州：文山市、砚山县、西畴县、麻栗坡县、马关县、丘北县、广南县、富宁县。

西双版纳傣族自治州：景洪市、勐海县、勐腊县。

大理白族自治州：大理市、漾濞彝族自治县、祥云县、宾川县、弥渡县、南涧彝族自治县、巍山彝族回族自治县、永平县、云龙县、洱源县、剑川县、鹤庆县。

德宏傣族景颇族自治州：瑞丽市、芒市、梁河县、盈江县、陇川县。

怒江傈僳族自治州：泸水市、福贡县、贡山独龙族怒族自治县、兰坪白族普米族自治县。

迪庆藏族自治州：香格里拉市、德钦县、维西傈僳族自治县。

（4）西藏自治区66个县级政府

拉萨市：林周县、当雄县、尼木县、曲水县、墨竹工卡县。

日喀则市：南木林县、江孜县、定日县、萨迦县、拉孜县、昂仁县、谢通门县、白朗县、仁布县、康马县、定结县、仲巴县、亚东县、吉隆县、聂拉木县、萨嘎县、岗巴县。

昌都市：江达县、贡觉县、类乌齐县、丁青县、察雅县、八宿县、左贡县、芒康县、洛隆县、边坝县。

林芝市：工布江达县、米林县、墨脱县、波密县、察隅县、朗县。

山南市：扎囊县、贡嘎县、桑日县、琼结县、曲松县、措美县、洛扎县、加查县、隆子县、错那县、浪卡子县。

那曲市：嘉黎县、比如县、聂荣县、安多县、申扎县、索县、班戈县、巴青县、尼玛县、双湖县。

阿里地区：普兰县、札达县、噶尔县、日土县、革吉县、改则县、措勤县。

（5）重庆市12个县级政府

重庆：城口县、丰都县、垫江县、忠县、云阳县、奉节县、巫山县、巫溪县、石柱土家族自治县、秀山土家族苗族自治县、酉阳土家族苗族自治县、彭水苗族土家族自治县。

4. 西北地区289个县级政府

（1）陕西省77个县级政府

西安市：蓝田县、周至县。

铜川市：宜君县。

宝鸡市：凤翔县、岐山县、扶风县、眉县、陇县、千阳县、麟游县、凤县、太白县。

咸阳市：三原县、泾阳县、乾县、礼泉县、永寿县、长武县、旬邑县、淳化县、武功县、兴平市、彬州市。

渭南市：潼关县、大荔县、合阳县、澄城县、蒲城县、白水县、富平县、韩城市、华阴市。

延安市：延长县、延川县、志丹县、吴起县、甘泉县、富县、洛川县、宜川县、黄龙县、黄陵县、子长市。

汉中市：城固县、洋县、西乡县、勉县、宁强县、略阳县、镇巴县、留坝县、佛坪县。

榆林市：府谷县、靖边县、定边县、绥德县、米脂县、佳县、吴堡县、清涧县、子洲县、神木市。

安康市：汉阴县、石泉县、宁陕县、紫阳县、岚皋县、平利县、镇坪县、旬阳县、白河县。

商洛市：洛南县、丹凤县、商南县、山阳县、镇安县、柞水县。

（2）甘肃省69个县级政府

兰州市：永登县、皋兰县、榆中县。

金昌市：永昌县。

白银市：靖远县、会宁县、景泰县。

天水市：清水县、秦安县、甘谷县、武山县、张家川回族自治县。

武威市：民勤县、古浪县、天祝藏族自治县。

张掖市：肃南裕固族自治县、民乐县、临泽县、高台县、山丹县。

平凉市：泾川县、灵台县、崇信县、庄浪县、静宁县、华亭市。

酒泉市：金塔县、瓜州县、肃北蒙古族自治县、阿克塞哈萨克族自治县、玉门市、敦煌市。

庆阳市：庆城县、环县、华池县、合水县、正宁县、宁县、镇原县。

定西市：通渭县、陇西县、渭源县、临洮县、漳县、岷县。

陇南市：成县、文县、宕昌县、康县、西和县、礼县、徽县、两当县。

临夏回族自治州：临夏市、临夏县、康乐县、永靖县、广河县、和政县、东乡族自治县、积石山保安族东乡族撒拉族自治县。

甘南藏族自治州：合作市、临潭县、卓尼县、舟曲县、迭部县、玛曲县、碌曲县、夏河县。

（3）青海省 37 个县级政府

西宁市：大通回族土族自治县、湟源县。

海东市：民和回族土族自治县、互助土族自治县、化隆回族自治县、循化撒拉族自治县。

海北藏族自治州：海晏县、祁连县、刚察县、门源回族自治县。

黄南藏族自治州：同仁县、尖扎县、泽库县、河南蒙古族自治县。

海南藏族自治州：共和县、同德县、贵德县、兴海县、贵南县。

果洛藏族自治州：玛沁县、班玛县、甘德县、达日县、久治县、玛多县。

玉树藏族自治州：玉树市、杂多县、称多县、治多县、囊谦县、曲麻莱县。

海西蒙古族藏族自治州：德令哈市、格尔木市、茫崖市、乌兰县、都兰县、天峻县。

（4）宁夏回族自治区13个县级政府

银川市：灵武市、永宁县、贺兰县。

石嘴山市：平罗县。

吴忠市：青铜峡市、盐池县、同心县。

固原市：西吉县、隆德县、泾源县、彭阳县。

中卫市：中宁县、海原县。

（5）新疆维吾尔自治区93个县级政府

乌鲁木齐市：乌鲁木齐县。

吐鲁番市：鄯善县、托克逊县。

哈密市：伊吾县、巴里坤哈萨克自治县。

阿克苏地区：阿克苏市、库车市、温宿县、沙雅县、新和县、拜城县、乌什县、阿瓦提县、柯坪县。

喀什地区：喀什市、疏附县、疏勒县、英吉沙县、泽普县、莎车县、叶城县、麦盖提县、岳普湖县、伽师县、巴楚县、塔什库尔干塔吉克自治县。

和田地区：和田市、和田县、墨玉县、皮山县、洛浦县、策勒县、于田县、民丰县。

昌吉回族自治州：昌吉市、阜康市、呼图壁县、玛纳斯县、奇台县、吉木萨尔县、木垒哈萨克自治县。

博尔塔拉蒙古自治州：博乐市、阿拉山口市、精河县、温泉县。

巴音郭楞蒙古自治州：库尔勒市、轮台县、尉犁县、若羌县、且末县、和静县、和硕县、博湖县、焉耆回族自治县。

克孜勒苏柯尔克孜自治州：阿图什市、阿克陶县、阿合奇县、乌恰县。

伊犁哈萨克自治州：伊宁市、奎屯市、霍尔果斯市、伊宁县、霍城县、巩留县、新源县、昭苏县、特克斯县、尼勒克县、察布查尔锡伯自治县。

塔城地区：塔城市、乌苏市、额敏县、沙湾县、托里县、裕民县、和布克赛尔蒙古自治县。

阿勒泰地区：阿勒泰市、布尔津县、富蕴县、福海县、哈巴河县、青河县、吉木乃县、石河子市、阿拉尔市、图木舒克市、五家渠市、北屯市、铁门关市、双河市、可克达拉市、昆玉市、胡杨河市。

5. 华北地区 289 个县级政府

（1）河北省 118 个县级政府

石家庄市：井陉县、正定县、行唐县、灵寿县、高邑县、深泽县、赞皇县、无极县、平山县、元氏县、赵县、辛集市、晋州市、新乐市。

唐山市：滦南县、乐亭县、迁西县、玉田县、遵化市、迁安市、滦州市。

秦皇岛市：青龙满族自治县、昌黎县、卢龙县。

邯郸市：临漳县、成安县、大名县、涉县、磁县、邱县、鸡泽县、广平县、馆陶县、魏县、曲周县、武安市。

邢台市：临城县、内丘县、柏乡县、隆尧县、宁晋县、巨鹿县、新河县、广宗县、平乡县、威县、清河县、临西县、南宫市、沙河市。

保定市：涞水县、阜平县、定兴县、唐县、高阳县、容城县、涞源县、望都县、安新县、易县、曲阳县、蠡县、顺平县、博野县、雄县、涿州市、定州市、安国市、高碑店市。

张家口市：张北县、康保县、沽源县、尚义县、蔚县、阳原县、怀安县、怀来县、涿鹿县、赤城县。

承德市：承德县、兴隆县、滦平县、隆化县、丰宁满族自治县、宽城满族自治县、围场满族蒙古族自治县、平泉市。

沧州市：沧县、青县、东光县、海兴县、盐山县、肃宁县、南皮县、吴桥县、献县、孟村回族自治县、泊头市、任丘市、黄骅市、河间市。

廊坊市：固安县、永清县、香河县、大城县、文安县、大厂回族自治县、霸州市、三河市。

衡水市：枣强县、武邑县、武强县、饶阳县、安平县、故城县、景县、阜城县、深州市。

（2）山西省 91 个县级政府

太原市：清徐县、阳曲县、娄烦县、古交市。

大同市：阳高县、天镇县、广灵县、灵丘县、浑源县、左云县。

阳泉市：平定县、盂县。

长治市：襄垣县、平顺县、黎城县、壶关县、长子县、武乡县、沁县、沁源县。

晋城市：沁水县、阳城县、陵川县、泽州县、高平市。

朔州市：山阴县、应县、右玉县、怀仁市。

晋中市：榆社县、左权县、和顺县、昔阳县、寿阳县、祁县、平遥县、灵石县、介休市。

运城市：临猗县、万荣县、闻喜县、稷山县、新绛县、绛县、垣曲县、夏县、平陆县、芮城县、永济市、河津市。

忻州市：定襄县、五台县、代县、繁峙县、宁武县、静乐县、神池县、五寨县、岢岚县、河曲县、保德县、偏关县、原平市。

临汾市：曲沃县、翼城县、襄汾县、洪洞县、古县、安泽县、浮山县、吉县、乡宁县、大宁县、隰县、永和县、蒲县、汾西县、霍州市、侯马市。

吕梁市：文水县、交城县、兴县、临县、柳林县、石楼县、岚县、方山县、中阳县、交口县、孝义市、汾阳市。

（3）内蒙古自治区 80 个县级政府

呼和浩特市：土默特左旗、托克托县、和林格尔县、清水河县、武川县。

包头市：土默特右旗、固阳县、达尔罕茂明安联合旗。

赤峰市：阿鲁科尔沁旗、巴林左旗、巴林右旗、林西县、克什克腾旗、翁牛特旗、喀喇沁旗、宁城县、敖汉旗。

通辽市：科尔沁左翼中旗、科尔沁左翼后旗、开鲁县、库伦旗、奈曼旗、扎鲁特旗、霍林郭勒市。

鄂尔多斯市：达拉特旗、准格尔旗、鄂托克前旗、鄂托克旗、杭锦旗、乌审旗、伊金霍洛旗。

呼伦贝尔市：阿荣旗、莫力达瓦达斡尔族自治旗、鄂温克族自治旗、鄂伦春自治旗、陈巴尔虎旗、新巴尔虎左旗、新巴尔虎右旗、满洲里市、牙克石市、扎兰屯市、额尔古纳市、根河市。

巴彦淖尔市：五原县、磴口县、乌拉特前旗、乌拉特中旗、乌拉特后旗、杭锦后旗。

乌兰察布市：卓资县、化德县、商都县、兴和县、凉城县、察哈尔右翼前旗、察哈尔右翼中旗、察哈尔右翼后旗、四子王旗、丰镇市。

兴安盟：乌兰浩特市、阿尔山市、科尔沁右翼前旗、科尔沁右翼中旗、扎赉特旗、突泉县。

锡林郭勒盟：二连浩特市、锡林浩特市、阿巴嘎旗、苏尼特左旗、苏尼特右旗、东乌珠穆沁旗、西乌珠穆沁旗、太仆寺旗、镶黄旗、正镶白旗、正蓝旗、多伦县。

阿拉善盟：阿拉善左旗、阿拉善右旗、额济纳旗。

6. 东北地区 147 个县级政府

（1）辽宁省 41 个县级政府

沈阳市：康平县、法库县、新民市。

大连市：长海县、瓦房店市、庄河市。

鞍山市：台安县、岫岩满族自治县、海城市。

抚顺市：抚顺县、新宾满族自治县、清原满族自治县。

本溪市：本溪满族自治县、桓仁满族自治县。

丹东市：宽甸满族自治县、东港市、凤城市。

锦州市：黑山县、义县、凌海市、北镇市。

营口市：盖州市、大石桥市。

阜新市：阜新蒙古族自治县、彰武县。

辽阳市：辽阳县、灯塔市。

盘锦市：盘山县。

铁岭市：铁岭县、西丰县、昌图县、调兵山市、开原市。

朝阳市：朝阳县、建平县、喀喇沁左翼蒙古族自治县、北票市、凌源市。

葫芦岛市：绥中县、建昌县、兴城市。

（2）吉林省 39 个县级政府

长春市：农安县、榆树市、德惠市、公主岭市。

吉林市：永吉县、蛟河市、桦甸市、舒兰市、磐石市。

四平市：梨树县、伊通满族自治县、双辽市。

辽源市：东丰县、东辽县。

通化市：通化县、辉南县、柳河县、梅河口市、集安市。

白山市：抚松县、靖宇县、长白朝鲜族自治县、临江市。

松原市：前郭尔罗斯蒙古族自治县、长岭县、乾安县、扶余市。

白城市：镇赉县、通榆县、洮南市、大安市。

延边朝鲜族自治州：延吉市、图们市、敦化市、珲春市、龙井市、和龙市、汪清县、安图县。

（3）黑龙江省 67 个县级政府

哈尔滨市：依兰县、方正县、宾县、巴彦县、木兰县、通河县、延寿县、尚志市、五常市。

齐齐哈尔市：龙江县、依安县、泰来县、甘南县、富裕县、克山县、克东县、拜泉县、讷河市。

鸡西市：鸡东县、虎林市、密山市。

鹤岗市：萝北县、绥滨县。

双鸭山市：集贤县、友谊县、宝清县、饶河县。

大庆市：肇州县、肇源县、林甸县、杜尔伯特蒙古族自治县。

伊春市：嘉荫县、汤旺县、丰林县、大箐山县、南岔县、铁力市。

佳木斯市：桦南县、桦川县、汤原县、同江市、富锦市、抚远市。

七台河市：勃利县。

牡丹江市：林口县、绥芬河市、海林市、宁安市、穆棱市、东宁市。

黑河市：逊克县、孙吴县、北安市、五大连池市、嫩江市。

绥化市：望奎县、兰西县、青冈县、庆安县、明水县、绥棱县、安达市、肇东市、海伦市。

大兴安岭地区：漠河市、呼玛县、塔河县。

图书在版编目(CIP)数据

中国地方政府效率研究报告. 2021 / 江西师范大学管理决策评价研究中心，北京师范大学政府管理研究院编. -- 北京：社会科学文献出版社，2022.1
ISBN 978-7-5201-9286-6

Ⅰ. ①中… Ⅱ. ①江… ②北… Ⅲ. ①地方政府-行政管理-效率-研究报告-中国-2021 Ⅳ. ①D625

中国版本图书馆 CIP 数据核字(2021)第 239065 号

中国地方政府效率研究报告（2021）

编　　者 / 江西师范大学管理决策评价研究中心
　　　　　北京师范大学政府管理研究院

出 版 人 / 王利民
责任编辑 / 陈凤玲
文稿编辑 / 李惠惠　刘珊珊　王　倩
责任印制 / 王京美

出　　版 / 社会科学文献出版社 · 经济与管理分社 (010) 59367226
　　　　　地址：北京市北三环中路甲 29 号院华龙大厦　邮编：100029
　　　　　网址：www.ssap.com.cn
发　　行 / 市场营销中心 (010) 59367081　59367083
印　　装 / 三河市龙林印务有限公司

规　　格 / 开 本：787mm × 1092mm　1/16
　　　　　印 张：16.5　字 数：237 千字
版　　次 / 2022 年 1 月第 1 版　2022 年 1 月第 1 次印刷
书　　号 / ISBN 978-7-5201-9286-6
定　　价 / 128.00 元

本书如有印装质量问题，请与读者服务中心（010-59367028）联系